平等な社会のための3つの概念

人、場所、歓待

金賢京
影本剛 訳

青土社

人、場所、歓待　平等な社会のための3つの概念

目次

人、場所、歓待　平等な社会のための3つの概念

日本語版序文

本書は二〇一五年に出版されたが、初稿を少しずつ書き始めたのは二〇〇七年からだった。当時わたしは経済的不平等が人々の心に負わせる傷に関心があった。韓国が「格差社会」に変わっていく姿を見ていて生じた自然な関心だった。格差社会の逆説は階級間の距離が遠ざかるほど、むしろその格差が見えなくなるということだ。階級によって空間が分離されるなかで、別の階級に属する人々に出会う機会が少なくなるからだ。互いに出会わないならば、もう一つの側がどのように生きているのか知りえない。このような状況を風刺したギャグを思い出す。自己啓発コーチに扮したコメディアンが到底理解できないという表情で観客を眺めて次のように言う。「なぜ傘を持ち歩くのですか？　雨が降れば運転手を呼べばいいのに。みんな家に運転手の一人くらいはいるじゃないですか。」（このギャグは「みんな家にフェラーリ一台くらいは…」などに繋がる）。

経済的格差が見えなくなるもう一つの理由は格差が隠されるからだ。格差の存在は互いを居心地悪くする。それゆえ互いに別の階級に属する人が関係を円満に続けようとすれば格差ができるだけ現れないようにせねばならない。この「現れないようにすること」は普通、貧しい人々の役割だ。映画『パラサイト　半地下の家族』にはこの点と関連して印象的な場面がある。浸水から避難して体育館にきていたギジョンにヨンギョが電話で誕生日パーティーに来いという。ギジョンはシャワーを浴びることもできず、着替える服もない状況だ。しかしパーティーに遅れないようにできる限りの速さで「イリノイ大学卒のジェシカ」に戻らなくてはならない。この場面が与える緊張感は、半地下部屋の家族の嘘が暴露されるかもしれないというところから来るのではない。観客はここで自分の不幸を隠し、「なんでもない姿」を演じねばならない貧しい人々の苦痛と屈辱をありありと感じることになる。

だが歴史的な観点から見れば、このような屈辱は現代社会に特有なものだと言える。身分社会においては困難を味わう貧しい人が金持ちのところに行って事情を話して助けてもらうことが当然視された。たとえば右に述べた半地下部屋の家族のように家が浸水した場合なら、家の雑事を引き受けるから離れにいさせてくれと頼むことができた。もちろんこれには代価が付いてきた。金持ちの家に居させてもらう以上、かれの地位は以前よりも低くなった。かれは子どものような地位へと堕ち、子どものように小さくなる（かれは「小人《わたくしめ》」〔朝鮮で奴婢が自称に用いた表現〕と自らを低めて呼ぶ）。身分とは、ただ格差の問題ではない。身分は人の大きさと関連した概念だ。身分が低いということは、人の大きさがより小さいということ、人格的に劣等だということを意味する。

現代社会においてこのような依存がタブー視される理由がここにある。現代社会は身分を廃止し、あらゆる人が人格的に平等だと宣言する。しかし問題は、形式的に宣言するのみであり、そのような平等を実質的に可能にする手段を備えはしないという点だ。この本を最初に構想する時、わたしが扱いたかったのはこの二重性であった。

二〇〇七年ごろ、コールセンター職員のようなサービス労働者に対する暴言と見下しが社会的イシューに浮上していた。わたしはこのような侮辱が何を意味するのか、いかなる機能を持つのかを知りたかった。オルランド・パターソンの『世界の奴隷制の歴史 Slavery and Social Death』はこの疑問を解決するさいに決定的な糸口を提供してくれた。侮辱は名誉の損傷だ。損傷された名誉を復旧しないならば名誉は少なくなった状態のままになる。そうなれば同一の侮辱を再び加えた時、その侮辱の大きさが前回よりも少なく評価される。なぜなら侮辱の大きさはそれが毀損するもの、つまり名誉の大きさに比例するからだ(フェラーリにぶつかったら壊れたのはバンパーだけでもとてつもない修理代がかかるのと似た理知だ)。暴言と見下しはそれゆえ相手側の名誉の大きさを減らし、自分より「小さな」人に仕立てようとする目的があるのだ。

これがわたしたちが侮辱をされた時に直ちに名誉を復旧させねばならない理由だ。名誉を復旧する方法としては、決闘や復讐、謝罪を受けることなどがある。店員の小さな欠礼に激高し、土下座して謝罪せよと要求する客は、自分の名誉が店員の名誉より数百倍大きいという錯覚にとらわれている。かれは自分の行動こそ謝罪が必要だという事実に気づくことができない。このような行動を放置すれば社会的平等がだんだん壊れて身分秩序へと戻ることになる。

次にわたしが関心を持ったのは成員権と場所の関係だった。いじめられる子どもはロッカーにゴミを捨てられたり机を隠されるというようなことを体験する。これを子ども同士のいたずらだと軽く考えてはならない。そのなかには発信者と受信者の皆が意味を正確に解読している明らかなメッセージがあるからだ。「この教室にお前の席はない。お前はこの学級の一員ではない。」

わたしたちの社会的成員権は場所との関係のなかで象徴的に表現される。成員権が不安定な人は場所に対する権利もまた制限される。南アフリカのアパルトヘイトや公民権運動以前の米国南部の人種分離がよい例だ。公共の場所で女性にベールを被らせることもまた同じ文脈だ。逆に、社会的成員権を獲得するための闘争は、公共の場所を象徴的に占有する形（座り込み籠城、占拠など）として現れる。

いじめられる子どもは侮辱のなかで生きていくという点で身分社会の底辺にいる卑賤な人々と似ている（実際に「教室内身分制」について話されることもある）。だが、このような等値は身分を理解する新しい観点を開いてくれる。わたしたちは身分制度を一種の梯子として想像する傾向がある。だが身分制は上下関係のみならず中心・周辺の関係でもある。召使と奴婢は社会の底辺に存在するのみならず、端に、あるいは外に存在するのだ。社会的成員権が不安定な他の諸集団、障害者、同性愛者、難民などと同様にである。このような少数者たちの闘争は階級闘争とは別個であるかのように、もっといえば対立するもののように扱われもする。そのような観点を要約するのが「再分配か承認か」という問いだ。アクセル・ホネットとナンシー・フレイザーの論争を載せた本の題名でもあるこの問いは、「社会運動の焦点が労働階級中心の再分配闘争から多様な少数者集団のアイデンティティ闘争へと移っていった」という現実認識を基にする。しかしフレイザーが指摘するように、伝統的な労働運動においても「承認」は重要なイシューであった。正義について述べるためには、まず社会の中に存在せねばならないがゆえに、成員権の承認に対する要求は再分配要求より論理的に先行する。

成員権の概念を媒介に身分闘争とアイデンティティ闘争をこのように繋げるのは新しい連帯の展望を開いてくれる（「再分配か承認か」をめぐる分裂は、前回の米国大統領選挙で民主党が共和党に敗北した理由の一つと言われている）。

最後にわたしが掘り下げた問題は負債と免責に関することだ。「原初的な役割」に関する問いだと言ってもいい。原初的な役割を持ちえない人は最初から負債を負って人生を始めることになり、人生全体が負債になる。古代ローマにおいて子どもが生まれれば、その子どもを育てるか捨てるかを決定する権限は完全に家長にあった。家長が子どもを育てることに決めれば子どもは家族の一員になると同時にローマの市民になった（フランスの法学者ヤン・トーマ Yan Thomas は新生児に市民権を与える権限が一人の市民に過ぎない家長にあったという点こそが、古代ローマの驚くべき特徴であり古代ギリシャとの差異点だと指摘する）。家長が子どもを望まなければ子どもは荒野や広場の柱の下に捨てられた。そうすれば子どもはオオカミのエサになったり奴隷商人によって拾われた。奴隷商人が育てた子どもは奴隷になって一生の間社会の外に留まった。かれを育てるさいにかかったあらゆる費用が奴隷商人に負った負債として計算されたからだ。この負債の重さは生命と同等であるがゆえに人生全体を捧げることでのみ返しきることができる。

このような例は人間の自由が社会の外にあるのではなく社会の中に入ることをもって初めて得られるということを含蓄する。「逃走」を通しては人間は自由になれない。社会の外で人間はむき出しの生命に過ぎないからだ。社会の中に入るということは、原初的な役割を得るということ、あるいは負債を免責されることを意味する。

じっさい「社会」という単語をこのように肯定的に使うことは、韓国の多くの左派知識人にとって慣れないやり方だ。しかし（もう一度）社会主義を述べるためには社会に対するこのような観点の転換がきっと必要だ。「現実社会主義」の崩壊以降、韓国のマルクス主義者たちは理論的退却を重ねながら破片化した。「試み」という、元来の意味における「エッセイ」に過ぎないこの本が韓国で予想を超える注目を受けたのは、新しい政治言語に対する渇望が、それくらい大きかったからだと考える。

この日本語訳を通して日本の読者たちと対話を交わせるようになってうれしい。貴重な機会をつくってくれた青土社と文学と知性社（韓国）の皆さんに深く感謝申し上げる。翻訳を担ってくれた影本さんにも特別な感謝を表したい。かれは驚くべき速さで翻訳を完成させただけでなく、原著にあるいくつかの間違いも指摘してくれた。おかげでこの本は少しばかりよい姿になった。

言語と文化の差異を超えて人と人の心がより多くつながることを願いつつ、

二〇二〇年二月二九日　ソウルにて

金賢京

プロローグ　影をなくした男

読者はシャミッソー『影をなくした男』[1]について聞いたことがあるだろう。アーデルベルト・フォン・シャミッソー原作のこの小説は一八一四年に「ペーター・シュレミールの不思議な物語 Peter Schlemihls wundersame Geschichte」という題名で出版された。シャミッソーはフランス貴族の家門に生まれたが、フランス大革命当時に九歳でドイツへ亡命し、その後ドイツに住み続け、ドイツ語でものを書いた。このような作家の履歴は、この小説の主題とも無関係ではないだろう。

小説の構造はそれほど複雑ではない。まず話をそれらしくする装置として、著者が編集者に送る手紙形式の序文がある。ここで主人公ペーター・シュレミールはかれらの知っている実存人物として描かれる。かれは背が大きくて、いつも黒いジャケットをまとい、うぶで鈍感なところがある。かれは数年間行方不明だった。しかし雨がしとしと降るある日、長靴の上にスリッパをはいた奇妙ないでたちで著者を訪れ、一篇の手記を置いていったのだ。かれらはいま、これを世に公開すべきなのかためらっているところだ……。

1　シャミッソー『影を売った男』チェムンギュ訳、ヨルリムウォン、二〇〇二（『影をなくした男』池内紀訳、岩波文庫、一九八五）。

そうして一人称視点で物語が展開される。「わたし」は困難な航海の果てに、ある港町（小説の韓国語訳者によるとハンブルク）で降りる。そして最も良い服に着替えてから、推薦状を懐にしまい、その町で知られた金持ちであるトーマス・ヨーンの邸宅を訪れる（著者は主人公が困窮しており、推薦状に一縷の希望をかけてここまでやってきたことを暗示する）。ちょうど邸宅の庭園ではパーティーが開かれていた。ヨーンは「わたし」を親切に迎えてくれるが、他の客たちを接待するのに忙しくてほとんど目をやってくれない。「わたし」は人びとのあいだに入り込み庭園を散策する。そうするとそこには灰色の服を着た正体不明の男がいた。驚くべきことに、その男は外套の内ポケットから客人が求めるままにありとあらゆる物をとりだす。望遠鏡、絨毯、テント、さらには鞍まで備えた三頭の競走馬まで。さらに驚くべきことは、主人を含め参席している誰もがこれをおかしいと思わないことだ。「わたし」は怖くなりパーティーを抜け出る。しかしいつのまに付いてきたのか灰色の男が声をかける。一面識もないのにこのように近づいて無礼なお願いをすることを許してくださいと、ほかでもなく少し前、庭園を歩いている時に太陽の下に広がったあなたの素晴らしい影を見たのですと、その影がとても気に入ったのでわたしにそれをくださいませんかと、そのかわりにこのポケットのなかの新奇な宝物をいくらでも好きに持って行ってくださいと。「わたし」は誘惑に勝てず、金を無限につくりだす「幸運の金袋」と影を交換する。灰色の服の男は影を草むらからさっと取り込み、くるくるまるめてポケットの中に放り込む。

この小説に発端‐展開‐危機‐絶頂‐結末という古典的区分を適用してもよいならば、ここまでが発端にあたる。その次の段階あるいは局面は、シュレミールが影を売ってから予想だにしない問題に直面することだ。「わたし」はもはや安心して昼間の道を歩けない。行く場所ごとに指をさされるからだ

（「城門のところで門番にこう問いかけられました。「どこに影を置き忘れてきなさった？」つづいて数人の女たちが口ぐちに言いました。「あれまあ、あの人、影がないじゃないの！」わたしは不快でならず、それからは慎重に日向のところを避けてすすみました。しかしいつまでもそうはまいりません。」）。影の重要性をようやく悟った「わたし」は後悔につつまれる。そうして灰色の服を着た男に会って取引を取り消そうとする。しかしその男は、何年と何日が過ぎたらまた来るという言葉を残してどこかへ去った後だった。「わたし」は腕のいい画家を呼んできて贋の影を描いてくれとお願いもする。しかし画家は「わたし」の願いを拒絶し「影がなければお陽さまの下に出ないこと、それがもっとも利口で安全な策でしょうな」と忠告する。悪魔との取引のおかげでシュレミールは山のような金貨を得たが「伝説にいう宝物の見張りをしている竜のように」孤独な身になる。

三つ目の段階は自分の正体を隠したまま第二の人生を生きようとする主人公の努力が破局で終わることだ。「わたし」は忠実な召使ベンデルの助けによってなんとか休養地に引っ越しする。そして立派な家を建て、夕方ごとにパーティーを開き客にプレゼントをわけてやる。村の人びとは「わたし」を「ペーター伯爵」と呼んでほめたたえる。「わたし」はミーナという清純な少女と恋に落ちる。ちょうど灰色の服の男が約束した日が近づいているので、「わたし」は影をきっと取り戻せるだろうと期待してミーナに結婚を申し込まねばと語る。しかし灰色の服の男はとうとう現れず（実際はシュレミールが日にちを間違えていたのであるが）、自暴自棄になった「わたし」はミーナと彼女の両親の前で自分の正体を明かす。ミーナの両親は怒って娘を違う男と結婚させることにする。

四つ目の段階はシュレミールと悪魔の同行だ。絶望に落ちた「わたし」の前に灰色の服を着た悪魔が現れる。悪魔は「わたし」に影を返してやるから死後の霊魂をくれと言う。「わたし」は断固として拒絶する。しかし悪魔は「わたし」のいやがるのに構わずついてきて、自分の提案をもう一度考えてみろと言う（「ではおたずねしますが、あなたの魂とやらはいかなるシロモノですかな。ご自分の目でごらんになったことがおありですか？　あの世にいってから、そいつを元手に何かを始めるおつもりですかね。むしろ生あるうちにですな、魂といわれるわけのわからんシロモノ、電動力とも分極作用とも、何ともえたいの知れぬ講釈つきのシロモノと現実のものを取り換えておくほうが、よほど利口ではありませんかね。つまりご自分の影と取り換える」）。悪魔は「わたし」の心を変えさせるために影を貸すことまでする。一時的であれ再び影を持つことになった「わたし」は悪魔が導くままに世の中を行き来し、人生のあらゆるたのしさと華やかさを味わう（「借り物とはいえ影をふたたびわがものとしたのです。それに身におびた富のおかげで、どこでもうやうやしく迎えられました」）。ファウストとメフィストフェレスの同行を連想させるこの文章は、小説全体のクライマックスであろう。なぜなら主人公はここで霊魂を喪失するかもしれない危険に処するからだ。影が霊魂と似たなにかではなく、むしろそれと対立する、外的で現世的ななにかだという点がこの部分において明らかになる。

しかし悪魔がシュレミールに付きまとい続けることができたのは、シュレミールがいまなお「幸運の金袋」を放棄しなかったからだ。別れることを要求する「わたし」の言葉に悪魔はこのように答える。「では消え失せるといたしましょう。だがその前にひとことだけ言っておきたいのですが、今後このわたしにご用がおありの節はですね、この忠実な僕をお呼びになりたいときにはですね、その不思議の金袋をちょいとひと振り、ふっていただければ結構でして、すると中の金貨がジャラリと鳴りますね、さればわたくしめが駆けつけてくるという寸法です。」金袋を深い穴の中に投げてしまった後、シュレミールは悪魔から解放される。

結末に当たる最後の段階は、お金も影もなくなったシュレミールが行くあてなく彷徨し、偶然、一歩で七里も歩ける伝説の靴を得ることだ。これはかれの運命をもう一度変える。地球のあちこちを思うがままに歩き回れるようになったかれは、自然を思いきり研究して生きることにする。かれは靴をはいた足が勝手に飛んで行くことを防ぐために靴の上にスリッパを履く。そして時計と羅針盤と本などを準備する。「そのうち必要なものがすべて揃ったので在野の研究者としての新しい生活に入りました。わたしは世界中を歩きまわりました。あるときは山の高度や、温泉の高熱ぐあいや、大気の湿度を計り、またあるときは動物の観察、植物の調査にすごしました。赤道から極地へと跳び、一地方から別の地方へと移って見聞したところを比較考証しました。アフリカの駝鳥や極北の海鳥の卵と果実、とりわけ熱帯地方の椰子の実とバナナがわたしの常食というものでした。」かれは研究に熱中しすぎたあまり、過労で倒れて慈善病院（他ならぬベンデルがかっての主人を記念するために建てた病院だった）に運ばれ、ベンデルとミーナの姿を再び見もする（しかし自分の存在を知らせずにそこから抜け出す）。

シュレミールは自ら数冊の重要な本を書き、死ぬ前まで原稿がベルリン大学で出版されることを期待すると述べた後、次のような言葉で手記を閉じる。「愛するシャミッソー君、この不思議な物語の保管者として君を選びました。この地上からわたしがいなくなったあかつきには、だれかに少しはお役にたつかもしれません。それを念じてのことなのです。友よ、君は人間社会に生きている。だからしてまず影をたっとんでください。お金はその次でかまわないのです。」

この物語のテーマは何か？　そして影は何のアレゴリーなのか？　ある人はこの話が「お金第一の市民社会を批判したもの」だと言う。しかしこの見方はおかしいのではないか。シュレミールはお金は多いが影がないという理由で排斥されるからだ。むしろ「お金よりも影を重視する社会」または「お金も重視するが影はもっと重視する社会」に対する批判であると言うべきではないか？　主人公もまた手記の最後に明らかに述べているではないか。人びととともに生きたい者は、まず影を重視し、その次にお金を重視せよと（この忠告は題辞として〔韓国語版の〕小説冒頭に引用されてもいる）。影は**人びとの間で生きるために**持たねばならない条件だ。**救いのための条件**ではない。霊魂を失った人も影のみあれば良く生きることができる。悪魔がシュレミールを誘惑するために影を貸し、現世の享楽を味わわせる部分は、実際に多くの人びとが悪魔にこっそり霊魂を担保にとられたまま借りた影で生業をしていくような余韻を残す。

それゆえ影の喪失を霊魂の喪失の前段階としてみる諸解釈、つまり救いの可能性は決定的に喪失してはいないが部分的に喪失する出来事としてそれを把握する諸解釈は、すべて方向を見誤ったものだ。ボードリヤールの解釈がその例だ。『消費の社会』末尾において、かれはこの小説を一九三〇年代のドイツ無声映画『プラーグの大学生』[2]と並べて、両作品は商品社会における人間疎外を描いているが前者は後者に比べて「寓話としての一貫性が不足する」と評価する。[3]

『プラーグの大学生』の主人公は、鏡に映った自分の姿を悪魔に売り払う。その結果かれは鏡から自分が排除された世界のみを見るのだが、ボードリヤールは、これは世界と主体の関係が透明性を喪失するという意味だと述べる。世界は見知らぬものとなり、主体の自己認識はもはや不可能になる。ボードリヤールは学生の像がたまたま紛失したり破壊されたのではなく、売られたという点を強調する。「悪魔がこの像を一つの事物としてポケットに入れた場面は商品が物神化される実際の過程の幻想的な描写だ。わたしたちの労働と行為はわたしたちの手を抜け出て客体化され文字通りに悪魔の手へと渡ってしまう。」悪魔は鏡から引きはがしたイメージに魂を吹き込み、主人公ぶって出歩かせる。自分の分身がどこでも自分を出し抜き妨害するので、主人公はそれを消そうと銃を撃つ。しかし分身が消えると同時に主人公自身も床に倒れる。かれは死んでいきながら壊れた鏡に映った自分の姿を見る。この結末は死の他には疎外を避けられないと暗示する。

ボードリヤールは『影をなくした男』が『プラーグの大学生』と同じテーマを形象化しているとみる。「二つの作品のアレゴリーは同じだ。鏡のなかの像にしても影にしても、それが破壊される時には、自分自身および世界との関係の透明性が破壊され、したがって生そのものも意味を失う。」しかし『影をなくした男』は「影から物質への変容過程をぎりぎりまで押し進めなかったがゆえに」このようなメッセージを明瞭に伝えることに失敗する。この小説において影は物のように分離され、悪魔のポケットに

2　一九一三年、シュテラン・ライ監督が演出し、パウル・ヴェゲナーが主演をした「プラーグの大学生」はドイツ無声映画の古典として評価される。一九二六年、ヘンリック・ガレーン監督が、一九三五年にアルトゥール・ロビソン監督がリメイクした。

3　ボードリヤール『消費の社会』イサンリュル訳、文芸出版社、一九九一、三一七‐三四頁〔『消費社会の神話と構造 新装版』今村仁司・塚原史訳、紀伊國屋書店、二〇一五、結論部分〕。

入った後にも、なお主人公に親しみのあるものとして残っている。主人公は自分の影を見分け、悪魔はそれを主人公に付け直してやりもする。さらに主人公は影を売った後にもなお霊魂を持っている。つまりかれは変わらず自己同一性を維持する。しかし「疎外された人間とは、衰弱して貧しい、しかしながらその本質は変わらない人間ではなく、自分自身に対して悪になり敵に変えられた人間だ。」ボードリヤールがみるに『プラーグの大学生』の優れた点は、この真実を克明に露わにしたところにある。その反面『影をなくした男』では「疎外が外観上でのみ社会的葛藤をもたらすだけであり、シュレミールは社会的に孤立することでこの葛藤を抽象的に克服できた。」

ボードリヤールはこの小説が寓話としての一貫性を持つとすれば、影が霊魂のアレゴリーで**なければならない**と信じているようだ。疎外とは結局のところ霊魂の喪失を意味するからだ。もしシャミッソーが影と霊魂を強いて区分しなかったならば、そのような解釈が可能であろう。しかしシャミッソーは二つを分ける。それにしたがい悪魔との取引も二度に分ける。主人公は最初の取引で損失を負ったのちにも次の機会を持つことになるのだ。「『プラーグの大学生』の場合には第二の取引がなく、第一の取引の**論理的**帰結として冷酷な死を余儀なくされるのである。この違いから分かるように、シャミッソーにとっては自分の影を売っても、つまり個々の行動においては疎外されても、**魂を救うことが**可能なのだ」(強調は原文)。しかし個々の行動において疎外された人間がいかに魂を救えるというのか？「個々の行動において疎外されたが、まだ魂は失っていない」というのは、疎外された人間自身の錯覚(または主観的で観念的な「疎外の克服」)ではないのか？「疎外を観念的に克服しようとするあらゆる試みは挫折するしかない。疎外の克服は不可能だ。なぜなら疎外は**悪魔との取引の構造そのもの**、商品社会の構造そのものであるからだ」（強調は原文）。言い直せば、商品社会において人間は霊魂喪失の運命を避けえないというのがボードリヤールの主張だ。

しかし問題は『影をなくした男』を商品社会に対する批判として断定できるのかという点だ。商品社会は貨幣の論理が全面化された社会だ。商品社会においてあらゆるものは貨幣価値へと換算され売り買いされる（つまり商品になる）。ところが悪魔に影を売った後にシュレミールが直面する現実はその正反対だ。かれはお金が全部ではなく、この世にはお金では買えないものが多いと悟るのだ。かれのとてつもない財物は、愛する女性と結婚するさいになんら役に立たなかった。かれは行く場所ごとに金貨をばらまくが、自分を見てひそひそ話をする人びとの口を塞げない。腕のいい画家に大金を支払って贋の影をつくってくれと頼んでみるが、返されるのは冷え切った拒絶のみだ。もっといえばかれは召使からもサービスを拒否された。かれの正体を見破った召使ラスカルは「召使とは本来忠実であるが、影のない主人に奉公するのはまっぴらですよ」といい、自分に暇をくれと述べる。もし影が霊魂のアレゴリーなら、シュレミールはお金より霊魂を重視する社会に生きているわけだ。もちろんこの小説において影は霊魂のように高尚な何かではない。むしろそれは極めて世俗的なもの、この世の中を生きるために必ず必要な、特殊な財産のように描かれる。これは娘の結婚を前にミーナの両親が交わす対話にも表れる。ミーナの母がラスカルは召使出身だから婿には適当でないと言うと、父はこのように返す。「だけどこいつは誰も難癖をつけられない影をもってるじゃないか。」ラスカルのように賤しく邪悪な人間も、影がまともだという理由で婿の資格を得るのだ。この対話は影の所有可否が身分や階級とは別だということを示す。実にこの小説に登場する人びとは、主人公を除けばみな影を持っているように見える。影が多少薄かったり他人よりも小さいことはありうるが（休養地で出会った?ある商人についてシュレミールはこのように回顧する。「一山あてこんで失敗したのだが、それでもあがめたてまつられた味が忘れられないという人物でして、それに少々褪せぎみとはいえ、なかなか幅広の立派な影の持主でしたね」）。

　このようにこの作品を丁寧に読めば読むほどわたしたちはそれが「商品社会における人間疎外」を描いたという考えから遠ざかっていく。ゆえにわたしたちはボードリヤールの解釈に距離を置き、最初の問いに立ち返ろう。影は何を意味するのか？

　わたしはシュレミールにとって影の喪失が一種のスティグマ stigma[4] として作用したという事実に注目したい。影がないかれの姿は至るところで他人の視線を引きつけ、続いて目をそらすようにさせる。人びとは汚く腹立たしいものを見る時のように、かれを遠ざける。シュレミールの行動もまたスティグマをもつ人々において典型的に現れるものだ。かれは一日中家の中に引きこもり、夜と日陰の助けを借りてのみ他人と交際する。これは影が人の遂行（または人の演技 performing person）と関連することを示唆する。スティグマとは、ある人における人の資格 personhood に加えられた損傷を意味するからだ。

　影がないということは、言わば鼻がないことと似ている。鼻と呼ばれる顔の真ん中に突出した部分がない人は、匂いをかげるのかどうかとは別個に、身体的に不安定だと思われており、それゆえ他人の前で自らを一人の人として自然に提示することに困難を感じる。[5] その人は多様なやり方でこの欠陥が目立たないように努める。あるいは欠陥をもつ存在として自らが目立たないように努める。このような非可視化戦略が成功する限りにおいてその人は人を演技することに成功する。換言すると人らしく見えて人として扱ってもらえる。
影はもちろん体と違う。しかし体でないが体の一部のように体に付いて体の演技を助けるものは多い。かつらや杖や入れ歯のようにだ。これらの小道具は個人に身体的な完全性を与え、その人が公共の場所に(「真昼間の太陽の下」)汚点なき姿で現れることを可能にする。実際、日常の演劇はいつも装うことを要求するので、自然な体と人工的な付属物(または棄損されていない純粋な体と人工的付属物を必要とする不安定な体)を区別しようとする試みは無駄なことだ。[6] 公共の場所で裸体の展示が禁止されているという単純な事実からわかるように、純粋な体それ自体はいつも不完全だ。[7]
あるいは影は、表情や身振りや姿勢のように、身体と区別されるが体と分離できず、無意志的に現れるもののようであるが意識的操作を許容し、個人の最も深い特質を反映すると感じられるが元来匿名的で模倣可能な、ある**身体的なもの**の隠喩なのかもしれない。人となり personality はこのような身体的な

4　スティグマについて詳しい議論は本書第四章「侮辱の意味」の「排除と烙印」参照。
5　アーヴィン・ゴッフマンは『スティグマ』(ユンソンギル・チョンギヒョン訳、韓神大学出版部、二〇〇九〔『スティグマの社会学』石黒毅訳、せりか書房、二〇〇一(改訂版)〕)の冒頭に鼻がない少女が送った相談の手紙を引用する。
6　グレゴリー・ベイトソンは視覚障害者の杖を身体の一部と見なせるのかという問いを投げかけたことがある。杖が身体の外部に、それと分離されて存在するという事実はかれにとって重要ではない。喪失した身体機能を補完するという点で、杖は入れ歯(体に挿入されるが脱着が可能だ)や人工心臓(体に挿入され脱着が不可能だ)と本質的に違わないからだ。入れ歯や人工心臓が身体の一部であれば、杖もまたそうだろう。このような観点からわたしたちは影を身体の一部または延長として見ることもできよう。なぜならこの小説において影はなんら生理的な機能を遂行しないが、身体の社会的機能、つまり人の遂行の為の一次的道具としての機能を分かち持つからだ。

もののなかで表現され、具体化される。それゆえこの身体的なものの喪失は人となりの喪失と同一視されもする。

主人公が霊魂を失っていないとしても、人間らしさを表現する能力を失ったがゆえに、人間の世の中から排斥される話がある。「涙の真珠」[8]は魔術使いのおばあさんに出会って涙を真珠の首飾りに変える少女の話だ。首飾りをかけて舞踏会に行った少女は快活で愛らしい笑い声で王様の心をとらえ王妃になるが、悲しいことがあっても笑うのみなので直ちに魔女だとして追いやられてしまう。話の結末は笑い声の源泉である真珠の首飾りがばらけ、少女が再び泣けるようになるというものだ。似たテーマを扱う童話に、現代ドイツ作家が書いた『笑いを売った少年』[9]があるが、ここではティムという貧しい少年が悪魔に笑いを売った代わりにどんな賭け事をしても勝つ能力を得る。ティムは競馬をやり続け金持ちになる。しかしもう笑うことができないので、友達を失い独りぼっちになる。ようやく自分が売ってしまったものの価値を悟ったティムは悪魔を訪ねゆく。そして自分が笑いを取り返すという賭けをして悪魔を窮地に追いこむ。このような話において主人公は人間らしい感情をなお持ち続けている。主人公が喪失したものはただそれを表現する手段だ。

このような接近は影と霊魂の差異を明瞭に浮き彫りにする。影は霊魂よりむしろ肉体の側にある。影は目に見えるが霊魂は見えない。霊魂が内面性の領域、表現されない真実の領域に属するならば、影は、涙や笑いがそうであるように外面性の領域、表現され演技されるものの領域に属する。これは人になることと霊魂を持つことが別個の問題であることを意味する（シュレミールは最後まで自分の霊魂を守ったが、もはや人びとのなかで、かれらのうちの一人として生きることができなかった）。

他方でわたしたちは影を人の遂行／演技に必須なある要素――それがなければ人の遂行が困難になり、それゆえ人の資格の維持にも打撃を加える――ではなく、人の資格自体として考えることもできる。つまり影を持たないがゆえに人らしく見えず人として扱ってもらえないのではなく、人として扱ってもらえないという事実が影の喪失というアレゴリーを通して形象化されるということだ。

このような解釈はわたしたちがもつ烙印の可視性についての理解を再考させる。烙印の可視性は曲がった鼻や黒い皮膚のように、肉体に付着した記号の可視性だけではない。カーストの場合を考えてみれば簡単にわかるが、（カーストの分布に種族的偏差が存在するのは事実であるが）ダリット Dalit が身体的に

7　ジュディス・バトラーはジェンダーに先行して「ジェンダーをまとう」人の存在を仮定することを批判する。「人の一貫性と連続性はその人となりの論理的あるいは分析的な特質ではない。それよりは社会的に構成され維持される認識可能性の諸規範」であり、アイデンティティがセックス、ジェンダー、セクシュアリティという堅固な概念を通して確保される限り、ジェンダー規範に従わない人間存在は人のように見えたとしても結局人として定義されることに失敗するであろうからだ（『ジェンダー・トラブル』チョヒョンジュン訳、文学トンネ、二〇〇八、一一四‐五頁〔『ジェンダー・トラブル――フェミニズムとアイデンティティの攪乱』竹村和子訳、青土社、一九九九、四五頁〕）。バトラーが正しい。「なにもまとっていない」純粋な体は人の体ではない。体が「人」として認識されるさいには文化的諸記号を着なければならない。換言すると文化が提供する多様な（ジェンダー化された）品々と道具によって体を補完・変形し展示可能なものに作り上げねばならないのだ。

8　スウェーデンのアンナ・ヴァレンベリが書いたこの童話はいまは絶版である啓蒙社少年少女世界文学全集第三二巻『北ヨーロッパ童話集』に掲載されている。

9　ジェイムス・クリュス『売ってしまったティムの笑い』チャギョンア訳、ボムジョ社、一九八八〔『笑いを売った少年』森川弘子訳、未知谷、二〇〇四〕。

いつも識別可能なのではない。烙印の存在はここで烙印づけられた人と正常な人のあいだの相互作用を通して、はじめて露わになる。つまり烙印の可視性は相互作用の可視性だ。その場合、烙印の非可視化は烙印を再生産する相互作用から抜け出すこと、具体的に自分を烙印づける人びとから逃げることを通してはじめて達成されうる。ダリットは、その人がダリットであることを見抜き、その人に特定の仕方で言葉をかけ、またその人が与えられたコードに沿って反応することを望む人びと（その人に屈辱を与えつつ服従の身振りを要求する人びと）から抜け出す時のみ、スティグマを非可視化させることができる。都市への移住はダリットにとって解放をもたらす。もちろん支配階級はいたる所で繋がっているし、差別を受けるべき〔と支配階級が思っている〕人びとについての情報を互いにやり取りしているので、このような逃避は限界をもつだろう。事実上、差別の象徴体系を転覆する力のない個人がスティグマから抜け出る最も効果的なやり方は、与えられた場所から抜け出すことだ。[10]

このようにしてわたしたちは〔一歩〕七里の靴という象徴に到達する。シャミッソーは中世の民話から借りて来たこの想像の道具を近代性のエンブレムへと変形する。どこへでも行くことができ、どこでも暮らすことができ、あらゆることを知れるというのは、実に近代的幻想の核心だ。近代は空間を圧縮し、距離を抹消し、場所を破壊する。そうしてベストセラーの題名を借りていえば、地球を「平らに」する。ここで「平だ」という言葉は二つの意味で理解できる。一つは「でこぼこしていない」ということ、つまりあらゆる場所は均質的で、したがって単一尺度（たとえば賃金水準や地代――多国籍企業がチェーンを増やしたり工場を移す時に考慮する諸要素）で評価されうるということであり、もう一つは「あのかなた」が無いということ、あらゆる情報が地平線のなかに入っているということだ（地球が丸いならば常に見えない「あのかなた」があるものだ)。この平らな地球の上で人びとは将棋盤の駒のように軽くつままれ、ある地点から別の地点へと移される。かれらとこの諸場所のあいだには本来なんら連関も存在しなかったかのように。

シュレミールが影のない人間の辛さから抜け出すのは、まさにこのような**非場所化**を通してだ。七里の靴のおかげでかれは望む場所であればどこでも一息に行くことができ、世界の隅々を自分の家のように親しみをもって見ることができる。かれの視野は地球全体に拡張し、認識の地平もまたそうなる。影がないという事実はいまやかれにとって、もはや問題ではない。かれはどこにも属さずに人類全体に属する方法を発見したからだ——自身の全ての時間を、余生全体を文字と取り換えることをもって。顔なき著者になり、自分が書いた本の背後へ消えることをもって。

コスモポリタニズムは**認識に捧げられた生**、または**書くことに捧げられた生**という理想と内密に結合している。ところが文学制度あるいは伝統に深く刻まれたこの理想は空間との関係に負けず劣らず、時間との関係にも関与する。「人びとのなかで生きていくこと」を断念し、純粋に観照的な生き方を選んでから、シュレミールの人生はある意味で空っぽになってしまう。かれの生の毎時間は、現実的な内容が除去されたまま、不滅の作品をつくることに消耗されねばならない同質的な諸単位に替わる。[11]

10 烙印づけられた属性を隠すという意味においての、あるいは烙印を帯びた個人が自らをなるべく目立たないようにするという意味においての非可視化は、このような解放をもたらしえない。なぜならこのような意味の非可視化は烙印づけられた個人が選ぶことのできる戦略であるのみならず、社会がその人に強要する規範でもあるからだ。烙印を非可視化せよという命令(白人区域に現れるな、醜い身体部位を露わにするな)は烙印を再生産する社会的過程の一部だ。

さてわたしたちはこの近代的寓話の骨組みをなす基本的諸対立を理解できる。これを図式的に表示すれば次のようになる。

影	**霊魂**
可視性	**非可視性**
表現／演技	**内面性（表現されていない真実）**
場所性	**非場所性**

寓話の著者は亡命の生を生きた人らしく、前者に抗い後者を擁護する。目に見える人間らしさの表示よりは表現されない内面の真実を、人々のなかで生きる権利よりはどこにも属さない自由を、影より霊魂を、場所より非場所を、あるいはユートピアを。[12]

これはボードリヤールも同様だ。『消費社会の神話と構造』においてかれが描く世界は諸商品でぎっしりつまった巨大な迷路のようだ。主体はそのなかで抜け出せないよう幽閉されている。霊魂が肉身のなかに閉じ込められているように。近代は霊魂が認識の力を通して自身を閉じ込めた監獄の限界を超えうることを約束する。しかしボードリヤールは主体が永遠にそのような認識に到達しないであろうと（憂いのこもった口調で）断言する。かれが閉じ込められた迷路は内部が鏡になっていて、万華鏡のようにイメージを無限に増殖させて歪曲し、本当と偽物の区別をもはや不可能にするからだ。

ボードリヤールのビジョンは新しくない。わたしたちはもっといえばそれをカフカの世界と比較できもするだろう。城の呼びかけを受けとった測量士が約束なく留まる見慣れない村と言葉だ。測量士は冷淡で意地の悪い村人たちのあいだで孤立したまま、自分がなぜここにいなければならないのかを知ろう

11　無限に長い生に対する欲求は無限な認識に対する欲求でもある。シモーヌ・ド・ボーヴォワールの小説『人はすべて死ぬ』の主人公は不死の生という可能性の前で躊躇するが、その時かれの心を動かすのはそのような生が無限の学びを可能にするという事実だ。実に、無限に長く生きる人は、この世に存在するあらゆる言語と、その諸言語で継承され記録された人類が積み上げてきた知識全体を学ぶことができるのであり、それを総合してたった一冊の最終的な本を書くことができるだろう。その本は全世界の図書館を合わせたものと等しいであろうし、宇宙と自己自身に向かった人類の長い探求の旅路にピリオドを打つであろう。これは絶対精神が自分の起源であり目標へと帰還することを、それゆえ巨大な自然史的・世界史的円環運動を完成することを意味する。

12　霊魂とは肉体の醜さを忘れるために発明されたユートピアであるとフーコーは述べる。「私の身体、それは私がどうしようもなく余儀なくされた場所なのである。私の考えでは、結局のところ、身体に抗して、そして身体を消去するためであるように、人はあらゆるユートピアを生み出したのだ。」「身体の悲しきトポロジーを消去するためのこれらのユートピアの中で最も執拗で最も強力なものは、西洋史の基層以来私たちに魂を与えて来た、偉大な魂の神話である。魂は、私の身体において、極めて驚くべき仕方で機能している。魂はむろん私たちの身体に住まっているのだが、それは身体からこっそり抜け出す術をよく知っている。つまり魂は、私の目という窓を通じて事物を見るために、私が眠ると夢を見るために、わたしが死ぬと生き残るために、こっそりと抜け出すのである。私の魂、それは美しく、純粋で、清浄である。もし汚れきった私の身体――いずれにせよ、あまり清潔ではない――がたまさか魂を汚しに来るなら、まさしくある美徳が、ある力能が、魂をその最初の純粋さへと復帰させるような多くの聖なる振る舞いが存在することになろう。私の年老いた身体が朽ちゆくとき、私の魂は長く、永遠に持続するだろう。私の魂よ永遠なれ！　私の魂とは、輝かしく、純化され、徳高く、敏捷で、機敏で、心地よく、清純な、私の身体である。それは、石鹸の泡のように、すべすべした、生気のない、丸みを帯びた、私の身体なのである。」Michel Foucault, *Le Corps utopique, Les Hétérotopies*, Paris: Nouvelles éditions lignes, 2009:「ユートピア的身体」『ヘテロトピア』李相吉訳、文学と知性社、二〇一四、二九 - 三一頁参照（『ユートピア的身体／ヘテロトピア』佐藤嘉幸訳、水声社、二〇一三、一七 - 一九頁）。

とする。しかし城と接触しようとするかれの努力は毎度挫折する。城へ至るように見える道は村の周囲を回るのみで、城と村を繋ぐ電話からは雑音だけが聞こえる。ベンヤミンはこの村の隣に別の村――タルムードの伝説に出てくる村――があると想像した。その伝説はある姫に関するものだ。「その姫は流刑の道へと発ち、故郷から遠いある村に至るのだが、その村の言語を聞き取れない彼女は流刑の苦痛に追われる。この姫にある日、一通の手紙が届く。その手紙は彼女をまだ忘れていない婚約者からきたものだった。婚約者は彼女の後を追って旅立ち、彼女のもとへ向かっている途中だという。ラビの言葉によれば婚約者はメシアであり、姫は霊魂であり、彼女が流刑で行かされた村は肉体だという。」ベンヤミンは次のように付け加える。「タルムードのこの村とともにわたしたちはまさしくカフカの世界の真っただ中にいるわけだが、なぜならあたかもKが城がある山すその村に暮らしているように現代人は自身の肉身のなかに閉じ込められて生きているからだ。その肉体は現代人から抜け出ており、また現代人に対して敵対的だ。だからある朝、目覚めてみると自分が虫に変身しているということは、起こりうることなのだ。」[13]

結局ボードリヤールとシャミッソーは霊魂と肉体を対立させ、霊魂の側に立つという点で一致する。違いがあるとすればボードリヤールは霊魂の運命についてより悲観的だということだ。二人とも影の重要性を縮小するという点も同じだ。ボードリヤールは影が霊魂と同じだとか霊魂の付属物だと考える。影と霊魂が同じならば、影は独自的な意味を持ちえないだろう。影が霊魂の付属物であれば、ゆえに本格的な取引に先立って試験的に引きはがして売ることのできるものならば、これはあらすじを無駄に複雑にするのみだ。シャミッソーの場合、影は霊魂と全く異なるものであり、更には対立する或るものだ。

影と霊魂の対立が物語の核心であるがゆえに、ボードリヤールが願ったように悪魔との二度の取引を一度に減らすことは不可能だ。しかしシャミッソーもまた人間が影なしに生きていけると主張することをもって、影の意味を決定的に縮小する。七里の靴を手に入れることができるならば、ゆえに地球のあらゆる場所に思いのままに飛び交って無限に知識を追求できるならば（一言でいえば現存在の時間性を否定できるならば）影ごときはどうなってもいいということだ。わたしたちが問うべきはまさにこの点だ。影は肉体の付属物だとか霊魂の付属物なのでそれ自体としては意味がないものなのか？ 人間が影なしに生きていけるというのは果たして事実なのか？

この本は霊魂と肉体の対立のなかで見過ごされてきた影の問題、換言すると「人」の問題を扱う。わたしたちはいかにしてこの世の中に入ってきて、人になるのか？ わたしたちが人であるがゆえにこの世の中に受け入れられたのか、あるいはこの世の中が受け入れたがゆえに人になったのか？ 換言すると「人」なるものは地位なのか、あるいは条件なのか（「資格」という単語は地位を指しもするし条件を指しもする）？ 条件付き歓待もまた歓待と言いうるのか？ わたしたちに与えられた歓待がいつでも撤回されうるものならば、わたしたちは真の意味で歓待されていないのではないか？ これらがこの本の提起する問いだ。

13 ベンヤミン「フランツ・カフカ」『ヴァルター・ベンヤミンの文芸理論』バンソンワン訳、民音社、一九八三、七九－八〇頁〔『ボードレール他五篇』野村修訳、岩波文庫、一九九四、三四頁〕。

この本のキーワードは人、場所、歓待だ。この三概念は互いに噛み合って支えている。わたしたちは歓待によって社会のなかに入り、人になる。人になるということは席／場所を持つということだ。歓待は席を与える行為だ（一〜三章）。人と場所を根源的に連関した概念としてみるという点で、このような接近はアレントと似ている。人権の消滅に対するアレントの議論は場所の剥奪と法的人格の剥奪（そしてそれによる一切の法的権利の喪失）を連結させる。[14] しかしアレントの関心が主に政治的、法的問題に合わせられているならば、この本は共同体と主体を構成する象徴的で儀礼的な層位へと視野を拡張する。人は法的主体であるのみならず、日常の儀礼を通して再生産される聖なる対象でもある。

相互作用秩序に対するゴッフマンの研究はこのような拡張に決定的に役立つ。四〜五章は相互作用秩序対社会構造というゴッフマンの二分法に沿いながら、相互作用秩序における形式的平等と構造の中における実質的不平等がいかに現代社会に特有の緊張をもたらすのかを説明する。現代社会はわたしたちがよく生きようが生きれまいが、よく学べたか学べなかったかにかかわらず、皆を人として平等だと宣言する。しかしわたしたちを人となさしめてくれるものは、抽象的な観念ではなくわたしたちが毎日毎日異なる人びとから受ける扱われ方だ。人として処世し、人として扱われるさいに物質的諸条件はいまなお重要なものとして作用する。

この本はまた、歓待の概念が内包するある逆説を解決しようと努力する。カントにおいて歓待の権利はわたしたちが（特定の共同体の構成員としてではなく）人として持つ権利だ。しかしわたしたちが歓待を通してようやく人になるならば、わたしたちを人として待遇しない人びとに歓待を要求することはいかにして可能なのか？　六〜七章はこの問いに対する答えだ。わたしはここで一種の帰謬法をつかって

――つまり絶対的歓待なくしては社会が生じえないことを示すことをもって――絶対的歓待の必要性を証明しようとする。

14 「人権の根本的な剥奪は何よりも世の中で居住できる場所、自分の見解を意味ある見解へと、行為を効果的行為へとなす、そのような場所の剥奪として表現されている」アレント『全体主義の起源1』イジヌ・パクミエ訳、ハンギル社、二〇〇六、五三二頁〔『全体主義の起源2 帝国主義』大島道義・大島かおり訳、みすず書房、一九八一、第五章「国民国家の没落と人権の終焉」〕。

第一章　人の概念

人とは、ある見えない共同体——**道徳的**共同体——のなかで成員権を持つという意味だ。つまり人であることは一種の資格であり、他人の承認を必要とする。これが人と人間の異なる点だ。この二つの単語はしばしば混用されるが、その外延と内包は決して同じではない。人間というのは自然的事実の問題であり、社会的承認の問題ではない。ある個体が人間であれば、その個体はわたしたちとの関係の外においても人間である。つまりわたしたちがそれを見る以前にも、名前を呼ぶ以前にも、その固有な特性によって既に人間であろう。その反面、ある個体が人になるためには**社会**のなかに入らねばならない。**社会**がかれの名前を呼んでやらねばならず、かれに席をつくってやらねばならない。

胎児

胎児の場合を例にあげよう。人間の胎児は明らかに人間であるが、社会のなかに入って来ていないので、人と思われていない。これは法的にであれ慣習的にであれそうだ。法は人間の生命が出生とともに人の地位を得ると明示する。出生とは胎児が母の子宮の外へ出て、母体と分離されることだ。それ以前の胎児は母体の一部とみなされる。これは胎児を殺す行為が殺人罪を構成しないことを含蓄する。[1]慣習は胎児の地位に対するこのような法の判断を支持する。流産した胎児のために、なんら哀悼の儀礼を行わないという事実がその証拠だ。胎児の死体は特殊廃棄物として扱われ、産母とその家族はこの廃棄物に対し、遺族が亡くなった者に対して持つ儀礼上の諸権利を主張できない。じっさい死んだ胎児に対する哀悼の儀礼を行わねばならないなら、中絶が論理的に、そして心理的に不可能になるだろう。これは「紹介された相手を切ることができない」ことと同じ道理だ。マーシャル・サーリンズは米国人たちが犬と馬を食べないのは、牛や豚と異なって犬と馬には名前を付けてやり、言葉をかけるからだと指摘し、『鏡の国のアリス』のセリフを想起させる。アリスが赤の女王の食卓に招待された。羊肉が出て来ると女王が言う。「恥ずかしがらないでね。私が紹介しましょう。アリス、こちらは羊肉ですよ。羊肉よ、こちらはアリスといいます。」そしてアリスが羊肉を切ろうとするや女王は叫ぶ。「いけません！紹介された相手を切るのは礼儀ではありません！」[2]

新生児と胎児の道徳的地位が全く異なるという事実は見過ごされやすいが、新生児が社会のなかに入って来るとき、もはやいかなる通過儀礼も経ないがゆえにいっそうそう感じられる。伝統的社会においては出生と社会的歓待のあいだに時間的な間があり、その期間、子どもはまだ人ではないものとしてみなされた。子どもに名前を付けてやらないだとか、産着を着せることなどは、子どもがこの世界に入って来れず、敷居の段階にいることを表わす。この期間が終われば子どもは通過儀礼（洗礼、百日宴〔朝鮮の風習〕）を経て人になるが、それ以前に死ぬ場合、胎児と同様に葬儀をせずに埋葬された。社会によってこの期間に嬰児殺害が行われもした。母乳を与えずに冷たい床にうつむけにしておいたり人気のない所に捨てるなど、単純な方法が多く使われたが、家族たちの暗黙の同意の下になされるこのような行為は殺人だと感じられなかった。これと異なり、こんにち、子どもが生まれると直ちに国家が介入する。子どもは出生と同時に人として認知され、人として保護される。いわば出生という出来事が通過儀礼に代わったのだ。敷居の段階は消え、過去の諸儀礼は本来の機能を喪失する。いまなお百日宴や洗礼のような儀式が重視されるが、家族の行事として行われるのみで通過儀礼としてではない。換言するとこのような諸儀礼は新生児の地位に影響を与えることができない。

現代社会の出産がなんら儀礼的装置なしに、純粋に医療的合理性に沿って行われるがゆえに、人々は胎児が母体の外に出てくる瞬間、ある象徴的境界線を通過したという事実を見逃しがちである。そうして新生児が人である理由は社会的にそのように認知されるからではなく、生物学的にそうされるからだ

1　ドウォーキンは中絶に対する処罰が直ちに胎児が人であることを含蓄しないと述べ、頑固な中絶反対論者であっても強姦による妊娠の場合、中絶に賛成するという点をその根拠に挙げた。もし胎児が人であれば、これは強姦によって妊娠した人は生きる権利がないと言うことになるわけだ（ロナルド・ドウォーキン『生命の支配領域』朴ギョンシン・金ジミ訳、梨花女子大学校生命医療法研究所、二〇〇八、一〇四頁〔『ライフズ・ドミニオン――中絶と尊厳死そして個人の自由』水谷英夫・小島妙子訳、信山社、一九九八〕）。

2　マーシャル・サーリンズ『文化と実用論理』金ソンレ訳、ナナム、一九九一、二一五‐二一五頁〔『人類学と文化記号論――文化と実践理性』山内昶訳、法政大学出版局、一九八七〕。米国人の飲食タブーに対するこの鋭利な分析におけるサーリンズの要点は、食べられないものと食べられるものの区別の底に、人／物の対立があるということだ。食べることは消費することだ。そして物のみが消費されうる。消費の対象として、つまり物として分類された動物は擬人化されず、顔と名前のない姿で、わたしたちの象徴世界の中に登場する。牛や豚が解体され部位別に売られるのがそのような例だ。その反面、ペットや物語のなかによく擬人化される野生動物が食べられない対象として分類される（野生動物を狩って肉を食べるという考え方に多くの人が拒否感を感じるが、これは動物の頭を食卓の上に載せることがタブー視されていくことと似ている）。胎児の場合も似たような象徴操作が現れる。中絶を望む産母は胎児に名前を付けもしないし、言葉もかけない。

と信じてしまう。このような信は出生という基準の恣意性に対する批判へと繋がるのだが、生物学的な観点から見れば胎児と新生児のあいだに実際いかなる不連続性も存在しないからだ。「中絶は殺人だ」のようなスローガンはここから出てくる。人の基準に達していない新生児は殺すほうがましだという幾人かの功利主義者の主張もまた――いっけん中絶反対論と正反対のようであるが――同一な考えに起因する。社会的な生の象徴的次元に対していかなる実在性も認定しないということが、この考えの核心だ。第七章でわたしたちはこの考えが内包する問題点を検討するだろう。

奴隷

ブルデューによると通過儀礼とは、儀礼を通過した集団とまだ通過できていない集団を分けることではなく、儀礼を経る集団と経ない集団を分けることだ。[3] この角度から見れば、新生児と胎児の差異よりも更に本質的なのは、普通の人と奴隷の差異だと言える。奴隷は一生のあいだ社会のなかに入ることができないまま、例えて言えば胎児の状態に留まるからだ。「奴隷は胎児に等しい」というトゥアレグ Tuareg の格言がある。奴隷は一度も産まれないことに等しい。そのようなわけで死ぬときもなんら儀礼を経ずに、ただ「その場所から片づけられる。」[4]

奴隷が社会の外にいるということを、わたしたちはある程度は物理的意味で受け入れることができる。多くの社会において奴隷の大多数は実際に捕虜として捕らえられたり拉致されて故郷と親族を失った人たちであるからだ。換言すると奴隷はかれが元々いた社会の立場から見れば失踪者だ。失踪者は一定期間が経過すると法的に死亡したと見なされる。フランス民法によれば「人が何の連絡もなしにその者の家や居所からもはや現れなくなれば」後見判事に失踪を申告せねばならず、この時から失踪推定期間が始まり、判事が指定した人がその者の財産を管理する。失踪推定期間は失踪者が帰宅したり、死んだという証拠が現れたり、失踪申告から一〇年が経つと終了する。[5]失踪の推定は、身体が見つからない状態においてもその人を存在させる。反対にこの期間が終われば、失踪者は実際にどこかで生きていても死んだと見なされる。[6]このような法的虚構はローマ時代に遡ることができる。敵に捕らえられて捕虜になったローマ人はローマ市民としてのあらゆる権利主張を喪失し、かれの子どもたちは父が死亡した時と同様に完全な行為能力 sui juris を承認される。しかしかれが脱出して故郷に戻ると、原状回復権の原則 principle of postliminium が適用され、元来の地位を回復する。[7]失踪者としての法的人格 legal personality を失った奴隷は、かれが到達した社会で成員権を得ない限り、非人格 nonperson として残ることになる。

3　ブルデュー『言語と象徴権力〔Langage et pouvoir symbolique〕』金賢京訳、ナナム、二〇一四、一五三 - 五頁。

4　Luc Boltanski, *La condition foetale*, Paris: Gallimard, 2004, p.66〔リュック・ボルタンスキー、小田切祐詞訳『胎児の条件——生むことと中絶の社会学』法政大学出版局、二〇一八〕.

5　大韓民国民法でのこの期間は一般失踪が五年、特別失踪が一年となっている。

6　Marcela Iacub, *Penser les droits de la naissance*, Paris: PUF, 2002, p.93. イアキュブは失踪者の人格は身体がない状態でも存在するという事実から、人格とは空いた場所だという結論を導き出す。さらに身体をこの場所が所有した財産として見ることができるかどうかと問う。これは生命倫理医療法と関連し、豊かな含意をもつ興味深い質問であるが、この本が扱う範囲を越える。わたしはこの問題に対する議論を別の機会に回そうと思う。

しかし奴隷が犯罪者と孤児のように「内部から」来たとしても――社会から追放されたり、捨てられた場合といえども――結果は同じだ。奴隷は法的であれ儀礼的であれ（完全な）人ではない。かれは顔を持ちえず、完全な名を持ちえず、権利と義務の主体になりえない。

奴隷に顔がないというのは、かれに守るべき体面 face または名誉 honor が無いということ、他人に対するさいに顔の維持 face-work をしなくてもいいということだ。また相手側に奴隷の顔を考慮する必要がないことを意味する。奴隷はゴッフマンの分析した「相互作用儀礼」――その核心は相手が人であることを承認することだ――から除外される。換言すれば、奴隷は社会的に**見えない**。[8] かれは他人の前に現象することができず、他人はかれの前に現象しない。[9]

他方で、奴隷にとって完全な名がないということ（かれの名には血統と出身地を表示する部分――姓 family name――がない）は、かれが生まれた時から疎外された存在であることを知らしめる。[10] かれが出生に起因する諸権利を主張できないのは、そのような主張を聞いてくれ、承認してくれる親族集団がないからだ。オルランド・パターソンは奴隷の身分が自動的に世襲されるという通念を批判し、債務によって奴隷へと転落した者が第三者――親族――に自分の子どもを預けることができれば、その子どもは自由人として残ると指摘する。しかしそのような第三者がいなくて、かれが自分の手で子どもを育てねばならないなら、子どもも従って奴隷になる。子どもを扶養するさいにかかる費用はすべて主人が出すものと見なされ、子どもが主人に負った債務として計算されるからだ。つまり奴隷の身分が世襲されるのは、奴隷が親族なき者だという事実と関連している。奴隷として生まれた者は生まれた時から権利をもたないがゆえに、それを子どもたちに譲り渡すこともできない。[11]

最後に、奴隷は法的人格を持たないがゆえに法律行為の主体になりえない。ローマ法は奴隷が人persona ではなく物 res であると規定するのだが、これは単に奴隷が物のように売り買いされたという事実を指すことに留まらない。この規定はまた、主人を代理する場合を除外すれば、奴隷が法的に有効な行為をできないことを意味する。ローマ法によれば、奴隷は自分だけの財産を持つことができず（奴隷の財産は主人の財産と見なされる）、結婚して家庭をつくることもできず（配偶者がいたとしても結婚と認められず、同居中に生まれた子どもに対する父母としての権限を行使できない）、訴訟をすることもできず、さらには被告の資格もなく（奴隷が間違いを犯した時、民事上の賠償責任を主人が負う）、法廷での証言能

7　Orlando Patterson, *Slavery and Social Death*, Cambridge/Massachusetts: Harvard University Press, 1982, p.40〔オルランド・パターソン、奥田暁子訳『世界の奴隷制の歴史』明石書店、二〇〇一、一〇四頁〕.

8　奴隷〔召使〕は社会的公演に俳優としても観客としても参与できず、そのような意味で非人格だ（Erving Goffman, *The Presentation of Self in Everyday Life*, New York: Anchor Books, 1959, p.151〔『行為と演技——日常生活における自己呈示』石黒毅訳、誠信書房、一九七四、一七七頁〕）。非人格のこのような用法に対しては後に再び検討する。

9　「ポリスは最も幅広い意味において現象〔出現《アピアランス》〕の空間だ。この空間において私は他人に、他人は私に現象する。」ハンナ・アレント『人間の条件』李ジヌ・テジョンホ訳、ハンギル社、一九九六、二六一頁〔アレント、志水速雄訳『人間の条件』ちくま学芸文庫、一九九四、三二〇頁〕。

10　姓がないという事実は、ある人が奴隷であることを現す最も確実な表示だ。少なくともエジプト、近東、中国の場合がそうだ。しかし姓があったとしても全て自由人なわけではない。多くの地域で奴隷は主人の姓に従うことになる。実際には親族の権利を持ちえないまま疑似親族になるのだ。しかしいかなる場合であれ奴隷は元来の姓を失う（Orlando Patterson, 前掲書、p.55〔前掲書、一二九 - 三〇頁〕）。

力が制限される（奴隷の証言は拷問を通したものである限り効力がある）。[12]
パターソンは「奴隷は人ではなく物」だというローマ法の規定を権力 power の観点から再解釈する。ローマ法において人、物、支配 dominium は互いに繋がった概念として、奴隷制の拡大と絶対的所有権の確立という、ほぼ同時的に現れた二つの歴史的現象の中でその意味が確定された。ローマ人にとって「物」は何よりも奴隷を指したのであり、「支配」は一次的に主人と奴隷の関係を指した。[13]絶対的所有権、つまり排他的支配とは、主人が奴隷にどんなことをしても第三者の干渉を受けないということ、あるいは社会的にその行為が承認されるということ、換言すると奴隷の完全な孤立と無力さ powerlessness を含蓄する。パターソンが正しく指摘したように、所有権とは人と物の関係ではなく、人と人の関係だ（人と物が「関係」を結ぶことは不可能だ）。正確に言うなら、所有権は一種の権力関係であり、奴隷が物だという法的虚構は、この関係の中で奴隷が処される絶対的に無力な立場を表現する。
ここでわたしたちは権力に対するアレントの議論を参照してもよいだろう。アレントが主人と奴隷の関係について述べるとき、主人はいつも複数形であり、つまり「主人たち」として現れる。換言すれば、アレントにとって主人と奴隷の関係は二者的な関係ではなく三者的な関係だ。主人と奴隷が一対一で対立する二者的関係においては決して権力が生じないからだ。権力とは「わたしたち」をつくる能力であり、わたしたちの中で生じる、活動の潜在的可能性だ。アレントの表現を借りれば「権力は、活動して語る人々の間の潜在的現象空間である公論領域を存在させる。」「権力はともに活動する人々の間で生じて、人々が四散する瞬間に消える。」[14]主人たちは「わたしたち」をつくる術を知っているがゆえに、権力があり支配することができる。その反面、奴隷は孤立しているがゆえに無力だ。奴隷はせいぜい主人たちに暴力violenceで立ち向かえるだけだ。主人と奴隷の関係の起源にある原初的暴力は、このように主人たちがポリスを構成し奴隷をその外に置く瞬間、ポリスの境界に隠されて見えなくなる。

パターソンは奴隷を、権力も親族も名誉もない者、そのような意味で社会的な死者socially dead person

---

11 Orlando Patterson, 前掲書, p.9〔前掲書、四〇頁〕. 儒教的家父長社会において既婚女性は親族がいないkinless存在だという点で奴隷と似ている。朝鮮時代の既婚女性に適用された「出嫁外人」という言葉は、女性たちが婚姻と同時に父系親族集団から永久に成員権を喪失するという事実を示す。嫁に出た女性は父母の法事に参加できず、財産を譲りうけることもできない。そして実家のことに関心を持ってもならない（出嫁外人という表現は女性が実家のことに介入しようとする時、それを阻止するために主に使用された）。何よりもかのじょは嫁いだ家から追い出されても実家へ戻ることができないと知らねばならない。しかし実家に対して「外人」、つまりアウトサイダーになったからといって、かのじょが夫の親族集団において、それに相応する席を得るわけではない。かのじょは嫁いだ家の族譜に名を記されることもなく、法事にも参加しない。かのじょは二つの集団のうち、どちらの側でも成員権を持てないのだ。嫁いで暮らすことが召使として暮らすことと似通って体験される理由がここにある。親族がいないということは、自分のために体を張ってくれる第三者がいないということだ。嫁に出た女性は元来自分が属していた親族集団から捨てられたのと同様であり、かのじょの運命はいまや全的に嫁いだ家の手にかかっている。しかしかのじょと奴隷の共通点はここまでだ。奴隷はなんの名誉も持たないが、かのじょにとっては名誉が重要だ。またかのじょは男子を生むことをもって嫁いだ家と結縁を結び、権力を行使する機会を持つ。

12 金ギョンヒョン「西洋古代世界の奴隷制」『隷卑、農奴、奴隷』歴史学会編、一潮閣、一九九八、五七‐六〇頁、モーゼス・フィンリー『古代奴隷制度とモダンイデオロギー』ソンムンヒョン訳、民音社、一九九八、一四四‐五九頁〔Moses I. Finley Ancient slavery and modern ideology, Chatto & Windus, 1980〕。

13 Orlando Patterson, 前掲書, pp. 31-32〔前掲書、七八‐八〇頁〕.

14 アレント、前掲書、二六二‐三頁〔前掲書、三二二‐三頁〕。

と定義する。「奴隷は胎児に等しい」という格言が、奴隷が最初から社会の外にいたことを、つまりその生まれつきの疎外を暗示することに比べ、「社会的な死者」という表現は、奴隷が社会の外へと追い出された者、または失踪者だという点をさらに強く喚起させる。しかしどちらであれ言わんとすることは同じだ。奴隷は象徴的な空間としての社会の外にいる。だからたとえ物理的な空間としての社会のなかに入っていても、奴隷は他の人々の目の前に同等な**人**として**現象しない**。

軍人

人の概念が内包した承認の次元を表す三つ目の例は戦場の兵士だ。現代戦において兵士は人ではなく物だ。これは戦時に敵軍を殺すことが「人権問題」を引き起こさないという事実に端的に示される。人権言説はあらゆる人間に生命権があると厳粛に宣言しつつも、戦争に関しては例外を認める。交戦状況で相手側を殺すことは殺人でもなく戦争犯罪——この単語は戦争自体は犯罪ではないことを含蓄する——でもない。人権言説が介入するのは、軍隊が武装しない民間人を攻撃した時のように戦争の規則に違反した場合に限ってのことだ。一見これは正当防衛の論理——武装した軍人を攻撃するのは正当防衛であるが民間人を攻撃するのはそうではない——で簡単に説明できるだろう。しかし軍人に自分の命を守るために戦場を抜け出す権利がないという事実から分かるように、現代戦の規則は、正当防衛理論の基礎にある諸個人各自の生命に対する権利主張とは無関係だ。

ルソーは『社会契約論』の奴隷制度に対する章で古代の戦争と区別される現代戦争の新しい諸規則を明瞭に述べる。その内一つは武器を持っていない者を殺してはならないということだ。「戦争の目的は敵国の破壊にあるだけに、わたしたちはその防衛兵たちが武器を手にしている限り、かれらを殺す権利がある。しかしかれらが武器を捨てて降伏し、敵または敵の道具になることを止めたのであり、かれらは単なる人間へとかえったのであるから、わたしたちはもはやかれらの生命を奪う権利はない。」[15]この文句を通してルソーは戦争の勝者は敗者を殺したり奴隷にする権利があるというグロティウスの主張——古代ギリシャ人とローマ人にとっては至極当然に聞こえるであろう主張——に反駁しようとした。それゆえわたしたちはこの文句が古代の戦士たちが知りえなかった、或る「人道主義的」戦争原則を表現していると見てもよいだろう。注目すべきことはルソーがこの原則を支持するために提示する論拠だ。ルソーは武器を捨てた敵がもはや敵ではない理由は、戦争の主体が個人でなく国家であるからだと説明する。「戦争は人間と人間の関係ではなく国家と国家の関係だ。そこにおいて個人が互いに敵になるのは偶発的であり、**このとき個人は人間でもなく、もっといえば市民でもなく、ただ兵士であるのみだ。**祖国の構成員ではなく、その防衛者であるのみだ。要するに、国家は異なる国家だけを敵として持ちうるだけであり、人々を敵とすることはできない。」[16]（強調は引用者）ルソーはここで兵士を市民や人間と対立する概念としてみている。実に兵士になる瞬間、個人は市民権の停止を経験する。かれは憲法がもはや適用されない例外地帯へ入り——もちろんこの例外地帯の存在自体は憲法に規定されているが——

15　ジャン・ジャック・ルソー『社会契約論』李桓訳、ソウル大学校出版部、一九九五、一四頁（『社会契約論』桑原武夫・前川貞次郎訳、岩波文庫、一九五四、二五頁）。
16　ルソー、同書、一三 - 四頁（同書、二四頁）。

間違いを犯した時、憲法ではない軍法によって処罰される。同時にかれの人間としての権利もまた停止する。なによりもかれは友好 hospitality の権利――親交の権利――を持つことができない。敵を人間として対することは、兵士が決して犯してはならない重大な罪である。[17]

戦争というゲームの中で、敵対する二つの国家はそれぞれ人口の一定部分を選び出し、かれらから人の地位を奪い、銃弾と砲弾のような消耗品にしてしまう。軍人は敵によっても死ぬが、味方側によっても死ぬ（命令に違反する場合）。じっさい軍人が敵によって死ぬのは、すでに味方側によっていつでも死にうる存在として、いや或る意味で**死んでいる**存在へと格下げされるからだ。

ゴッフマンは『アサイラム――施設被収容者の日常世界』において、在所者の人格に加えられる体系的な冒瀆のテクニックを詳述したことがある。[18]それ自体が屈辱をもたらす入所の諸儀礼、私的空間と個人的所持品の剝奪、多様な形態の身体的侵犯、身体的・道徳的に羞恥心を誘発する諸慣行、特定の姿勢や動作の強要、画一的な時間表、体罰と嘲弄……。個人の尊厳を侵害し、その自我イメージを、さらには自我自体を歪曲させるこのようなテクニックは、あらゆる種類の「総体的施設 total institution」において共通して現れるが、軍隊ももちろんその中の一つだ。軍隊でこのような過程は訓練という名で合理性を付与されているが、その真の目的は軍人たちの人格を否定し、かれらを物として、**社会的な死者**へなさしめることにある。[19]冒瀆 mortification の語源に死 mort があるのは偶然ではない。

だが、軍人たちがこのように人格を剝奪されて物のように使用される間にも諸国家――「主権者たち」――の間では人格的関係が維持される（もしそうでなければ講和が不可能であろう）。[20]諸国家は互いに戦争を起こしもするが、同盟を結び、友誼を確かめ、金を貸し借りし、サッカーの試合もする人格体だ。

17　軍人に友好（あるいは歓待）の権利がないということと、かれが物のように消耗されるという事実は、互いに繋がっている。歓待は人の権利であり、歓待を通してわたしたちは人になるからだ。ミヒャエル・ユルクス『クリスマス休戦、大戦争を止めた小さな平和』（金スウン訳、イェジ、二〇〇五〔Michael Jürgs, Der kleine Frieden im Großen Krieg: Westfront 1914: Als Deutsche, Franzosen und Briten gemeinsam Weihnachten feierten〕）はこの点をありありと見せてくれる。この本は一九一四年のクリスマスに西部戦線のあちこちで起こった自発的な休戦に対する記録だ。クリスマス一日だけでも平和に過ごしたいという兵士たちの欲求を将校たちがもはや統制できなくなった時点で起こったこの「ストライキ」は、双方の兵士たちの公然とした親交行為につながった。かれらは塹壕の胸壁にそってろうそくを灯し、キャロルを歌うことから始め、相手側の歌に別の歌で応え、互いに言葉をかけ合い、戦友の死体を収集できるように射撃をしばし中止しようと合意するに至った。続いてかれらは中間の無人地帯で会い、タバコと酒を交換し、共に記念写真を撮り、サッカーをした。司令部は当惑しこの事件を隠蔽しようとする一方で、敵と親交行為をする者は軍法で治めよと厳命を下した。幾人かの将校が見本として処罰され、兵士たちは「業務」へと復帰した。かれらはもはや戦うつもりがなかったが、互いに銃を撃ち合わなければならなくなった。かれらのほとんどは死をもって戦場を去ることができた。

18　Erving Goffman, *Asylums*, New York: Anchor Books, 1961〔ゴッフマン、石黒毅訳『アサイラム――施設被収容者の日常世界』誠信書房、一九八四〕。

19　ゴッフマンと同じ観点でフィンリーは次のように書く。「奴隷は魂をもつ財産で、なおかつ没人格 nonperson であるが、にもかかわらず生物学的には疑う余地なく人間なのであれば、その人間性を堕落させボロボロにし、かれを財産ではなく人間から区別させる制度的手順が要請されるのが当然だ。体罰と拷問はそのような手順の一つだ。」(Moses I. Finley、前掲書、p.147)

20　カントは戦争中に刺客の雇用、降伏条約の破棄、敵国における反逆扇動のような「卑劣な行為」をすることを非難し、「戦争中だとしても敵の品格に対してなんらかの信頼が残っていなければ」ならず、「そうでなければいかなる平和も締結できなくなり、敵対行為が焦土化殲滅戦になるであろう」と警告する（イマニュエル・カント『永遠平和のために』李ハング訳、曙光社、一九九二、一八頁〔『永遠平和のために』宇都宮芳明訳、岩波文庫、一九八五、二〇頁〕）。

「戦争は異なる手段による政治」というクラウゼヴィッツの明言はこの事実を指す。このような観点から見れば、軍人と民間人を区別する論理は、戦争あそびをする時に各々一番大事にしているおもちゃには触れないでおこうという子どもたちの約束と似ているのだ。

奴隷権――つまり降伏した敵を奴隷にする権利――に対するルソーの反対は、それゆえある逆説を内包する。古代の戦士たちは自由人として戦場に出ていき、捕えられれば屈辱を経て奴隷になった。かれらは国のために戦ったのみならず、かれ自身の名誉のために戦った。こんにちの軍人たちは戦場に出ていく時、すでに奴隷と変わらない。かれらは名誉のために戦う代わりに生存のために戦う。なぜならかれらは失いうる名誉ごときを持っていないからだ。

現代戦が総力戦 total war の様相を帯びるのは名誉の観念が消えたことと関係する。これは名誉の観念が重要な役割をする戦いの諸形態、たとえば決闘や「原始」部族の間の戦争と現代戦争を比較してみれば明らかになる。決闘――侮辱された人が自分の勇気を立証することをもって名誉を回復しようとする時、そして侮辱を加えた相手側がこれを受け入れる時に決闘が行われるのだが――は、名誉がかかった戦いであり、ただ名誉が問題になる戦いだ。それであるだけに暴力が高度に様式化されたやり方で現れ、また最小限の水準で終わりうる。事案が深刻な時は命をかけて戦いもするが、軽い侮辱の場合は片方が血を流せば決闘が終わったりする。相手側を害するのが目的ではないがゆえに、相手側が振り向く前に銃を抜くというような卑怯な行動はしない。そのような行動はむしろ名誉を損傷させるからだ。

決闘は貴族や紳士のように身分の高い人々のあいだで行われる。しかしこれが身分が低い人々には何の名誉もなかったり、かれらが決闘と似た形態の戦いを知らないという意味ではない。裏路地のやくざたちも名誉の観念を持っており、勢力争いをするときにそれぞれの規則を守る。例えば頭目たちが戦う時、部下たちは手を出さずに横で見守る。むやみな介入は頭目の威信を傷つけるからだ。いかなる名誉も持ちえないのは奴隷の属性だ。パターソンの言葉を借りれば、「名誉のために戦わない者、あるいはそうだと期待されない者は、真の意味で社会秩序の外にいる。」[21]

前近代非ヨーロッパ社会の諸戦争、とりわけ小規模部族間の戦争は戦士たちの名誉が重視されるという点、そして戦闘が儀式化された ritualized 様相を見せるという点で勢力争いと似ているところがある。朱京哲によれば、非ヨーロッパ社会の伝統的戦争は、捕虜を多く捕まえて奴隷として売ったり働かせることを目標にした。したがって戦争が儀式化されやすく、結果的に人命損失が少なかった。[22]かれは東南アジア地域を例に出す。「戦争初期に双方は可能な限り多くの軍事力を動員して相手側を脅し、敵の均衡を壊そうとする。そして初期に数度の大きな成功を得て、このすべてのことを決定する神の力が自分の側にあるということを見せようと努力する。軍隊はほとんど貴族たちが連れて来た自分の部下たちで、貴族たちは戦場で自分の部下たちを失うことをできるだけ避けようとする。使える人の数が多いということが自分の地位を維持するさいに決定的であり、かれらを失ってはならないからだ。」こうしてみると戦闘の規模に比べて死傷者が多くはなく、勝敗はしばしば数名の度胸ある勇士たちによって決定された。「戦争は一種の神判 trial by ordeal だと信じるがゆえに勇士たちの戦いにおいて天上の力 cosmic

21　Orlando Patterson, 前掲書、p.79〔前掲書、一八七頁〕.

22　朱京哲『大航海時代』ソウル大学出版部、二〇〇八、二二七頁。

forcesがどちらかに現れると考える。だから先頭に立つ勇士たちが倒れれば戦争がいきなり終結しもする。」[23]

似た様相がメキシコの先住民の事例にも見て取れる。「戦争が神聖な対決であるだけに、理想的な戦闘は代表選手格の勇士たちの正面対決であった。このゲームは一方が相手側を捕虜として捕え、自分の神に連れて行って見せる行為をすることで終わった。勇士たちはペインティングや笏《しゃく》のようなもので装い、忽然と塵をはらって現れ、戦闘スローガンを叫ぶことをもって自分の度胸を見せびらかし、そうして普通の人々はそれだけでも驚き逃げ出させるようにしなければならない。これに抗い相手側の勇士も屈せずに現れ決闘を繰り広げる。この時背後から刺すような行為はありえない。」[24]

朱京哲は西欧列強が非ヨーロッパ世界を簡単に植民化できたのは、銃砲の力のおかげというよりは戦争に対する考え方の差異に起因すると主張する。「ヨーロッパ人たちの共通点は汚く戦い（つまり儀式を守って戦うのではなく）、より悪いものを殺すために戦うということだ。」[25] 先住民たちは「白人たちの大砲が、一切の劇的要素を抜きに、戦士や民間人たちをただ殺すということを悟った。」[26] ドラマチックな戦いに慣れていた先住民たちは、かれらが見るに戦闘ではなく虐殺に近いヨーロッパ人たちの暴力の前で敗北を認めるしかなかった。

このような比較が非ヨーロッパ人がヨーロッパ人よりも暴力的でなかったということを含蓄するわけではない。捕虜の爪を剥き、頭の皮を剥がすなど、非ヨーロッパ人の戦闘慣行にはヨーロッパ人たちを驚かせる残忍な側面があった。重要なのはこのような残忍さが、見せびらかしと儀礼的な性格を帯びていたという点だ。それは敵を侮辱し、その人から人としての神聖さを剥奪することを目標にした。これは敵が敗北する前には人であったことを意味する。その反面、現代戦においては兵士たちが最初からいかなる名誉も神聖さも持たない、むき出しの生命として現れる。かれらにとっては奪われるものは命しかないがゆえに戦闘の目標もまた相手の命を奪うこと、敵を最大限物理的に破壊することになる。

第一次世界大戦は「宗教的儀礼、文化的価値などを完全に脱ぎ捨てて戦う」[27]総力戦の横顔を、それ以前のいかなる戦争よりも明確に露わにした。戦場から帰ってきた軍人たちの空虚な目と言葉を失ったような沈黙がそれを反映する。ほとんどの人々が自分の故郷から一歩も出たことがない人生を送っていたころ、参戦は広い世の中へと出ていって冒険をする、またとない機会であった。だから戦場から帰ってきた軍人は、長い航海を終えた船員と同様に、遠い所の消息を興味津々たる逸話とともに聞かせてやる語り手だった。しかし第一次世界大戦から帰ってきた軍人たちはいかなる物語も持っていなかった。泥沼の中で死と戦い、時間が経つことだけを待ったかれらの戦争経験のなかには、主体性を証明するいかなるものも、ナラティブを構成するいかなる断片も存在しないからだ。「まだ馬が引く電車にのって学

23　同書、二二八‐九頁。
24　同書、二三一頁。
25　同書、二三六頁。
26　同書、二三二頁。
27　同書、二二七頁。

校に通った世代が荒野で、雲の他には変わらないものが一つもない風景の中に投げ込まれていた。毒ガスが爆発し死が流れるその場所で、かれらは矮小かつ壊れやすい人間の肉塊であるだけだった。」[28]

死刑囚

人であることが成員権の一種であることを証明するために、最後に死刑囚の例を挙げよう。社会契約論の伝統において死刑は別途論議が必要な問題と思われてきた。契約が契約当事者たちの主体性を前提にするとき、主体の消滅を契約の内容に含めることは矛盾のように見えるからだ。ルソーの主張のように自らを奴隷となす契約が契約として効力を持ちえないならば[29]、自分の命を担保にする契約もまた成立しえないだろう。このような直感は死刑が社会契約の枠内ではなく、**その外で**なされるという結論に繋がる。チェーザレ・ベッカリーアとジョン・ロックは、前者は死刑制度反対で後者は賛成であるとしても、死刑囚が社会の外にいると見なすという点で一致する。

チェーザレ・ベッカリーアは死刑が社会契約に含まれえないと主張する。社会契約の目的が個人の財産と自由と安全を守ることにあると言うとき、このような目的のために自分の生命を他人に預けることは矛盾だからだ。「主権や法律は、一人ひとりが自分自身の自由の総体から、ほんのちょっとだけ削り取って差し出した分の総体にほかならず、つまり、個別的な意思の集計としての一般意思を表現したものである。いったい誰が、自分を殺させるかどうかを他人の意向にまかせてもよい、などと思うだろうか。」[30]だが実際合理的計算という観点から見ると、「命を担保とする契約」という観念が完全に不条理なものではない。命を失う確率がかなり低く、命をかけた対価として得ることになる利益がかなり大きい時、わたしたちはそのような契約に署名できる。（おそらく最初の論拠の弱さを意識しつつ）ベッカリーアが提示する二つ目の論拠は、生命は個人の思いのままに処分できる財産ではないということだ。「人間が自分を殺す権利がない以上、その権利を他人や一般社会に譲渡することもまた不可能だ。」[31] 人間に自分を殺す権利がないというのは当時一般化されていた宗教的見解だった。自殺は犯罪とみなされ、自殺者および自殺未遂者は処罰された。しかしベッカリーアがこの事実を喚起させるのは、自殺が犯罪という考えに同意したからではない。かれはここで、社会契約が成立するならば契約の主体である人自体は契約の対象から除外されねばならないと述べている。人は神聖なるものであり、いかなる契約もそれに触れることはできない。これは人が他人との関係に入る前に神との関係の中にあるという観念をもって説明される。それゆえ「死刑はいかなる意味においても権利の問題ではない。死刑は一人の市民に対する国家の戦争なのだ。」[32]

興味深いのはロックもまた死刑を戦争と比較するという点だ。しかしこれはベッカリーアと反対に死

28　Walter Benjamin, "Le Narrateur", *Ecrits francais*, Paris: Gallimard, 1991, p.206〔ベンヤミン「物語作者」〕.
29　ルソー、前掲書、一一 - 三頁〔前掲書、第一篇第四章〕。
30　チェーザレ・ベッカリーア『犯罪と刑罰』ハンインソプ訳、パクヨン社、二〇〇六、一一一頁〔『犯罪と刑罰』小谷眞男訳、東京大学出版会、二〇一一、九〇頁〕。
31　ベッカリーア、同書、一一二頁〔同書、九〇頁〕。
32　ベッカリーア、同書、一一二頁〔同書、九〇 - 一頁〕。

刑を正当化するためだ。ロックはまず人間が平等に創造され、皆が一つの自然共同体を共有するがゆえに、人間たちのあいだには互いを殺す権限を付与する、いわばいかなる服従関係も想定しえないと前提する。「自然状態にはそれを支配する自然法があり、その法は全ての人を拘束する。そしてその法である理性は助言を求めるあらゆる人類に、人間は全て平等で独立した存在であるがゆえに、いかなる者も他人の生命、健康、自由または所有物に傷つけてはならないと教える。なぜなら全ての人間は唯一かつ全知全能な造物主の作品であるからだ。（……）人間は造物主の財産かつ作品として、他人の勝手ではなく神の意が持続するあいだのみ生きるようになっている。」[33] 続いてかれは自然法の違反は自然共同体との紐帯を破棄すると主張する。「自然法を違反することをもって攻撃者は自分が理性と共通した衡平の規則ではない、それ以外の規則に従って生きると宣言したわけだ。それゆえかれは人類にとって危険な存在になり、人間を被害と暴力から保護してやる紐帯はかれによって無視され破棄された。」[34]「その犯罪者は理性、つまり神が人類に与えた共通の規則と尺度を放棄し、かれが別の人に犯した不当な暴力と殺人によって全人類に対して戦争を宣布したことになるがゆえに、虎やライオンのように殺害されて当然だ。人間はこのように残酷な野獣たちとともに一つの社会をなすことができず、また安全を保障することもできないからだ。[35]」

ここでロックが「社会」という言葉で呼び指すのは自然状態の諸個人が契約によって加入したと感じる政治的単位としての、社会学の対象である社会とは異なる。ロックが述べる社会（または市民社会）は国家と同一な外延をもち、事実上国家の樹立と同時にその内部に設置される。その反面、社会学は「社会契約」以前に存在し、政治共同体の樹立行為を可能にする、人々のあいだの基本的な紐帯に関心をもつ。換言すれば社会学の対象である社会はロックの「自然共同体」に該当する。しかし社会学はこの共同体を「自然的」と称することをせず、なぜなら社会学は道徳の基礎に「社会的なもの」があると見るからだ。自然法の存在に対するロックの仮定、つまり人間が自然状態においても互いに道徳的な義務を負うという仮定は、全ての人間が創造主に服従の義務を持つという仮定に依っている。人間たちの間の紐帯と相互義務は、創造主と個別人間の関係から派生するのだ。しかし社会学は根本的に無神論的であるがゆえに、この説明を逆立ちさせる。創造主に対する観念は地上で人間たちが結ぶ紐帯が天に投影されたものだ。したがってこの紐帯自体は別途の説明を要求する（デュルケームにとって社会学は何よりもこの紐帯の本質を説明する学問として感じられた）。

いずれにせよロックは社会契約説を主張するなら「自然的」共同体と、この共同体を治める法則（自然法）の存在を仮定せねばならないという点を明らかに意識していた。自然状態の人間がいかなる道徳的共同体にも属さないならば、約束を守る義務ごときも知りえないであろうし、したがって契約を通して政治的共同体を設立することもまた不可能であろう。[36] また、ロックは犯罪に対する処罰が、究極的

33　ジョン・ロック『統治論』カンジョンイン、ムンジジョン訳、カチ、一九九六、一三頁、John Locke, *Two Treatises of Government*, Cambridge: Cambridge University Press, 1988, p.271〔「統治論」浜林正夫訳『世界思想教養全集 第６』河出書房新社、一九六六、三七頁〕。

34　ロック、同書、一五頁〔同書、三八頁〕。

35　ロック、同書、一七頁〔同書、四〇頁〕。

にこの自然的共同体の権威および共同体内における成員たち各自が持つ権利に基づかねばならないことを知っていた。もし犯罪に対する処罰の根拠が社会契約だけならば、社会契約に同意しない人々、例えば外国人の犯罪は処罰できなくなる。[37]

他人の生命、自由、財産を侵害した者は自然法を違反したがゆえに自然的共同体の保護を受ける権利を失うとロックは述べる。死刑はこのように正当化される。強調するために同じ文章をもう一度引用すれば、その者は「全人類に対する戦争を宣布したわけだから、虎やライオンのように殺害されてしかるべきだ。」この言葉は二つの含意があるが、一つは死刑囚は人ではないということだ。死刑が殺人でない理由は、死刑囚が息を引き取る前に既に人としての資格をはく奪されて物の地位に落ちたからだ。換言すれば人類の「自然的共同体」から追放され、一かけらの神聖さもまとえないままむき出しの存在になったからだ。かれが人として持ってきた光輝は完全にこの共同体から借りて来たものであるがゆえに、共同体からの追放はかれを屠殺場の家畜のように恐れることなく殺せる対象へとなさしめる。もう一つは犯罪者の死刑が戦場で敵を殺す行為と似ているということだ。

ここでわたしたちは伝統的戦争と現代戦を比較した時のようなやり方で、伝統的死刑とこんにちの死刑を比較できる。伝統社会において死刑はそれ自体が一つの成員権剥奪儀礼を構成した。仮設舞台のように広場の只中に高くたてられた処刑台、雲のように集まってきた群集、死刑囚に対する公開の拷問と侮辱は死刑の儀礼的性格を明瞭に見せる。これと異なって啓蒙された現代社会においては死刑の執行がなんら劇的装置なしに、陰密に静かに行われる。処刑台は公共の場所から少数の関係者だけが接近可能な隔離された空間へと移され、見る者たちに衝撃と恐怖を与えようとする目的によって細かく考案された多様な処刑技術は、死刑囚の苦痛を最小化し迅速に死をもたらす新しい技術に代替された。死刑はもはや見物対象ではない。それどころか死刑が言い渡される瞬間から死刑囚の存在は大衆の視野から消える。かれがいつ死ぬのか、どこで死ぬのかを大衆は知ろうとせず、新聞に出る前には知りようもない。最近はこの種のニュースが短信で処理されるがゆえに、自分の国に死刑囚がいるということを知らない人も多い。「見本のための処罰」という死刑存置論者たちの主張が色あせる状況だ。

逆説的だが死刑のこのような非可視化と「人間化」は死刑囚がむき出しの生命になったという徴候として解釈できる。『監獄の誕生』冒頭部でミシェル・フーコーは国王暗殺未遂犯デミアンの処刑場面を詳細に描写して、死刑囚の苦痛をうける身体を通して自らを見せる権力に対して語っている。しかし犯

36　ロックが述べる「自然状態」が社会化以前の動物的状態だとか、諸個人がバラバラに散って各自の生を営む状態ではなく、一種の「社会状態」であるという点は、次のような言及の中によく現れている。「一つの共同体にともに加入し、一つの政治体をつくることに互いに合意する種類の協約のみが、人間たちのあいだの自然状態を終了させる。その他の異なる種類の約束や協約（例：アメリカの山林の中でなされるスイス人とインディアンの約定）は（……）当事者たちを拘束しはするが、なおかれらは各々相手側に対して全的に自然状態に置かれている。なぜなら真実さと約束を守ることは社会の成員としてではなく、人間としての、人間に属する義務であるからだ。」（ロック、同書、二〇頁〔同書、四二頁〕）人間自らが人間であることを認知し、人間としての義務を自覚するためには、どのような形であれ社会的なものが介入せねばならない。ロックは人間と神の契約だけで十分だと考えたようであるが、そうなのである。

37　自然法の観念を擁護しつつロックは次のように述べる。「〔この教義がおかしいと思う人々は――引用者〕この教義を非難する前に、君主や国家がかれらの国で犯罪を犯した外国人にいかなる権利に立脚して死刑やその他の刑罰を負荷しうるのかをわたしに解明してくれればと思う。（……）なぜなら外国人に関する限り、為政者は全ての人が別の人に対して自然的に持つもの以上の権利を持ちえないからだ。」（ロック、同書、一五‐六頁〔同書、三八‐九頁〕）

罪者の身体を極端に物化することをもって、かれの人格を冒涜しようとする権力の狂気は、意図に反してその犯罪者がいまなお人であることを証明する。デミアンの四肢を引き裂き、権力はかれの人格が醸し出す力――ヴェーバーはカリスマと呼んだもの――に対する恐れを表現する。犯罪行為が大胆になるほど犯罪者のカリスマも大きくなり、かれの人格を剥奪する儀礼もまたそのぶん派手にならねばならないのだ。現代の死刑制度はこれと対照的に、犯罪者を隔離された場所に連れていき少数の立会人が見守るなかで静かに安楽死させる方法を選ぶ。犯罪者が既に社会の外にいるという考えは、かれをより「人間的に」待遇することを可能にする。かれは人ではなく単純な生命に過ぎないがゆえに、かれの苦痛はいかなる象徴的価値も持たず、かれに対する最後の配慮もまた「動物福祉」を議論するさいと似通ったやりかたで、不要な苦痛を減らす問題に集中するのだ。

胎児、奴隷、軍人、そして死刑囚の例は、人の概念に内包された承認の次元を表す。人というものは人として承認されること、換言すれば社会的成員権を承認されるということだ。物理的に述べると社会は一つの場所であるがゆえに、人の概念もまた場所依存的だ。失踪者の例で見たように、特定の空間を抜け出す瞬間、わたしたちは人の地位を喪失しうる。具体的に述べると――同語反復的に聞こえるだろうが――わたしたちを人として承認する人々がいる空間から抜け出る時、わたしたちはもはや人ではなくなる。社会とは他ならぬこの空間を指す言葉だ。

アレントの表現を借りれば、社会は「現象空間」だ。これは社会が固定された地理的境界を持たないことを含蓄する。アレントがポリスに対して述べたことは社会――アレントはこの単語を嫌ったが――にも該当する。

ポリスは地理的に位置を占めた都市国家ではない。ポリスは人々が共に活動して語ることをもって生まれる人々の組織体だ。そしてポリスの真の空間は、どこにいようがこの目的のために共に生きていく人々の間に存在する。「汝らの行くところ汝らがポリスなり。」この有名な言葉は単にギリシャの植民化のモットーではない。活動と言論は人々のあいだの空間、つまりいつどこでも自分の適当な位置を発見できる空間を創造できるという確信を、この言葉は表明している。[1]

それゆえ社会を有機体や時計、または蜂が犇めく蜂の巣に比喩するのは間違いだ。社会はそのような物理的に明らかな輪郭をもつ客観的実体ではなく、各々の前に相互主観的に存在する空間であるからだ。換言すれば、社会は各々の前に展開されている潜在的な相互作用の地平だ。わたしたちはこの地平の中で他人たちと遭遇し、互いの存在を承認するという信号をやり取りする。他人がわたしに「現象する」という言葉は、かれがわたしの「相互作用の地平の中にいる」という言葉と同じだ。したがって他人の存在を見て取り、かれがわたしの見て取ることを見て取ることができるようにわたしの側から存在の信号を送るのは、かれの社会的成員権を承認する意味を帯びる。同時にわたしはこのような行為を通してわたしもまたかれに現象しているという信――わたしたちが共に社会の中にいるという信――を表現し、相手側がわたしの信を確認してくれるよう期待する。もちろん相手側は私を「無視」しうる。つまりわたしの信号に回答せず、あたかもわたしが「見えない」ように行動しうる。相互作用の儀礼は常に違反と中断の可能性を内包し、それゆえ文化的コードの単純な実行――「局地的活性化」――として見なされえない。儀礼のチェーンを構成する諸行為は、一つひとつが質問かつ要求であり、招待かつ挑戦だ。いわばそれらは「承認闘争」の諸契機を構成するのだ。社会の境界はこの日々の承認闘争の中で、絶えず区切り直される。

主人と奴隷

承認闘争という単語は主人と奴隷の弁証法に対するヘーゲルの議論とほとんど自動的に結びつく傾向がある。『精神現象学』第四章に出てくるこの話はアレクサンドル・コジェーヴの解説を通して広く知られたものだが、要約すれば次のようになる。人間は他者の承認を要求するという点で他の動物と区別される。人間はあらゆる動物に共通した自己保存の欲求を克服し、この人間的な要求にしたがう時、つまり他者の承認のために生命を賭けるとき、ようやくはじめて自分を人間として裏づける。このような生死を賭けた威信闘争がなかったならば歴史が開始されることもなかっただろう。ところが、死んだ者たちから承認を得ることは不可能だから、人間的現実が承認された現実として構想されるためには、最初の二人の人間のうち一人は他者によって承認されないまま他者を承認せねばならない。つまり人間は最初の状態から必然的に、そして本質的に主人ないしは奴隷なのだ。しかしここで弁証法が始まる。主人は奴隷の承認を受けるが、かれが獲得した承認はかれにとって無価値なものだ。かれの欲求はかれが承認する価値があると思う人の承認によってのみ充足されうるからだ。その反面、奴隷は他者（主人）を承認する。したがって相互承認が発生するために奴隷はただ自らを、この他者に強要して、かれから承認されるだけでいい。主人は奴隷に労働を強要する。しかし労働する過程で奴隷は自然を支配するようになる。奴隷はいまや自分の労働によって変化した技術的世界に君臨する。奴隷は世界を変化させる

1 アレント『人間の条件』李ジヌ・テジョンホ訳、ハンギル社、一九九六、二六一頁〔志水速雄訳、ちくま学芸文庫、一九九四、三二〇頁〕。

ことをもって自らを変化させ、それとともに解放闘争のための新しい客観的諸条件を創造する。[2]

遺憾ながら、この寓話は奴隷制の本質に対する人類学的省察とかなり離れている。先ほど検討したように、主人たちは既に相互承認の中にいるがゆえに、つまり「わたしたち」という複数で存在しているがゆえに、主人でありうるのだ。主人たちと奴隷の三者関係において奴隷は純粋に否定的な項に過ぎない。主人たちにとって奴隷は承認闘争の相手ではなく、承認闘争が起こる場の外部を象徴する。奴隷の服従が主人の威信を高めるのは事実だ。主人の自負心は奴隷の屈辱を対価にする。しかしこれが直ちに主人の名誉が奴隷の承認に起因することを意味しはしない。奴隷はいかなる名誉も持ちえない存在であるがゆえに、他人を承認することも侮辱することもない。[3] これは身分が低い者は決闘ができないのと似た道理だ。決闘は「生死を賭けた威信闘争」の完璧な例だが、決闘の勝者が敗者を奴隷にするわけではないという事実から分かるように、このような闘争は相手側の成員権――人としての資格あるいは身分的資格――に対する承認を前提とする。これはヘーゲル自身が逆説の形式で指摘したことでもある(敗者を奴隷にするならば、かれの承認は勝者にとって無価値なものになってしまう)。

そうだとしても奴隷の存在は承認闘争においてなお重要だ。パターソンは、奴隷制度と名誉に執着する文化――プラトンに依拠してかれがティモクラシー timocracy と呼ぶもの――の間に密接な関係があることを発見した。優越しようとする欲望、権威に対する服従、官職に対する野望、軍人らしさに対する崇拝、金銭に対する執着などがプラトンが考えたティモクラティックな文化と人間形の特徴であった。[4] 大規模の奴隷制度が存在する社会においては決まってティモクラティックな文化と人間の形態が発達する。プラトンがこの単語を用いるさいに念頭に置いたのはスパルタであったが、南北戦争以前の米国南部の

2　アレクサンドル・コジェーヴ『歴史と現実弁証法』ソルホンヨン訳、ハンボッ、一九八一、二九‐六一頁（『ヘーゲル読解入門――『精神分析学』を読む』上妻精・今野雅方訳、国文社、一九八七、第一章一一‐四三頁）。これがヘーゲル自身の考えなのか、あるいはコジェーヴの解説に過ぎないのかはここでは重要ではない。主人と奴隷の弁証法が有名になったのは、まさにこの本を通してであったからだ。本書の要約からもヘーゲルの原文とコジェーヴの注釈を区別しなかった。コジェーヴがヘーゲル受容に及ぼした影響についてはヴァンサン・デコンブ『同一者と他者』朴ソンチャン訳、人間サラン、一九九〇（『知の最前線――現代フランスの哲学』高橋允昭訳、TBSブリタニカ、一九八四）参照。

3　中世ゲルマン社会では言葉で他人を侮辱した場合、残忍な復讐を覚悟せねばならなかった。しかし奴隷はこの点で例外だった。奴隷の口から出る言葉には他人の名誉を損傷させるだけの力がないと見なされたからだ。同一な、しかし逆方向に捩じられた論理によって、ウェールズとアングロサクソン社会では女性奴隷を侮蔑したとき、かのじょやかのじょの夫ではなく奴隷主人に名誉棄損の対価を払わねばならなかった（Orlando Patterson, *Slavery and Social Death*, p.82〔パターソン『世界の奴隷制の歴史』奥田暁子訳、訳明石書店、二〇〇一、一九一‐二頁〕）。

4　Orlando Patterson, 同書, p.386, note14〔同書、三三五‐六頁〕. 優越しようとする欲望、権威に対する服従、官職に対する野望……という描写を読めば、わたしの頭には漠然とある肖像画が思い浮かぶ。しかしその肖像画は古代ギリシャ人ではなく韓国人の顔をしている。慶尚道出身で江南〔ソウル市南部の高級住宅地〕に居住しハンナラ党〔李明博政権の与党〕に投票する六〇代の男性。韓国の慶尚道は米国の南部と同じくらいティモクラティックである。「男らしさ」に対する自負心も含めてそうである。もちろんわたしたちはそれを歴史的に説明できる。慶尚道は「両班文化」が根深いところだ。韓国が奴隷制社会であったというジェイムス・パレ（James Palais）教授の主張に同意しない人であっても、両班らしくふるまおうとすれば召使がいなければならず、両班意識とは「下々のものたち」と自分を区別する態度だという点に異見はないだろう。米国南部のティモクラティックな情緒は南北戦争が終わった後のKKK団結成に表出された。慶尚道がいつもハンナラ党――現在〔二〇一五年〕はセヌリ党へと名前が変わったし、再びどんな名前に変わるか分からないが〔二〇二〇年三月現在、未来統合党〕、遡れば光州虐殺を主導かつ隠蔽した勢力――に票が集中するのは「地域感情」という言葉では足りない、より深い政治人類学的理由があるのではないか？

文化においてもこの名称に符合する諸特徴が現れる。名誉と自尊心に対する鋭い感覚、男らしさに対する賞賛、女性の理想化と隔離、一言で言っていくらか時代錯誤的な騎士道精神。奴隷制社会を生きる自由人たちが名誉に過度な意味を付与する理由を理解することは難しくない。かれらと奴隷の差異がまさにそこにあるからだ。没落して名誉を失った人間は奴隷に似通っていく。奴隷の屈辱を毎日見守る人々にとって奴隷と似通っていくことほど大きな恐怖はないだろう。換言すると承認闘争の場の外部を構成する奴隷の存在は、この闘争を生死を賭けた戦い life-and-death struggle の境地へと引き上げることに寄与する。

パターソンは南部人たちの自由に対する愛もまた奴隷制の効果だと見た。「名誉と自由に対する南部人たちの高度に発達した感覚には欺瞞的だとか非正常的なところは一つもない。他人に束縛と屈辱を加える者であればあるほど、かれらが他人に持ちえなくしたものを自分たちは持っているということが、いかに喜ばしいことなのか悟っていたであろうからだ。」[5] これはエドモンド・モーガンが『米国の奴隷制度、米国の自由』の最後の章で披瀝した見解でもある。バージニア植民地の初期歴史を詳細に描くこの本においてモーガンは、自由と平等に対する共和主義的熱情が、いかに奴隷制度に対する支持と両立しうるのかを説明する。かれが見るに、ワシントンとジェファーソンを始めとする米国の独立に思想的基礎を提供したバージニア人たちが皆大農場主であり奴隷所有主であったという事実にはいかなる逆説も存在しない。むしろその反対だ。奴隷制度が導入された後、バージニアで成長した多くの人々が、それ以前の世代とは異なって熱烈な共和主義者になったという事実には、単純な偶然以上の何かがあるが、「少なくとも法律的に他人の意志にほぼ全的に屈従する人々の存在は、かれらを支配している人々にとって専制君主に支配されることが何を意味するのかについて直接的経験を提供」したからだ。[6]奴隷の存在はバージニア人たちに自由の大切さを悟らせたのみならず、平等の感情を教え育てた。「バージニアの小農は、大農場主と同一なアイデンティティで自分を定義した。（……）かれらが奴隷ではないという事実に基づくアイデンティティがそれだ。奴隷ではないという、まさにこの点で小農は大農場主と同等だったのだ。[7]」

結論からいえば、承認闘争が志向する他者は敵ではなくわたしたちだ。つまり承認闘争は成員権闘争だ。このような理由でわたしたちの議論は、承認闘争を人間の本質や実存的条件と関連させる諸接近を――ヘーゲル主義であれラカン主義であれ――すべて排除する。承認闘争が成員権闘争であるなら、承認闘争の様相は、ある社会で成員権が分配されるやり方によって異なるからだ。

5 同書、p.94. パターソンは自由 freedom の概念自体が奴隷制を経験しない人には耳慣れないものであると指摘する。「近代以前の、奴隷制がなかった諸社会においては、女性であれ男性であれ束縛の除去という理想に価値を付与することはなく、そうすることもできなかった。諸個人はただ権力と権威のネットワークの中でポジティブに地位を摑もうと努力した。幸福とはすなわち成員権であり、存在とはすなわち所属だった。（……）成員権と所属を自由の一種として取り扱うことは、言語の濫用だ。自由は何かをできる力量や権力ではない。」（同書、p.340〔同書、七一三頁〕）。

6 エドモンド・モーガン『米国の奴隷制度、米国の自由』ファンヘソン、ソソクボン、シンムンス訳、比峰出版社、一九九七、四六二頁〔Edmund Morgan, American Slavery, American Freedom: The Original of Virginia〕。

7 モーガン、同書、四六七頁。

外国人の問題

人という言葉は社会のなかに自分の席があるという言葉に等しい。だから社会的成員権を得るための闘争は人になるための闘争でもある。社会と国民国家を同一視し、社会的成員権と国民の資格を混合する者にとっては、この命題が行き過ぎた飛躍のように見えるかもしれない。かれらはこのように反駁したいだろう。「韓国人であるわたしが日本に行ったとしても直ちに日本社会の構成員になるのではない。わたしは外国人として暫しそこに留まるだけだ。日本人たちはわたしを別の人々と同じく人として接するだろう。しかしこれはあくまでわたしを外国人として歓待することであって、わたしに社会的成員権を与えるという意味ではない。」（外国人としての）歓待と社会的成員権の付与、人としての承認と社会構成員としての承認のあいだに位階的な順序関係を設定するこのような観点は、（一）社会的相互作用において外国人と市民を区別することがいつでも可能だと仮定する間違い、（二）歓待と社会的成員権の付与を実践的に区別できると信じる間違いを犯している。それがどうして間違いなのかを知ろうとすれば、観光ビザでどこかの国に入って居着いた人の場合を考えてみれば足りるだろう。その人に社会的成員権が与えられる時点はいつなのか？　居着くと決心した時なのか？　不法滞留者の身分から抜け出した時なのか？　その国の言葉を流暢に使えるようになった時なのか？　あるいは移住者出身ではない「本物のその国の人」と友として付き合う時なのか？

成員権は所属感と異なる。自分が属した共同体に別に所属感を感じなくても成員権を承認される場合がある一方で（外国で教育を受けたエリートにしばしば見ることができる）、その反対に自分は共同体の一員だと考えるが他人たちがそれを承認しない場合もある（ナチ政権が成立したとき、ヨーロッパの同化ユダヤ人たちは自分たちにやってくる運命を到底想像できなかった)。社会的成員権もまた法的地位と区別されねばならない。この二つは密接に連結しており、一つを失えばもう一つも危うくなりやすいが、一つが必ずもう一つを伴うのではない(法的にカーストが廃止されたにもかかわらず、いまなお社会的に差別される不可触賤民たちがその例だ)。他方でわたしたちは社会的成員権の付与が文化的資格を要求するのかどうかを検討する必要がある。文化的知識や、(社会化過程を通して習得されると思われている)相互作用の技術が不足した人は、実際に社会という舞台の上で自分の役割を演技することに困難を感じるだろう。しかしこれはかれに特別な援助が必要であることを意味するのみであって、かれに社会構成員の資格がないことを意味しない。後に再び論じるが、社会的成員権を要求するさいにはいかなる資格も必要ない。物理的な意味で社会の内に既に入って来ているという事実だけで充分なのだ。最後にわたしたちは社会的成員権は社会性 sociability と別個であることを認識せねばならない。「ひきこもり」にも社会的成員権が保障されねばならないように、外国人に社会的成員権が付与されるさいに「同化」や「適応」を条件に掲げてはならない。

外国人がいったん人として歓待の権利を享受し、一定期間が経過し、ある諸条件が整えられれば社会的成員権を得るという考えは、歓待の行為の外で社会的成員権について述べることができるという前提をもつ。しかし社会的成員権が法的地位と異なるのであれば、事実上わたしたちは他人の歓待の中においてのみ自分の社会的成員権を確認できる。

ある国へ移住したばかりの人を想像してみよう。その人は到着した翌日から新しい社会で自分が成員権をもっていると感じられる。なぜならかれは公共の場所で他の人々と同等に接されるからだ。たとえばかれが食堂に入れば、従業員がすぐ近づいてきて迎えてくれるだろう。従業員はかれがどの国から来たのか、来てどれくらい経ったのか、滞留地があるのかないのかを問わない。同行者がいるのか、喫煙席にするのか、車できたのか等を問うだけだ。食堂で料理を注文するのはこんにち全世界を旅行する観光客にとって余りにも当然な権利のように認識されているがゆえに、人々は普通それが社会的成員権と関係があると思わない。しかし一九六〇年代まで米国の多くの州で黒人たちはそのような権利を持ちえなかった。だから一九六〇年二月一日、ノースカロライナのグリーンズボロのウールワース百貨店の食堂で四人の黒人大学生がコーヒーを注文した時、その単純な行為は米国の歴史に記録されるほど巨大な象徴性を帯びることになった。店員は注文を受けず、かれらを追い出そうとした。しかしかれらは店が閉店するまで耐えて坐っていた。翌日かれらは友人らを連れて再び来た。三日目、デモンストレーションに加担した学生の数は六〇人余りに膨れ上がり、メディアがこの事件を報道し始めた。座ること sit-ins は直ちに南部の他都市に拡がっていった。[8]

南北戦争後、有色人種の社会的成員権を否定するなかで南部諸州でつくられた多様な人種差別法を総称し「ジム・クロウ法」と呼ぶ（ジム・クロウはミュージカルに出てくる戯画化された黒人キャラクターだ）。ジム・クロウ法はいくつかの領域にわたっているが、文盲検査のような手段を動員して黒人たちの参政権を事実上剥奪することと、「黒白分離」を打ち出して公共の便宜施設に対する有色人種の接近を制限することが核心だった。「分離されたが平等だ」というのがこの法を支持する人々の主張であるが、実際には図書館、学校、劇場、ホテル、カフェなど、都市の風景を構成するほぼ全ての場所に黒人たちが入ることができなかったり、裏門から入らねばならないと指定された。

ジム・クロウ法はナチスの反ユダヤ人諸法案を連想させる。アンネ・フランクの日記はナチ占領下のオランダにおいてユダヤ人たちがいかなる差別を体験したのか詳細に教えてくれる。ユダヤ人は胸に黄色い星をつけねばならない。ユダヤ人は電車に乗ってはならず、自家用車があっても車を使ってはならない。ユダヤ人は自転車を官庁に捧げなければならない。ユダヤ人は午後三時から五時の間にのみ買い物ができる。ユダヤ人はユダヤ人の散髪屋に行かねばならない。ユダヤ人は夜八時から翌朝六時まで家の外には一歩も出てはならない。ユダヤ人は劇場、映画館、その他娯楽施設を利用できない。ユダヤ人はプール、テニスコート、サッカー場やその他スポーツ施設を利用できない……。

あるいはわたしたちはそれをインドの不可触賤民に対する宗教的諸規定と比較できるだろう。植民地期のインドにおいて不可触賤民は酷い差別を受けたが、その差別の核心はかれらを汚い存在と規定し、公共資源の利用や公共の場所の通行を原則的に禁止することだ。だからかれらはヒンドゥー教の教理の規制を受けつつもヒンドゥー教の寺院に入ることができず、村から離れられなくさせられていても——不可触賤民は都市に出ても村の雑役をするために周期的に帰る義務があった——村の広場を通ることができなかった。また共同井戸や貯水池を使用できず、散髪屋、ホテル、商店の利用もできなかった。[9]このような例は社会的成員権が何よりも場所に対する権利と関連していることを述べている。デリダが指摘したように、歓待 hospitalité はその語源——主人と客を同時に意味する hôte——から場所との関係

8　ハワード・ジン『米国民衆史2』ユガンウン訳、イフ、二〇〇六、一七五 - 六頁〔『民衆のアメリカ史』上下巻、猿谷要監修、富田虎男・平野孝・油井大三郎訳、明石書店、二〇〇五〕、Wikipedia, “Greensboro sit-ins” 項目参照。

を含蓄する。

移住者の例に戻ろう。かれは新しい国に到着するやいなや古くから定着した同胞たちのはざまに自然に混じりこむ。かれは道を歩く時や店で物を買う時、隣人と話す時、劇場や郵便局に行く時、先に来た移住者たちが感じたのと同じくらい自分にも社会的成員権があると感じることができる。しかし他方でかれは一〇年や二〇年が経った後にも、もっといえば市民権を獲得して正式に「その国の人」になった後にも自分の社会的成員権が完全なのか疑いうる。かれの顔が、名前が、言葉づかいと身振りが、主流集団と区別される限り、かれは法的地位と無関係に、いまなおある程度外国人扱いをされる。かれは家や職場を探す時、微妙な障壁にぶつかる。探す度に「すでに別の人を雇った」と言われる。しかし、自分が単に一歩遅かっただけなのか、あるいは「外国人」だから差別を受けたのかは確認のしようがない。かれが主流集団から配偶者を求めようとするならば、拒絶の言葉はより露骨なものに変わるだろう。「わたしの娘が外国人と結婚することを望まない」というふうにだ。どの社会であれ婚姻は隠されたカースト制度が現れ、自己欺瞞的に否認されてきた身分意識が表出される契機であるからだ。このような諸経験を通してかれはこの社会が自分を完全な人として接しないことを知ることになる。

外国人というレッテルは、スティグマと同じように作動する。外国人はそれ自体として烙印づけられた範疇ではない。むしろわたしたちは外国人に特別な好意をほどこし、かれらがわたしたちの文化の長所をきちんと評価してくれるよう期待しもする。しかしこれはあくまでかれらが理想的な外国人のイメージに符合する限りにおいてだ。金があり、教養があり、「ワンダフル」と言う準備ができていて、暫し留まったら去っていく「お客さん」。かれらがこのようなイメージと遠いと判明すれば、たとえばかれらが金も教養もなく、さらには他人の国にきても自分たちのやり方に固執するならば、そのうえすぐに帰らずに居座り「わたしたちの」職場を奪い、「わたしたちの」女に手を出すならば、かれらに与えられた歓待は撤回されるだろう。スティグマをもつ個人が、かれに推薦された特定の行動路線 line of action から抜け出る時のようにだ。つまり外国人に与えられる歓待あるいは社会的成員権は条件付だ。歓待と社会的成員権を区別する人は、結局条件付歓待に対して述べているのだ。

外国人に対する歓待の撤回は、かれらに「帰るところがある」という考えによって正当化される。「わが国で受ける対応が気に入らないならあなたたちの国に帰ればいい。」しかし生活の場を一度変えたのに、再び変えることは容易なことではない。そのうえ「外国人」という言葉のなかに含蓄されている**別の場所**は、しばしば虚構的なものであると明かされる。わたしは二つの例を挙げたい。一つは在日朝鮮人の「朝鮮」であり、もう一つは南アフリカの原住民たちの「ホームランド」であるバントゥースタン Bantustan だ。

まず在日朝鮮人の場合を見よう。日帝時代に「内地」へ渡っていった朝鮮人の内、六〇万人が解放後にも故国に帰らず残っていた。ほとんどは日本に定着してから時間が経っていて帰っても食べていく道が険しかったり、解放空間の酷い混乱の中で南も北も選べなかった人々だ。一九五二年、サンフランシ

9　スリビドゥヤ・ナタラザン、S・アーナンドゥ著、ドゥルガバイ・ボヤム、スバシ・ボヤム絵『捨てられた者たちの英雄』チョンソンウォン訳、タルン、二〇一二〔Srividya Natarajan, S. Anand, Durgabai Vyam, Subhash Vyam, Bhimayana: Experiences Of Untouchability, New Delhi: Navayana, 2011〕、ゲール・オンベトゥ『アンベードカル評伝』イサンス訳、ピルメク、二〇〇五〔Gail Omvedt, Ambedkar: Towards an Enlightened India〕。

スコ講和条約が発効され、かれらはすべて日本国籍を喪失する。〔一九一〇年の〕韓日強制併合によって自分たちの意思と無関係に日本国民になった人々が、いまになって「国民から放出」[10]されたのだ。日本政府はかれらが外国人であるという理由で、多様な差別を正当化する。在日朝鮮人は参政権がなく、公務員や教員になれない。つねに外国人登録証を携帯せねばならず、日本の外に出て再び戻ってくるなら ば「再入国証」を発給してもらわないといけない。在日朝鮮人はまた社会的蔑視と闘わねばならない。「汚い」だとか「臭う」だとかいう言葉、「どうしてお前たちの国に帰らないのか」などの言葉を耳にしなければならない。しかし在日朝鮮人の国籍欄にある「朝鮮」は現実の中に存在しない地名だ。分断の現実を認めえない在日朝鮮人たちが、南北のどちらの国家にも属さないという意味で、朝鮮籍を選んだだけだ。在日朝鮮人知識人である徐京植は、当時の状況を次のように説明する。

国籍を付与する時も剥奪する時も、当事者である朝鮮人の意向は問題にならなかった。朝鮮人はみな新しく外国人として登録せねばならなかった。今日からお前は外国人だから「国籍」を登録せよということだった。しかもその時点で祖国の地は南北に分断されていた。自分が果たしてどちらの国家に属するのか？　ほとんどの朝鮮人たちが申請書の「国籍欄」にどう記入すればいいのか戸惑ったのも当然だ。こうしてほとんどの朝鮮人がそこに「朝鮮」と記入した。南北どちらかの「国家」に属するという意味ではなく、朝鮮半島出身だ、朝鮮民族の一員だという意味だった。[11]

朝鮮は実際に存在する国ではないがゆえに、かれらは事実上無国籍を選んだわけだ。在日朝鮮人は帰る場所がない。かれらは二つの国のどちらでも外国人だ。[12]「外国人」はここでいかなる現実的な場所との連関も内包せず、たんに社会的成員権の付与を留保するための排除の記号に過ぎない。

南アフリカ共和国のホームランド政策は外国人という範疇の機能をより明瞭に理解させてくれる。一九四八年、国民党 National Party の執権とともに始まったアパルトヘイトは建物の入り口、トイレ、ベンチ、散策路のような日常的空間の分離――小さなアパルトヘイト petty apartheid――に留まらず、黒人たちを南アフリカから追い出して外国人にすること――大きなアパルトヘイト grand apartheid――を究極的な目標にした。それにしたがい国民党政府は南アフリカ共和国と、南西アフリカ（現在のナミビア）[13]に各々一〇の黒人居住区域を設置した後、それを「ホームランド」または「バントゥースタン」と呼んで自治権を付与した。[14]この政策の長所は、四つのバントゥースタンを独立させて「外国」にしたことだった。[15]バントゥースタンの領土はほとんど不毛の地であり、観光客を対象にした歓楽産業を

10　徐京植『難民と国民のあいだ』任城模・イギュス訳、トルペゲ、二〇〇六。
11　徐京植、同書、一一七頁（「新しい民族観を求めて――ある在日朝鮮人の「夢」」『分断を生きる――「在日」を超えて』影書房、一九九七。）
12　朝鮮籍の在日朝鮮人は韓国でも外国人扱いを受ける。韓国人たちと異なり北朝鮮と往来できるという点ゆえに、冷戦期には潜在的なスパイと見られもした。
13　南西アフリカ South West Africa はドイツの植民地であったが、第一次大戦後国際連盟の委任によって南アフリカ共和国統治を受けた。

除けば、これといえる基盤もなかったので、黒人たちは「独立を得た」後にも南アフリカの白人たちに労働力を提供しつづけながら生計を維持せねばならなかった。変化した点があったとすれば、かれらの身分が外国人になったので、参政権の剥奪や通行証の要求のような反人権的処置が多少「正常な」ものとして現れることができたという点だ。

グローバル化はより一層、先進国の富裕な市民たちと、かれらのための雑役をしに来た移住労働者たちの関係を、南アフリカ共和国の白人と原住民の関係と似たものにしている。移住労働者たちが悶着を起こす時、いつでも送還できると感じる「本国」は「別の国」ではない。先進国に輸出するコーヒーや砂糖を生産するために食料を栽培する土地が足りなくなり、先進国の客が利用する別荘、ホテル、スパ、ゴルフ場、カジノをつくるために家と学校を建てる空間が不足したその国は、バントゥースタンが南アフリカの一部であるように、事実上先進国の一部だ。南アフリカの白人たちは黒人たちの労働力を利用しつつも、かれらに成員権を与えないためにバントゥースタンという外国を発明した。経済的に既に連結されている相互依存的な世界において、外国や外国人という範疇が使用される方法もこれと似ている。国際分業はこの世界の居住民たちを「有機的な連帯」の中に押し込んだ。しかし人々は外国人という範疇に執着し、自分たちが一つの社会の中にいることを否認する。かれらは外国人は別の国からきたのであり自分の国があるから、わたしの国の人とは別に対応しても当然だと述べる。外国人としての歓待と社会的成員権の付与は区別されるべきだということだ。ちょっとした契機で暫し外国人になった人であれば、これに同意できるかもしれない。しかし外国人として生きつづけねばならない人、外国人という運命の中へと追放された人にとってこの言葉は違って聞こえるだろう。外国人としての生以外を選べない人にとって、それはかれが決して完全な人になりえないという言葉に等しい。

汚染のメタファー

人であることを社会的成員権と定義し、社会を物理的であると同時に象徴的な場所として理解することは、汚染のメタファーを分析するさいに役に立つ。なぜある範疇の人々——黒人、在日朝鮮人、不可触賤民など——は他の人たちから汚いと思われるのか？

『汚穢と禁忌』においてダグラスは汚さを位置placeに対する観念と連結させた。**汚いということは自分の場所にいないということだ**。「靴はそれ自体として汚くないが食卓の上に置くと汚い。食べ物はそれ自体として汚くないが、皿を寝室においたり料理を服にこぼすと汚い。同様に入浴道具をタンスに置いたり、服を椅子に掛けておくこと、屋外で使うものを室内に置くこと、上階のものを下階におくこと、上着があるべきところに下着が出ていることなどは汚い。」[16]

ダグラスの省察は動物や人にも適用できるだろう。屋外で育てるブタやアヒルが家の中に入って来る

14　バントゥーはバントゥー語圏に属する言語（スワヒリ語、ズールー語など）を使用する諸部族を通称する単語であり、スタンは土地の指す。皮肉なことに「バントゥー」（この単語を共有することからバントゥー語という名称が生じた）は人という意味だ。

15　バントゥースタンに国家の地位を付与しようという試みはそれほど成功的とはいえなかった。南アフリカ政府の努力にもかかわらず、（自らのバントゥースタン——パレスチナ——を持っていた）イスラエルを除けばどの国もバントゥースタンの存在を承認しなかった（Wikipedia, “Apartheid” および “Bantustan” 項目参照）。

と汚い。同様に黒人が白人専用区域に入ってきたり、女性が男性のための空間に入って来ることは汚い。しかしここで注意すべき点は、汚さが単に位置からの離脱に起因する混乱を意味するわけではないという事実だ。黒人専用区域に入った白人は自分が汚染の危険にさらされていると感じる。その反面、白人専用区域に入った黒人は、かれ自身が汚染源だ。これは汚さと汚染の観念を単純に「体系的な秩序化と分類の副産物」[17]と見なせないことを示唆する。

汚さを「わたしたちの正常な分類体系から押し出された残余的範疇」[18]と規定し、ダグラスは範疇化がなされる知識/権力の空間を中立化する傾向がある。その結果、下層カーストからの汚染を防ぐためにハビック Havik 族の儀礼的実践と、衛生学的知識に立脚した西欧人たちの実践が同一な平面に置かれる。これは『汚穢と禁忌』でダグラスの一次的な関心が「原始的思考」についての人種主義的言説を反駁することにあるからだ。しかし文化の相対性に対する強調は、機能主義的接近と結合し、抑圧と差別を文化の名で正当化する危険を抱く。[19]

自分よりも低いカーストの構成員と同席して食事をしてはならないというハビック族の論理は、黒人は病菌を移すから別のトイレを使わねばならないという一九六〇年代のアメリカ南部人たちの信[20]とそう変わらない。

両方とも、汚染を避けようとする行動は「大事な分類体系に矛盾と混乱をもたらす対象あるいは観念に対する拒否反応」[21]以上の何かだ。本書は汚染のメタファーを成員権に対する否定または威嚇という観点から考察することを提案する。成員権の問題は分類の問題ではなく権力の問題であり、認識論の問題ではなく政治学の問題だ。

「汚いということは自分の位置にいないこと」というダグラスの命題について考え直そう。この命題はあらゆる人と物が宇宙的秩序の内に固有な位置を持っていることを含蓄するだろう。またその位置の高低があるものであっても、宇宙的秩序を支えるという点で同じく重要だと仮定するようだ。換言すれ

16　Mary Douglas, *Purity and Danger*, New York: Routledge, 2002, pp.44-45〔メアリ・ダグラス『汚穢と禁忌』塚本利明訳、思潮社、一九七二、七九 - 八〇頁〕.

17　Douglas, 同書、同頁〔同書、七九頁〕.

18　Douglas, 同書、同頁〔同書、八〇頁〕.

19　『汚穢と禁忌』序文でダグラスはこの本が一九四〇 - 五〇年代の人種主義者との対決の中で生まれたと回顧する。フレイザー以来再生産されてきた「原始的思考」に対するファンタジー――その内一つが原始的思考が汚さと神聖さを区別できないということだ――を批判することがこの本の主要目的であり、禁忌の社会的機能に対するラドクリフ＝ブラウンの省察は適切な出発点を提示してくれるようであった。「ラドクリフ＝ブラウンはわたしたちの世代の人類学の教授たちを教えた。そしてかれは禁忌に保護機能があると明確に述べた。もちろんかれの理論はわたしたち自身ではなく「原始諸部族」に適用された。わたしの考えは、かれの省察をより一貫させ、より包括的に適用してみようというものだった」(同書、pp.xii-xiii)。「原始諸部族」――ハビック族も含まれる――に向かったダグラスの文化相対主義的善意は疑う余地がない。しかしカースト制度に基づく儀礼的回避行動に対する分析が「諸機能」――曖昧さを解消する分類体系の機能と禁忌の保護機能――の発見に帰結する限り、ダグラスは抑圧的現実の固着に寄与するという非難を逃れがたいだろう。

20　キャサリン・ストキット『ヘルプ』(一、二巻) チョン・ヨンヒ訳、文学トンネ、二〇一一〔『ヘルプ――心がつなぐストーリー』上下巻、栗原百代訳、集英社文庫、二〇一二〕。

21　Douglas, 前掲書、p.45〔前掲書、八〇頁〕.

ばダグラスの命題は諸位置、あるいはその位置に配分された人々や物たちの相対性と相互依存性を仮定する。しかしこのような仮定こそが差別を隠蔽する支配イデオロギーの核心要素だ。実際には女性の社会的成員権を否定しつつも、陰陽論に依拠して男女に対称的で相互補完的な位置を与える性理学的世界観がよい例だろう。空間的な次元でこの世界観は女性に**内**を、男性に**外**を割り当てる。そうして女性が家の外へ好きなように行き来することを禁忌視する。しかし女性の**位置**が家の内だという言葉が、直ちに家が女性に属するという意味ではない。女性は公的に成員権がないので私的な空間を持ちえない。ただ男性の私的空間である家に、その所有物の一部として属しているだけだ。「三従之道」〔父に・夫に・息子に従うこと〕と戸主制〔成均館の儒学者たちの激烈な反発の中で二〇〇五年になってようやく廃止された〕、そして今日にも根深く残っている、一人暮らしの女性に対する偏見と烙印は、内／外の区別が決して対称的ではなく、「家の内にいる」ということは直ちに「男性の支配の下にある」を意味すると明瞭に示してくれる。このイデオロギー的区別の核心的機能は、女性が自分の家を持つこと――自分の名における財産と自分だけの空間を持つこと――を防ぐことにある。

家父長主義とは男性だけが家の主人になりうるという考えだ。また主人＝男性たちが集まって社会を構成するという考えだ。家父長主義は今も韓国社会で威力を発揮しているが、これは何よりも「家の隅に押し込められることなく」「外に出回る」女性に対する嫌悪言説のなかに確認できる。「金女史」〔拙い女性ドライバーを指す〕や「味噌女」〔スターバックスを利用する女性を卑下することから使われ始めた〕に対する非難と嘲弄、そして「犬糞女〔地下鉄で犬の排泄を片付けなかったとしてネットで炎上した女性〕」をはじめとする、公共の場所で不適切な行動をした女性たちに加えられる魔女狩り[22]は「女性は道路やカフェや地下鉄のような公共の場所を利用する資格が不足している」というメッセージを一貫して伝達する。鞭打たれる母たちをみて育ったわたしの世代の女性たちにとって、このようなメッセージは聞きなれたものだ。わたしたちの母たちは、遥かに大きい侮辱と威嚇を甘受して家の外に出たのだ。その頃、女性が職業を持つことは、すでに男性たちの寛容を要求することであった。陽が暮れる前に家に帰って夕食を準備することができなければ、むしろやめるほうがましだった。家庭主婦の外出は市場に行くことや（夫名義の通帳をもって）銀行に行くなど、家事と関連したものに限定され、同窓会や頼母子講の集まりだといって「女らがこぞって集まること」は見苦しいものと思われた。[23]簡単にいえば、物理的意味における**社会**は男性に属していた。職業の世界と「活動的生 vita activa」から排除されることをもって、女性は国会、裁判所、市役所、銀行などがある公的な空間から隔離された。ヴァージニア・ウルフが述べたように、女性たちは父と夫と男兄弟が毎朝連れ立ってその中へと入っていく光景をカーテンの後ろから見つめるだけだった。[24]他方で、女性は親睦と社交の空間からも排除された。喫茶店や酒場

22　「犬糞女」事件とその後に続いた一連の類似事件で熱狂的な「個人情報特定」の対象になったのはほとんどいつも女性だった。公共の場所で不適切な行動をする男性たちに対する告発が時折インターネット上に上がったが、決して炎上するほどの反応に至らなかった。

23　会食は男性文化であり、今もある程度そうだ。わたしたちは男性たちによる肉の独占という観点から会食の歴史を書くことができるだろう。ここには女性たちの会食を禁止しようとする朝鮮初期の性理学者たちの執拗な努力、男性たちによる祭祀の独占、犬や魚を屠る集まりのような下位文化、同窓会、郷友会などの盛行と「○○会館」のような名前のついた食堂の盛業、そして最後に家族単位で焼肉をする文化の出現（「ガーデン」という単語のついた田園風食堂の流行）が含まれねばならない。

は言うまでなく、平凡な飲食店を利用する時すら女性たちはある禁忌の壁を感じなければならなかった。たとえば開店してすぐの食堂に入った場合、最初の客が女性であれば運が悪いという理由でサービスを拒否されえた（似た禁忌がタクシー運転手のあいだにも存在した）。女性がこのような場所に心おきなく入ることができるのは、男性の招待を受けた時に限られたのだ（婚約者とのデートや結婚記念日の外食など）。

わたしはわたしたちの母の世代の女性たちが一般的に経験した、公的な空間におけるこのような排除が、私的な空間での抑圧と繋がっていたという点を強調したい。家に閉じ込められているということは、家の外に出られないだけでなく、家の中でいかなる残酷なことを体験しても、だれも助けに来てくれないという意味だ。韓国の警察は夫の暴力で生命の危険を感じる妻が助けを求めても介入しないのが普通だ。その結果、毎年数十名の女性が夫の手によって殺される。[25]「社会的に死んでいる」ということが、自分のために進み出てくれる第三者を持ちえないことを意味するならば、わたしたちはこの女性たちに対して社会的死という表現を使えるだろう。

女性という範疇にいつもついてまわる穢れと汚染の観念――それによって女性は汚い女性と清潔な女性へと分けられる――をわたしたちはこのような観点から理解せねばならない。女性は靴や皿のようなやり方で汚くなるわけではない。つまりそれ自体として汚くなく、定位置から抜け出ると汚いと思われるようなものではない。家父長制の下において女性は社会の中にいかなる然るべき場所も持っていない。女性はただ自らを非可視化するという条件で、物理的な意味で社会の内に留まることを許されているだけだ。女性が自分の存在を主張して同等な人として社会の中に現象しようとする瞬間、この許しは撤回される。女性が**見え**はじめるやいなや社会は女性が間違った場所にいるということ、正確にいえば誤植のように女性の存在自体が間違っているということを悟る。換言すれば女性は場所を汚す存在としてのみ社会の内に現象できる。「清潔な」女性とは、見えない女性だ。[26]

清潔な女性と汚い女性の差異は奴隷とアウトカーストの差異と似ている。アウトカーストと異なり、奴隷は汚いと思われない。なぜなら奴隷は**見えない**からだ。パターソンは奴隷とアウトカーストを比較

24　ヴァージニア・ウルフは公的な生からの女性の疎外を物理的空間との関係という側面で明るみに出す。「このような角度から見ると、あなた（男性）の世の中、つまり専門的で公的な生の世界は確実におかしく見えるんです。一見かなり印象的でもあります。かなり狭い空間の中に聖パウロ聖堂、英国銀行、ロンドン市長官邸、ちょっと憂鬱にみえる巨大な裁判所の胸像がぎっしり集まっていて、その反対側にはウェストミンスター寺院と国会がありますね。橋の上で歩もうとする瞬間、わたしたちは立ち止まり、そうわたしたちの父と兄弟たちがそこでかれらの年月を送っていたのだなとつぶやくのです。数百年間かれらはあの階段を行き来し、門を開けてあの講壇の上にのぼって説教をし、お金を稼ぎ、裁判をしてきました。ウェストエンドのどこかにある家庭の教義、立法、衣服、カーペット、牛肉と羊肉をもってきたのも、まさにこの世界からなのです。」「とても長い間わたしたち女性たちは本で、あるいはカーテンのしまった窓からその華麗なる行列、つまり教育を受けた男性が会社に行くために九時三〇分ごろに家を出て、六時三〇分ごろに帰って来る姿を見ているだけでした。」（ヴァージニア・ウルフ『三ギニー』テヘスク訳、チュンミョン出版社、二〇〇四、四九頁、一一九頁〔『三ギニー——戦争と女性』出淵敬子訳、みすず書房、二〇〇六、二六、九三頁〕）。

25　韓国女性ホットラインが二〇一〇年の一年間にメディアで報道された家庭内暴力の事件を集計した結果、妻殺害が五七件、殺害未遂が三二件あった。報道されないものを含めれば、実際に夫の手によって死んだり死にかけた女性の数はこれよりはるかに多いだろう（キムホンミリ「妻、暴力を語る」『オーマイニュース』二〇一一年四月四日）。

26　これはあらゆる女性が本質的に汚いという意味だ。性暴力が含みもつメッセージがまさしくこれだ。強姦犯たちはおよその場合、「清潔なふりをする」女性たちに自分たちの本質を悟らせるという壮大な目標をもっている。このような家父長主義的大義なしに、純粋な性的衝動のみで惹き起こされる強姦は多くない。

し、儀礼的汚染の観念と空間的隔離 segregation が前者には適用されないと指摘する。かれはこの理由を次のように説明する。「奴隷はいつでも性的に搾取されるのみならず、乳母や保母の役割を任せられた。矛盾を抱擁する人間の能力がいくら偉大であったとしても、世のいかなる主人も、自分に乳を与えた（……）奴隷に対して汚いと言えないだろう。」[27] この説明はあまり満足できるものではない。南北戦争以降のアメリカの黒人たちは奴隷の身分から抜け出て一種のアウトカーストを形成した。かれらは汚い存在と再規定され、空間的に隔離された。しかしわたしたちが知っているように、白人の女性たちはその後にもなお黒人の家政婦に家事と育児を任せた。この矛盾をいかに理解すべきか？　一九六二年、ミシシッピのジャクソンを背景に人種差別と闘う三人の女性の姿を描いた小説『ヘルプ』に回答の糸口がある。この小説に出てくる黒人家政婦たちは汚染された存在として扱われる。南部全域で人種差別反対運動が野火のように広がっていた時期だが、バスにおける黒白分離が消えたことを除けば、かれらの日常はなおジム・クロウ法の支配下にあった。白人家庭に働きに行ってもいつも裏門から出入りせねばならず、別のトイレを使わねばならなかった。しかしかれらも制服を着れば白人専用商店に入ることができた。[28] 制服は従属の表示だからだ。犬の首紐が主人の存在を知らせるように、白いエプロンと帽子はかれらを使いにやった白人雇用主の存在を知らせる。かれらが独立した人としてではなく、白人の代理人として来ている限り、別の白人たちはかれらが黒人だという事実を無視できる。いわば制服の可視性がかれらの黒人性を非可視化するのだ。かれらの人格 person が制服の後に消えて見えないがゆえに、黒人家政婦たちは空間を汚染させないとみなされる。

それゆえ奴隷の清潔さやアウトカーストの汚さは公的な可視性と関連する。奴隷と主人の関係は私的な関係であり、奴隷はこの関係を通してのみ社会と繋がる。これは奴隷が自分の顔と声を持ちえないことを意味する。人の顔と声は公的に見えることと聞こえることを通して、ようやく存在するからだ。アウトカーストはこれと異なり、社会のなかに入っており、自分の顔と声をもっている。たとえその顔に汚染の烙印が刻まれているとしてもだ。

汚さと神聖さは本来対立する概念だ。[29] 汚いということは神聖さが毀損されたということ、あるいは欠如したということだ。デュルケームの言う通りに、わたしたちが社会から借りてきた一片の神聖さによって人になるのであれば、「アウトカーストは汚い」という言葉は、アウトカーストの人らしさに対する否定であり、社会的成員権の否定として解釈できるだろう。

だが別の観点からみれば、汚染のメタファーはそれが狙う対象が支配階級の統制から抜け出ていることを含意する。「汚い」という言葉は殺すことも飼いならすこともできない他者に対する憎しみと恐怖を込めている。その言葉は相手側の存在を否定すると同時に、そのような否定が強いて必要であったと認めることをもって、かれの主体性を逆説的に承認する。だからあるフェミニストたちは「汚い奴」という罵声を言われても全く委縮せず、むしろこのように言われることを誇りに思うのだ。

27　Orlando Patterson, 前掲書、p.50〔前掲書、一二一頁〕.
28　キャサリン・ストキット、同書（一巻）、一七二頁〔第七章〕。
29　ダグラス、前掲書、p.9 参照〔ダグラス、前掲書、二九頁〕。

第三章　人の演技／遂行

第一章と第二章でわたしは人の概念が内包する承認と場所性の次元を強調した。第三章では遂行性 performativity に焦点を合わせる。遂行性という単語を使用しつつ、わたしは社会的生の演劇性に関するゴッフマンの省察と、遂行的発話 performative に対するオースティンの議論を同時に参照する。つまり人の遂行 performing person は、人を演技するという意味と人を存在させるという意味を合わせもつ。人が遂行的だということは人らしさ personality がわたしたちの**内に**ないことを意味する。人らしさはわたしたちがそもそも産まれ持っただとか（だから失わないように努めねばならないだとか）、社会化を通して獲得せねばならない本質ではない。それよりも人らしさは、わたしたちにあると感じられ、わたしたち自らが持っているふりをするあるもの、互いが互いの演劇を信じてやることをもって初めて存在することになる、あるものだ。言わばそれは本質を持たない現象だ。

仮面と顔

ゴッフマンは社会的公演 performance に俳優としても観客としても参加せず、同じ空間内にいながらも**そこにいない**と感じられる人に対し、非人格という単語を使う。非人格の古典的類型は召使 servant だ。「召使は主人が客に歓待の演技をするあいだ舞台の前面にいるように期待される。しかしかれはある意味では主人のチームでありつつも、演技者と聴衆すべてによってそこにいないと規定される。」[1]トロロープの『内側から見たアメリカ人の習俗』に出てくる、黒人男性奴隷の前で泰然とコルセットを締める淑女や、夜目が覚めた時に喉が渇くかもしれないから夫婦の寝室の片隅に女性奴隷を寝かしておく紳士が良い例だ。[2]この二つの逸話において召使は主人の目に見えていないだけでなく、主人の行動を見ることができないと感じられている。アレントふうに言えば、かれは主人に現象せず、主人はかれに現象しない。つまりかれは現象空間の外にいるのであり、これが「そこにいない」という言葉の意味だ。非人格の別類型としてゴッフマンはタクシー運転手の例をあげる。タクシーの中で人びとは運転手が何も聞こえないかのように自分たちの話を交わす。[3]

非人格に対するこのような定義はわたしたちが今まで議論してきたことと異なる。第一章でわたしたちが検討した非人格の範疇にタクシー運転手は入らない。かれが職務から抜け出す瞬間、可視性を回復するからだ。[4]つまりわたしたちはある人が職務によって非可視化される場合と、身分によってそうなる場合を区別せねばならない（もちろんゴッフマンの時代にはタクシー運転手が客より低い身分としてみなされたという点を考慮せねばならない）。前者の場合、非可視化が人格に対する否定を意味しない。これはタクシー運転手と乗客の相互作用を観察すれば簡単にわかる。

タクシーに乗った乗客は、まず運転手と互いの存在を承認する儀礼をやり取りする。挨拶が行き来し、時には天気に対する短い会話がなされもする。続いて目的地に対する確認が行われるが、運転手が非可視化するのはこの時からだ。もちろん運転手によっては乗客に飴を勧めたり喋りかけたりしてホストの役割を遂行することもある。しかしその時、乗客が窓の外に視線を向けたりカバンから本を取り出して沈黙を望む表示をすれば、相互作用が中断するのが普通だ。乗客のこのような行動は運転手の人格に対する無視ではない。それよりは運転手にタクシーの中で守るべき規範へと戻るよう求めることだ。より正確にいえば、乗客と運転手はタクシーという空間に対する各々の解釈を相手側に提示し、それによって期待を調整する。ある運転手はタクシーが自分の空間だと考え、乗客を客のようにもてなそうとする。しかしほとんどの乗客はタクシーを公共の場所とみなし、運転手に「礼儀ある無関心 civil inattention〔儀礼的無関心〕」を要求する。最後に指摘すべき点は、タクシー運転手は後部座席で起こることを見ない

1　Erving Goffman, *The Presentation of Self in Everyday Life*, New York: Anchor Books, 1959, p.151〔『行為と演技――日常生活における自己呈示』石黒毅訳、誠信書房、一九七四、一七七頁〕.

2　Mrs. Trollope, *Domestic Manners of Americans*, 1832〔フランセス・トロロープ『内側から見たアメリカ人の習俗』杉山直人訳、彩流社、二〇一二〕; Erving Goffman, 同書、pp.151-2〔同書、一七七頁〕から再引用。

3　この他にもゴッフマンはとても幼かったりとても齢を取っている人、病人、速記者、写真師、警護員などを非人格の範疇に含める。そして「非人格の役割は一般的に従属や軽蔑を伴うが、このような役割を負う人が時々それを防護幕として用いる点もまた過小評価してはならない」と付け加える（Goffman, 同書、p.152〔同書、一七八頁〕）。

4　だから済州島でしばしばそうであるように、タクシーを一日借り切る客は昼食時間に微妙な問題に直面する。かれは運転手が勤務からしばし抜け出たとみなして共に食事をして話を交わすべきか、あるいは運転手が昼食時も勤務中だとみなして別々に食事をすべきかを決定しなければならない。食堂の従業員が二人を一行と考えて同じテーブルに案内する場合、決定はさらに難しくなる。かれが運転手と別々に座ることに固執すれば、運転手は侮辱を感じるかもしれない。しかしかれが運転手と共に食事をすれば、タクシーに戻った時、かれはもはや静かに窓の外を眺め、瞑想にふけることができなくなる。つまりかれは運転手を再び非可視化することに失敗する可能性が高い。

ふりをするよう期待されるが、乗客らの行動がある線を越える場合（ケンカや泥酔など）介入する権利をもつという事実だ。これは公共の場所で規則に違反した人に対して礼儀ある無関心の原則がもはや適用されないことと似ている。ゴッフマンは非人格扱い nonperson treatment が礼儀のある無関心と対立すると述べる。[5] それゆえもしタクシー運転手と乗客の相互作用に対するわたしたちの観察が正しいならば、わたしたちはゴッフマンがタクシー運転手を非人格と分類することを通してこの範疇を無理に拡張していると結論づけねばならないだろう。

このようにゴッフマンは一般的な用法と異なり[6]非人格という範疇を社会的・法的成員権の喪失と連関させず、純粋に演劇的な脈絡で使用する。このような接近は混乱をもたらしうるが、明らかな長所も持つ。これを通してわたしたちは人格 personality が固定された実体ではなく相互作用の中で絶えず現象するものであることを理解できる。ゴッフマンの表現を借りれば「顔はそれを持っている人の内部や表面ではなく、出会いを構成する諸出来事の流れのなかに拡がっている。」[7] わたしたちは顔 face をもっているという事実によって人になる。しかしこの顔はわたしたちの体の一部でもなく、魂の反映でもない。わたしたちは別の人々との出会いの中で顔があるように行動し、わたしたちの顔に対して尊重を要求することをもって顔を実際にそこに存在させねばならない。同様にわたしたちは相手側の人の演技に呼応し、かれの顔に対して敬意を表し、かれが顔を維持できるように手伝わねばならない。[8] いわば顔は相互作用のなかで仮定され、また実現される儀礼的な虚構だ。わたしたちは互いの顔に対して儀礼を行うことをもって互いを人として任命する。

換言すればゴッフマンの接近は人の遂行性を強調する。人は単純な法的カテゴリーでもなく、社会化を通してある諸属性——人らしさ——を獲得することをもって到達する状態でもない。ゴッフマンの観点における人とは、つまり演技者のことだが、わたしたちは社会という舞台の上にあがって実際に演技

5　「こんにちわたしたちの中でこの種の扱い〔非人格的扱い——引用者〕は、ここで「礼儀のある無関心」と呼ぼうとする、ほとんどの状況において一般的でより適当だと思われる扱いと対照をなす。礼儀のある無関心とは、ある人が別の人に（自分がかれを見たということを公開的に是認しつつ）かれの存在を感じていることを現すに充分な視覚的信号を送り、続いて自分の注意を別のところへ向けることをもって、自分がかれに特別な好奇心や意図をもっていないという点を表現することだ。」Erving Goffman, *Behavior in Public Places*, New York: Free Press, 1963, p.84〔『集まりの構造——新しい日常行動論を求めて』丸木恵祐・本名信行訳、誠信書房、一九八〇、九四頁〕.

6　ウィキペディア（英語版）の「nonperson」項目によれば、「非人格は社会的・法的地位を欠如した、喪失した、あるいは剥奪された、それゆえ基本的人権を否定された市民や集団の構成員を指し、とりわけその人の存在に対する記録が事実上すべて消えた場合 damnatio memoriae（ある人が公的に忘れられたことを宣言するローマの刑罰）に使用される。nonperson のこのような用法は、ジョージ・オーウェルの『一九八四』に由来すると知られている。ゴッフマンはジョージ・オーウェルを参照しているが、自分なりのやり方でこの概念を変形する（Andrew Travers, Non-person and Goffman, *Goffman and Social Organization*, Greg Smith(ed.), London/NewYork: Routledge, 1999, pp.156-76)。

7　Goffman, *Interaction Ritual*, London: Penguin Books, 1967, p.7; ゴッフマン『相互作用儀礼』ジンスミ訳、二〇一三、アカネット、一九頁参照〔『儀礼としての相互行為——対面行動の社会学』浅野敏夫訳、法政大学出版局、二〇一二、七頁〕。

8　ゴッフマンはこれを顔の維持と呼ぶ。顔の維持は、個人がかれ自身を含み誰も面子を汚すことがないように自分の言葉と行動を調節することだ。顔の維持は一種の儀礼だ。「これを儀礼だといえる理由はその人がどのくらい尊重される価値があるのか、あるいはかれがどれくらい他の人びとを尊重するのかを象徴的に表現することが、ここでの問題であるからだ。（……）顔はそれゆえ神聖な対象だ。そしてその保存に必要な表現的秩序 expressive order は儀礼的秩序だ」（Goffman, 同書、p.19〔同書、一八頁〕）。

をしながらわたしたちの人の資格を確認することになる。これは主にゴッフマンの引用を通して知られた、ロバート・パークの有名な文章にうまく要約されている。パークはまず人を意味するラテン語のペルソナが元来古代の演劇で使用される仮面を指すことを想起させる。「人 person という単語の最初の意味が仮面 mask だという事実は、単純な歴史的偶然ではないだろう。それよりもこれはあらゆる人がいつでも、そしてどこでも、ある程度意識的にある役割を演技するという点を喚起させる。（……）わたしたちが互いを知っているのはこの役割の中においてであり、わたしたちがわたしたち自身を知るのもまたこの役割の中においてだ。」続いてかれは仮面がわたしたちの人格の一部でありわたしたちは仮面を被ることをもって、つまりある役割 role あるいは性格 character を演技することをもってようやく人になると主張する。「ある意味でこの仮面が、わたしたちがわたしたち自身に対して抱いている観念——わたしたちが遂行しようと努めている役割——を代表する限り、この仮面はわたしたちの更に真なる自我、わたしたちがなろうとする自我だ。結局、わたしたちの役割に対する観念は第二の自然であり、わたしたちの人格の統合的な部分になる。わたしたちは個人としてこの世に来て、性格を構築して人になる」。[9]

ここで顔と仮面が異なるという点を指摘しておこう。人格と性格を区別するようにわたしたちはこの二つを区別せねばならない。仮面がわたしたちが演技しようとする性格と関連するなら、顔はその仮面の背後にあると感じられる、演技者としてのわたしたちの主体性と関連する。わたしはいま、仮面の後に演技されていない本当の自己がいると言っているのではない。わたしたちは常に自分を演技し、もっといえば日記を書く時もそうであるがゆえに、真なるわたしたち自身がどのようなものなのかを決して分かりえない。仮面の後に――つまり顔の位置に――在るものは何らかの内面性ではなく、神聖なもの the sacred または名誉だ。

顔があるということは名誉があるという言葉と等しい。面子を失う lose one's face であるとか面子を守る save one's face という表現から見えるように、日常語において顔は名誉と同じ意味で使われもする。名誉は個々の人間存在を仮想の領域で取り囲み、やたらと近づけないようにする。ゴッフマンはジンメルを引用する。「この領域は、多様な方向にへこんでおり相手が誰かによって大きく異なるが、個人の人格性の価値が破壊されない限り浸透不可能だ。一人がもつ「名誉」がかれの周りにこのような種類の領域をつくりだす。ある人の名誉に侮辱が加えられたとき使用される「余りにも近づいた」という表現は、正鵠を突くものだ。この領域の半径は侵犯すればその人の名誉に対する侮辱になる、他人との距離を表示する。」[10]

デュルケームはジンメルと似た話をしつつ、名誉の代わりに神聖さという単語を用いる。「人格は神聖なものだ。わたしたちはこれを犯しもせず、その枠を侵犯しもしない。しかし同時に他人との交流は至高なる幸福だ。」[11]ゴッフマンは、神聖さは儀礼を通して確立され再生産されるというデュルケームの

9　Robert Ezra Park, *Race and culture*, Glencoe/Illinois: The Free Press, 1950, pp.249-50; Erving Goffman, *The Presentation of Self in Everyday Life*, pp.19-20〔『行為と演技』二一 - 二二頁〕.

10　Georg Simmel, *The Sociology of Georg Simmel*, Kurt H. Wolff(trans. & ed.), Glencoe/Illinois:The Free Press, 1950, p.321; Erving Goffman, *Interaction Ritual*, p.62 から再引用。韓国語版『相互作用儀礼』七二頁〔『儀礼としての相互行為』六三頁〕。

省察から出発し、日常的な諸儀礼の中で人がいかに神聖なるものとして現れるのか分析する。『宗教生活の原初形態』においてデュルケームは回避、禁止、距離を置くことで構成される消極的儀礼 negative rites と、敬意を表現する可視的な諸行為によって構成される積極的儀礼 positive rites を区別するが、これは人に対する儀礼にも適用されうる。個人の体をめぐる「仮想の領域」を侵犯しないでおこうとする多様な努力――最もよく知られた例はエレベーターに乗った人びとが絶えず位置を調整しなおすこと――が前者に属するならば、顔に対する儀礼は後者に属する。

それゆえわたしたちは顔を、個人が担う役割や、その役割に対するその人固有の解釈、あるいは演技を通してかれがつくりだす具体的な自己イメージと同一視してはならない。顔はそのように個別的で可視的なものではない。顔は決して仮面と分離できないものでありつつ仮面の後にあると想像される何かだ。ある人の演技が気に入らなかったとしても、そしてかれがつくりだすものが仮面に過ぎないことを知りながらも、その仮面を強いて脱がそうとしない時、さらにはかれの演技に呼応してかれが仮面を完成するよう手伝い、ミスして仮面が脱げてしまっても見ていないふりをして、一言でいってかれの仮面の後にある「神聖なもの」に対して敬意を表する時、その人は顔を持つようになる。

ゴッフマンは顔を維持することが相互作用の目標というよりは条件であると述べる。相互作用の諸目標――意見を交わし協力し問題を解決する等々――は、ふつう互いに顔を失わず、また失わせないようにする努力の中で進行される。換言すれば、わたしたちは社会の中で行為者として目標志向的な活動を遂行すると同時に、人として互いを承認する儀礼を遂行する。これは総体としての社会が**構造** structure と**相互作用秩序** interaction order として二元化されていることを含む。「構造」が地位と役割の割り当ておよび（ヴェーバー的意味での）資本の分配と関連するならば、「相互作用秩序」は成員権の承認と関連する。現代社会は構造の面で不平等な諸個人が相互作用の秩序の中では平等であると仮定する。つまり地位の高低や資本の大小に関係なく、現代社会の構成員たちは人として平等だ。相互作用儀礼はまさにこの点を確認する。

名誉と尊厳

人格が（法的虚構のみならず）社会的公演の中で再生産される儀礼的虚構であるというゴッフマンの考えはしばしば誤解されてきた。最もありふれた誤解はゴッフマンが社会的生を本当ではないという意味での演技、つまり真正さが欠如した言葉と身振りの終わりなき交換として見なしたということだ。このような視角は必然的に次のような質問を伴う。「本当の自分はどこにいるのか？」（あるいは「わたしたちはいつ本当の自分に戻ることができるのか？」）これはゴッフマンを疎外論の系譜に登録する質問だ。ある人はゴッフマンが舞台の外に本当の自分がいることを暗示していると信じる。これは現代人が孤独で私的な個人へと帰る時だけ疎外から抜け出しうるという意味だ。また別の人はわたしたちは一人でいる時にも仮面を脱ぐことができず、仮面の後には実際のところ何もないというのがゴッフマンの省察だと述べる。この場合、疎外から抜け出ることは原則的に不可能だ。

11　Emile Durkheim, *Sociology and Philosophy*, D. F. Pocock (trans.), London: Cohen & West, 1953, p.37〔デュルケーム『社会学と哲学』佐々木交賢訳、恒星社厚生閣、一九八五〕.

しかし疎外はゴッフマンのテーマではない。かれの関心は、こう言ってよければ、霊魂ではなく影であるからだ。アラスデア・マッキンタイアはゴッフマンがサルトルと同様に自我と世界の二文法の中に閉じ込められていると考えたが、ゴッフマンに対するかれの冷酷な評価はこのような誤解に起因する。『美徳なき時代』においてマッキンタイアはゴッフマンが自我を単に役割という服を掛けるハンガー扱いしていると非難し、これは（自我を黄金の指輪の穴[12]と見なした）サルトルの観点と異ならないと主張する。「二人は何よりも自我を社会的世界を越えているものとして設定する点で一致する。ゴッフマンにとっては社会世界があらゆるものを意味するがゆえに自我は何でもない無なのだ。自我はいかなる社会的空間も専有しないのだ。サルトルにとって自我は社会的空間を、ただ偶然に占めるがゆえに、かれもまた自我を決して一つの与えられた現実とは見ない。」[13]

このような視点はゴッフマンの社会学が冷笑的であり、名誉や侮辱の問題を適切に扱えないという批判に繋がる。ゴッフマン的な主体はその時ごとに仮面を取り換えながら、自分に固定した人格がないという事実を全く遺憾に思わない。かれは絶えず名誉を追求するが、かれが獲得した名誉は相互作用における成功を表示するのみであり、自我に対して何も述べてくれないという点で伝統社会の名誉と異なる。「ゴッフマン的役割——行為者たちの目標は効率性であり、成功はゴッフマン的社会世界における成功と通用するものに過ぎない。それはその他の異なるものでありえない。なぜならゴッフマン的世界はいかなる客観的成就の基準ももっていないからだ。」[14]マッキンタイアはこれをアリストテレスの観点と比較する。アリストテレスにとって名誉とはある人が行為を通して自分の徳（あるいは卓越さ）を表して見せる時、かれに与えられるものだ。つまり名誉はかれの人格に対して何かを述べてくれるがゆえに価値があるのであり、それ自体として追求されるべき善ではない。
アリストテレスの名誉概念は人々が社会の中で各々自分の位置を持っており、その位置に合う人間になろうと努力した時代の倫理感覚に根差している。このような倫理感覚は何よりも侮辱に敏感に反応するのだが、侮辱は名誉に対する否定であり資格に対する疑いを意味するからだ。

多くの前近代社会において人の名誉とは、一人の社会秩序のなかで自分に**然るべき**位置を占めているがゆえに、かれやかれの親族に、かれの家族に然るべきものだ。誰かの名誉を傷つけることは、

---

12 「これは環をなしているわけだが、この環をなしているということは金でできているということとまったく同じく指輪にとって本質的なことである。金がなければ環（そもそもこれは存在しなくなるだろう）は指環にならぬであろうし、環がなければ金は（これは存在するが）指輪にならぬであろう。（……）環はそれを形成する金によってのみ（不在の現前として）存続する無である。同様に、行動である人間は自己が「否定」する存在のおかげで、存在の中に「無化」する無であると言いうるであろう。」（コジェーヴ『歴史と現実弁証法』ソルホンヨン訳、ハンボッ、一九八一、二三七頁〔コジェーヴ『ヘーゲル読解入門――『精神現象学』を読む』上妻精・今野雅方訳、国文社、一九八七、三五〇頁）。コジェーヴのヘーゲル講義に出てくるこの有名な文章はサルトルの『存在の無』に深いインスピレーションを与えた（Vincent Descombes, *Le Même et l'autre*, Paris: Les Éditions de Minuit, 1979, p.49〔ヴァンサン・デコンブ『知の最前線――現代フランス哲学』高橋允昭訳、TBSブリタニカ、一九八三〕参照）。

13 マッキンタイア『徳の喪失』李ジヌ訳、文藝出版社、一九九七、六一頁〔『美徳なき時代』篠崎栄訳、みすず書房、一九九三、四〇‐一頁〕。

14 マッキンタイア、同書、一七五頁〔同書、一四二頁〕。

従ってかれに然るべきものを認めないということだ。それゆえ侮辱の概念が社会的にきわめて重要になり、かれと同じ社会で特定の種類の侮辱は死に値する。ピーター・バーガーと共著者たちはわたしたちが現代社会で侮辱を受けたとき、法的な賠償請求権も、また類似した法的な賠償請求権も持っていないという事実の意味を強調した。侮辱はわたしたちの生活文化の周辺部へ追放され、そこにおいてそれは公的な葛藤よりは私的な感情を表現するものとなっている。そして驚くべきことにこれはゴッフマンが自ら書いたものにおいて侮辱に残された唯一の場所だ。[15]

マッキンタイアの論点を理解しようとすれば、わたしたちは名誉概念の衰退に対するピーター・バーガーの古典的な議論へ戻らねばならない。バーガーによれば、現代人たちは名誉を過ぎた時代に属する古い観念と感じる傾向があるが、これはかれらが侮辱――侮辱とは本質的に名誉の毀損だ――を処理するやり方から端的に確認できる。「近代的意識においては米国の法律に見られるように、侮辱はそれ自体として告訴を起こすに足るものではなく、本当の損傷と認められていない。侮辱される当事者は物質的な損害を証明できなければならない。たしかに精神的苦痛も法的損害賠償請求の根拠になりうるが、それもまた名誉棄損という観念とは離れている……〔物質的ないしは精神的に損害を立証することができないにもかかわらず――引用者〕名誉が毀損されたとしつこく言い張る人があれば、その人は（「ノイローゼ」のような）精神医学用語や（「古臭い人」などの）文化的遅滞を表現する用語でレッテルを貼られるだろう。」[16]

保守的な思想家たちにとって名誉の衰退は直ちに道徳の衰退として見なされる。しかしバーガーは名誉の重要性を格下げする態度が個人の尊厳性 dignity に対する深い関心と同時に現れたというところに注目する。現代の新しい道徳は実に尊厳性の概念を土台にしている。名誉の観念が伝統的な社会秩序およびその中で諸個人がもつ位置感覚に根差しているならば、「尊厳は名誉と対照的に、社会的に課せられたすべての役割と規範を脱ぎ去った内なる人間性と関連している。それは自己それ自体に固有のものであり、その社会的地位に関係なく個人に固有なものだ。[17]」

名誉から尊厳への、道徳的強調点の移動は現代社会において個人のアイデンティティがもはや制度化された役割に頼らないという事実を反映する。「名誉の世界において個人は自分の盾に刻まれた社会的象徴だ。騎士の真の自己は、かれの役割を表示する徽章を身につけて馬にまたがって戦いに赴くさいに明らかになる。（……）その反面、近代的意味の尊厳の世界において人間どうしの相互作用を支配する社会的象徴は仮装であるだけだ。盾の模様は真の自分を隠している。より正しくその人を表示しているのはまさしく脱ぎきった人間、より具体的に言えばかれの性のしるしを露わにしているむきだしの男だ。」その結果現代人はかれの先祖とは正反対のやり方で「自分を発見」する。「名誉の世界において個人は真なるアイデンティティを役割の中で発見する。その役割から逃げることは自分自身から逃げるこ

15　マッキンタイア、同書、一七六頁〔同書、一四三頁〕。
16　ピーター・バーガー他『故郷を失った人々』李ジョンス訳、ハンボッ、一九八一、七九‐八〇頁〔『故郷喪失者たち——近代化と日常意識：近代化と日常意識』高山真知子・馬場伸也・馬場恭子訳、新曜社、一九七七、九六頁〕。
17　バーガー他、前掲書、八四頁〔前掲書、一〇二頁〕。

とに等しい。尊厳の世界においてかれは社会から課せられた様々な役割から自分を解放することをもって真なるアイデンティティを発見できる。諸役割は単純な仮面であり、かれを幻想と疎外と自己欺瞞へ嵌める。」[18]

現代の自己理解を簡潔に表すこのような描写は一連の対立項の上に立てられているが、それらを作動させる原理は世界と自我の不和だ。

名誉の世界	**尊厳の世界**
位階（身分）	**平等**
服を着た人間	**むき出しの人間**
公的空間（戦場）	**私的空間（ベッド）**
規範	**自由**
位置感覚	**座標の喪失**
…	…

上項を「伝統社会」に、下項を「現代社会」に帰属させるならば、わたしたちはこれを現代化が個人のアイデンティティに及ぼす影響の貸借対照表として読むことができる。バーガーはわたしたちが名誉の世界を去って尊厳の世界に移って来たと述べる。この変化は一見望ましいものだ。名誉はそれを持ちうる資格がある者にのみ与えられるが、尊厳は誰にでも与えられる。尊厳の観念は位階を否定しわたし

たちを平等にする。しかしこの平等はむきだしの人間たちの平等、役割の鎧を脱いで私的な空間へ追いやられた孤独な諸個人の平等だ。かれらは自由を渇望し規範に抵抗する。しかしその自由は座標の喪失という対価を払ってのみ得られるものだ。

この図表が現実の差異ではなく、価値の対立を表わすという点に注意しよう。規範と自由の対立は現代人が規範から解放されたことを意味するのではなく、いまなお規範を保ちつつも自分の行為に道徳的意味を付与しないということだ。同様に服を着た人間とむきだしの人間の対立は現代人が服を着た自己、つまり他人たちに見せる公的な自己を本当の自己として承認しないという意味だ。どうして現代人は規範を守りつつも規範に距離を感じるのか？　どうしてかれはむきだしの状態へ帰って来た時はじめて安

らげるのか？　かれの霊魂が深い場所で世界と不和を起こしているからだ。換言するとこの図表は現代性の核心に世界と自我の不和があることを表す。

現代人は一種の自己分裂をもってこの不和に対処する。カフカの「田舎の婚礼準備」においてのように、服を着せた肉身にあらゆることを処理させ、自分はベッドに残っているのだ。

わたしが直接に田舎に行く必要はない。服を着せた肉身を送るだろう。それがよろめいてわたしの部屋のドアから出ていくなら、そのよろめきは恐怖ではなく無価値さを現わすだろう。また肉身が階段で寝そべったとしても、またそれがふらりと田舎にいってそこで泣きながら夕食を食べたと

18　バーガー他、前掲書、八五‐六頁〔前掲書、一〇四頁〕。

しても、それはやはり興奮のせいではない。そのようなものがわたし、わたしはそのあいだに茶色の布団をまっすぐ被せてちょっと開いた部屋を通して吹く風のなかに体を現わしてベッドに寝ているから。[19]

ここでわたしたちが投げかけねばならない問いは、肉身と分離したわたし――役割の服を脱いだハンガー自体――はいったい何でありうるのかということだ。なぜならカフカはベッドに寝ているわたしを一匹の虫として形象化したからだ。

実に私は一匹の虫の巨大な形象そのままだ。わたしは冬眠するふりをする。短い肢をふくらんだ体にぴったりつけてだ。そうして数語に満たない言葉をつぶやくが、その言葉はわたしの傍にぴったり近づいて体をかがめているわたしの悲しい肉身に降ってくる棘だ。すぐ準備します、終えますよ、と、かれは一礼してすぐ去ってしまう。かれはわたしが休んでいるあいだ、すべてのものをごっそりちゃんと片付けるだろう。[20]

このモチーフは後に『変身』で繰り返されるが、そこでは自我の外皮に該当する部分、つまり服を着た肉身が最初から消えて戻ってこず、内面性を象徴する虫のみが残る。しかしどうして虫なのか？　わたしが遂行する諸役割、わたしの諸仮面がわたしにとって非本来的なものであれば、それらを脱ぐわたしは、より人間的な姿を帯びねばならないのではないか？　さらに虫になったグレゴールは少しも品位があるように見えない。かれは傷んだものを食べ、汚物の中で寝転がり、家政婦の箒をさけてあちこち這いまわる。尊厳性が自我自体に固有だという言葉は、わたしたちが世の中からいかなる侮辱的な待遇を受けたとしても、なお品位を維持できるということなのか？

現代的自我――マッキンタイアが情意主義〔情緒主義〕的と命名した自我――に対するマッキンタイアの批判は、このような疑問と関連する。おそらくわたしたちは公的な自我を脱ぎ捨てた後にもなお何らかの自我を――私的で内密でわたしたち自身の元来の姿により近い自我、より楽にまとうことができる自我を――持つことができるだろう。しかしこの第二の自我はあらゆる公的な問題から退いているがゆえに、決してそれ自体として完全ではありえない。アレントが主張するように活動的な生が活動actionによって完成され、他者の存在がまさしく活動の条件であるならば、[21] あらゆる社会関係から撤収したこの自我は活動の可能性を知りえないものであるだけに、ある動物性の中に転げ落ちているといってもよいだろう。

虫になったグレゴール・ザムザは「実存に目覚めた個人」の表象とみなされている。[22] しかしわたし

19　クラウス・ヴァーゲンバッハ『プラハの異邦人カフカ』チョン・ヨンエ訳、ハンギル社、二〇〇五、一一〇頁（『カフカのプラハ』須藤正美訳、水声社、二〇〇三）。
20　ヴァーゲンバッハ、同書、一一一頁。
21　アレント『人間の条件』李ジヌ・テジョンホ訳、ハンギル社、一九九六（志水速雄訳、ちくま学芸文庫、一九九四）。
22　韓国カフカ学会編『カフカ文学論』ボム社、一九八七参照。

たちはかれの姿から現代文化が処された困難な状況を読み取ることができる。現代人が私的な空間においてのみ真なる自己を発見するならば、これは現代性の企画の失敗を意味する。さらにわたしたちはこの孤立した諸個人が他者の承認と支持なしに、どのように尊厳を維持できるのかを知りえない。私的な空間を守ってくれるのは個人の位置に対する公的な承認ではないのか？　世界に一人で立ち向かう自我は他者の乱入を防げるのか？　グレゴールは単に部屋に閉じ込められているのではない。かれを閉じ込めた監獄の門は、いつでもかれが望まない瞬間に開かれる。

けっきょく世界と自我の対立を克服することが問題だ。マッキンタイアがアリストテレス的な徳へと戻るのはそれゆえだ。かれはこの概念に依って役割と自我（服を着る肉身とそれを見守る霊魂）を分離するサルトルの観点と、自我を諸役割の中に解体する（つまり魂の存在を否認する）ゴッフマンの観点をともに越えようとする。サルトルは徳のある生の見本を、すべて「因襲的」と格下げする。かれにとって真なるものは因襲的な社会関係を拒否する自我の態度のみだ。[23]サルトル的な自我にとって評判や名誉は全く重要ではない。ゴッフマンはそれとは反対に面子を維持することに過度に没頭し、それ以上のいかなる価値も追求しない自我を描く。ゴッフマン的な自我が一貫性を持つように見えるならば、これは一貫性を持つように**見せようと**努めたからであり、自身の生を一つの物語とし、その物語の中で**生きようと**したからではない。徳の概念はコインの両面のように隣合うこの二つの誤りを訂正するさいに役に立つ。徳は文化の中でのみ定義されうるが、徳を追求することは単純に評判を追求することと異なるからだ。

わたしはここでアリストテレス的な徳に対して説明しない。この本の意図は徳を擁護することではなく、名誉と尊厳の対立を批判することにある。マッキンタイアは現代社会においては名誉の概念が衰退して尊厳性の概念がその位置を代替しているというバーガーの主張に暗黙的に同意する。かれは「情意主義〔情緒主義〕的自我」、つまりあらゆる価値判断の根拠を自分自身に置く現代的自我の出現をこのような変化と連結させており、この点でアイデンティティの「脱制度化」と「主観化」が現代の特徴だと把握したバーガーと認識を共にする。二人の差異は現代性を規定するやり方ではなく、現代性に対する態度に表れる。バーガーは名誉の崩壊が「現代人が成就したある解放の対価としてもかなり高くついたもの」であったと是認しつつ、「社会的位置と無関係にそれ自体として尊厳をあわせもつ自律的自己の発見」が現代的意識のこのような再配置を通してのみ達成されえたことを力説する。「現代社会をむやみに告発する人は人間の尊厳と権利の発見すら告発すべきなのか考えてみなければならない。」[24] その反面、マッキンタイアにとって人権の概念は伝統的道徳を代替するためにつくられた虚構に過ぎない。この概念はまた別の虚構である「有用性 utility」とともに道徳的慣用語として使用され、現代の政治過程に「合理的な外観」を提供する。しかし権利と有用性が衝突するとき、どちらを選択せねばならないのかに対していかなる普遍的原則も存在しないという事実から分かるように、論証における嘘の合理性は、それを利用して望む結論を下す権力の恣意性を隠蔽するのみだ。[25]

23　マッキンタイア、前掲書、三〇一頁〔前掲書、二五一頁〕。
24　バーガー他、前掲書、八九頁〔前掲書、一〇九―一一〇頁〕。
25　マッキンタイア、前掲書、一一二―五頁〔前掲書、八六―八九頁〕。

しかしわたしたちは名誉の衰退がもたらした道徳的諸結果を評価する前に、名誉と尊厳をこのように対立的に理解することが正しいのか自問せねばならない。「名誉の世界から尊厳の世界への移行」というバーガーの命題は現代的人間像の抽象的かつ普遍的な性格を浮き彫りにするという長所をもつ。人権の主体である人間はどんな具体的内容も持たない、空っぽの範疇だ。かれは歴史も伝統も美徳の観念も知りえず、行為を通して自分の本質を証明する必要もない。これは人権が人類のあらゆる構成員に条件なしに与えられるために必須の条件だ。しかし名誉と尊厳を対立させ、前者を「服を着た人間」に、そして後者を「むき出しの人間」に帰属させることをもって、バーガーは尊厳もまた文化的な観念であり社会的な儀礼を通して再生産されるという点を忘却させる。むき出しの人間もまた何かを着ているのであり、かれの尊厳はまさにそこに起因する。

バーガーが提示する移行の図式——一方では名誉と役割自我（「服を着た人間」）、そして規範と位置感覚があり、他方には尊厳、役割から抜け出た自我（「むき出しの人間」）、自由、座標喪失がある——を再び検討しよう。この二分法の問題点は構造と相互作用秩序を区別しないということだ。社会は構造、つまり役割の体系と同一視され、役割の服を脱ぐことは社会の外へ出ていくことと同一視される。その結果、個人は構造が要求する諸役割を遂行するだとか、あるいはそれを拒否して社会の外へ出ていくだとか、二つのうち一つを選択せねばならない。つまりこのモデルは行為者に順応主義か内面への潜りこみという二択のみを残す。規範もまた価値体系（マルクス主義の用語でいえばイデオロギー）が構造の産物であり構造の再生産のための一つの契機として感じられる限り、構造に対する抵抗はあらゆる規範の拒否へと帰結するだろう（マッキンタイアが激烈に批判したのは、まさにこのような道徳的真空状態だ）。

しかし社会は構造へと還元できない。わたしたちは社会的諸実践の中で役割の遂行や構造の再生産と無関係な、純粋な相互作用の層位を発見する。バス停で列に並ぶことや知らない場所で道を尋ねることのように、各自の社会的役割をカッコの中に入れたままなされる相互作用がそのような例だ。そのとき相互作用の参加者たちは別の参加者たちの身元について若干の情報を持っているかもしれないが（太郎は自分の前にいる女性が歯科医であるとわかる）、与えられた脈絡でそれが重要ではないと感じる。なぜならかれらは役割の担い手（歯科医、患者）としてではなく、人と人として遭遇しているからだ。ところが役割から抜け出ている時にもかれらはなお何らかの秩序――儀礼的秩序――のなかにある。かれらは積極的ないしは消極的なやり方で互いの存在に対する承認を表現する。バスを待つ人々は互いに礼儀ある無関心を見せ、他人の体を囲む空間を侵犯しないよう努める。道を尋ねる人は他人に近づく時と離れる時に申し訳なさと感謝を表示する。地位と役割が違う諸個人が同等な権利をもつ尊厳ある存在として社会空間の中に現象するのは、このような諸儀礼のおかげだ。そしてまさにこのような理由で、かれらは儀礼的な諸実践の根底にある規範を、単純に「真なる自我」と対立する、外的で強制的な力と見なすことはできない。かれらはその規範に道徳的な意味を付与する。役割をカッコの中に入れる相互作用と、それを調律する規範の存在こそ、バーガーが「尊厳の世界」と命名した現代社会の特徴であるのだ。[26]

26　ゴッフマンは列に並ぶことは相互作用の秩序に対する純粋な献身を表現し、そのような点であらゆる社会的な出会い social encounter のうち、最も人間的で最も道徳的だと見なした。A. W. Rauls, The Interaction Order Sui Generis: Goffman's Contribution to Social Theory, *Sociological Theory*, vol.5 (Fall: 136-49), 1987, p.142.

それゆえ名誉と尊厳の対立は再考されねばならない。バーガーは、名誉は表現的秩序に属するが尊厳はそうでないと考える。その結果、侮辱は（尊厳ではない）名誉に対する攻撃としてのみ理解される。尊厳が表現的秩序に属さないならば、表現を通して他人の尊厳を毀損することは原則的に不可能だからだ。尊厳をこのように超越的な場所へ移しやるとき、名誉の衰退という仮説は侮辱が社会的生の周辺部へ追放されたという結論へと自然に至る。しかしこれは事実ではない。現代社会において侮辱は今なお重要な公的議題だ。社会運動の歴史を簡単に見返すだけでも、この点を確認できる。公民権運動 civil rights movement からゲイ - レズビアン運動に至るまで、あらゆるアイデンティティ闘争の核心には侮辱に対する抵抗があった。

侮辱は尊厳を攻撃するのみならず、実際にそれを崩壊させる。排他的民族主義運動やファシズムはまず排除しようとする集団を公然と侮辱するところから出発する。侮辱される集団がここで効果的に抵抗できなければ、そうして別の社会構成員たちの沈黙と傍観のなかでこのような侮辱が日常化されれば、その時から法的にこの集団の権利を縮小させることが可能になる。

侮辱を名誉の毀損と定義する時、このような諸問題は視野から消える傾向がある。名誉棄損は主に評判や威信の損傷と関連して使われる狭い概念であるからだ（例えば法的に侮辱または名誉棄損が成立するさいには、行為の「公然性」が認められなくてはならない。つまり加害者と被害者の他にその行為を見たり聞いたりした第三者がいなくてはならない。二人だけの場所での侮辱発言は侮辱と感じられない）。これはこんにちの社会学研究で侮辱というキーワードをほとんど発見できない理由を説明する。社会学は侮辱を概念ではなく現象としてのみ、つまり人種差別や性暴力の諸場面を構成する要素としてのみ扱う。現象は明らかに存在するが、概念がそれを包摂できないからだ。

侮辱をより包括的に定義しようとすれば、それを尊厳と連関させつつも、感情のように主観的なものではなく言語のように客観的に記述可能な対象にしなければならない。相互作用儀礼についてのゴッフマンの議論はこのような接近可能性を開いてくれる。マッキンタイアはゴッフマンが侮辱を公的葛藤の領域から私的感情の領域へと追放したと批判する。わたしはこれに同意しない。日常的コミュニケーションの儀礼的性格を強調するゴッフマンの視角は、むしろ侮辱の社会的意味を理解するさいに役立つ。次の章でわたしはゴッフマンの省察に依りながら、侮辱が言語だとすれば、この言語が伝えるメッセージは何なのかを説明する。

第四章　侮辱の意味

侮辱に対する議論は表現の自由という争点を堂々巡りする傾向がある。[1] これは侮辱が本質的に（怒りや軽蔑のような）感情を表現すると感じられるからだ。侮辱が公的関心事から周辺化される理由もこれゆえなのだが、感情は誰にでもあるものであり、たとえそれが望ましくないやり方で表現されるとしても、「人間的な」観点からそれをある程度まで容認できるからだ。ここにはもちろん主観的な表現は客観的な事物の状態に影響を与えることができないという考えが下敷きにされている。誰かがわたしをブタと呼んだとしても、わたしは本当にブタになるわけではない。むしろわたしはかれに「ブタの目に

1　侮辱に対する学術的接近はこれまで主に法学分野でなされてきたが、ほとんどは侮辱に対する司法的制裁と表現の自由の衝突可能性に焦点が合わせられている。最近は「サイバー侮辱罪」が大きな論題になった。サイバー侮辱罪の新設に賛成する人々はインターネットの匿名性を利用した攻撃性表出が危険な水位に至ったことを指摘する。他方で反対する人々はこの法が表現の自由を委縮させ、政治的に悪用されると心配する。この問題と関連して確認しておかなければならない点は、政治家に対する嘲弄はかれの人格ではなくかれが遂行する公的役割に向かっているということだ。それゆえそれは尊厳に対する攻撃としての侮辱と区別されなければならない。政治家に卵を投げたり、かれに似せたカカシを燃やす行為も同様だ。私的な感情ではなく公的な意見を表現するこのようなパフォーマンスにおいて、卵をぶつけられ燃えるのは政治家の「顔」ではなくかれが着た役割の服だ。もちろんわたしたちは仮面に対する儀礼を通して顔に対する尊重を表現する。しかし政治家の場合、かれの公的仮面の後にあるものは顔というよりは**複数の声** voices だ。政治家は他人の声で述べる者なのである。有権者たちは悪い政治家の仮面を破り、かれが実際に誰の声で述べているのか暴露しようとする。

はブタしか見えない」と大人しく応酬することもできるだろう。

しかし侮辱をこのように**感情の表現**ないし**間違った再現**として理解するとき、言葉と身振りが帯びる遂行的次元は看過されてしまう。わたしをブタと呼ぶ人が一人だけならば、わたしはかれを無視してしまえる。しかし一人二人とかれに同調する人が増えて、とうとうわたしを囲む全ての人がわたしをブタと呼び始めれば、わたしは実際にブタになる（いじめられている子どもたちが常に体験することだ）。

遂行性の看過は相互作用秩序に対する静態的な接近と関連がある。相互作用儀礼の遂行は規範の単純な実践ではない。それは社会の構成員たち各自が社会に対する（社会の境界と位置の関係、そしてかれ自身の位置に対する）自分の理解方法を表し、また承認される過程だ。それであるだけに儀礼の交換は断絶の諸契機を――つまり侮辱の可能性を――内包する。文法からずれて喋る人々の存在が文法自体を威嚇しないように、規則の違反が逸脱と規定される限り、わたしたちはそのような違反を無視し、分析から除外することができる。しかし違反は時には規則の一部であるかのように自然に行われる。たとえば道で野宿者が声をかけてくるとき、ほとんどの人々は目を避けて応えない。このような反応は明白に相互作用儀礼の規則から外れるものだ。しかし誰もそれを問題にしない。似た例で、人種間の空間的分離が明瞭だった一九五〇年代の米国では、黒人がコンサートホールやギャラリーのように事実上白人たちのための場所に現れた時、かれが服装コードに合わせて服を着て教養があるように行動したとしても、無視と侮辱[2]で応対されるのが普通だった。このような場合に白人が相互作用儀礼の規則を違反したとしても支配文化の観点から間違いと思われず、むしろかれにこのような違反をせざるをえないようにさせた黒人こそが無礼な行動をしたと見なされる。このような諸事例は相互作用秩序が諸規則の単純な集合へと還元されえず、ある躍動性の中で分析されなければならないことを示しているのだ。

　相互作用秩序は承認闘争のなかで不安定に再生産される歴史的構成物であり、無視と侮辱はこの構成物に内在した亀裂を、その現在の中にある他の諸時間を表す。透明人間扱いされる野宿者の背後には乞人と浮浪者に対する烙印・監禁・追放の長い歴史がある。都市空間の再編過程でもあったそのような歴史について知らないならば、野宿者が体験する小さな屈辱の意味をしっかり知ることは困難だ。同様にこんにちの米国で黒人男性が「白人の町」を通り過ぎる時に経験する典型的な諸反応（足早に遠ざかる足音、カチャッと車のカギを閉める音、露骨な警戒の視線）[3]を説明しようとすれば、黒白分離が存在した時代、そしてそれ以前の奴隷制が支配していた時代まで遡らなければならない。

　それゆえわたしたちは侮辱を**厚く記述**することをもって相互作用秩序に対する私たちの理解に歴史的な深みを加えることができる。第四章の議論はこのような作業のための下書きだ。わたしたちは現代社会が相互作用を規制する強力な規範を持っているという考えから出発する。儀礼的平等の原則がそれだ。現代社会は全ての構成員に同等な人格を付与するが、これは一方では法の下の平等として現れ、他方では儀礼交換の対称性（わたしがあなたに挨拶すれば、あなたもわたしに挨拶する）を通して確認される。し

2　相互作用儀礼の観点において無視と侮辱はそれぞれ積極的儀礼の撤回（相手側にしかるべき敬意表現をしないこと）と消極的儀礼の撤回（相手側の「自我の領土」に対する侵犯）として定義できる。

3　Beverly Daniel Tatum, *Why Are All the Black Kids Sitting Together in the Cafeteria? And Other Conversations About Race*, New York: Basic Books, 2003, p.54.

かしこの原則がいつでも守られるわけではない。烙印と収容所に対するゴッフマンの研究は社会がその内部に尊重の儀礼が一切消える例外地帯を備えており、特定の範疇の人々に非正常の烙印を押して排除と条件付き統合のうち一つを選ぶように強要させると告発する。さらに韓国社会は今なお身分主義と闘わねばならない——儒教的世界観に根差す古い身分主義だけでなく、拝金主義の土壌の上で猛烈に拡がっていく新しい身分主義と。一九八七年の労働者大闘争以前まで韓国社会は「労働者＝学のない人」という等式が支配し、これは朝鮮時代に両班が常民にしたように労働者を「見下す」ことを正当化した。管理者が労働者に年齢に関係なくため口を使うのがよい例だ。高等教育が一般化したこんにち、このような種類の身分差別は消えてなくなった。しかし労働者たちはいまなお自分が人扱いされていないと感じる時が多い。実際一パーセントのための社会において、人は人ということだけではまともに対応されることが難しい。人の上にも「とても重要な人（ＶＩＰ）」「とてもとても重要な人（ＶＶＩＰ）」などがいるからだ。「とても重要な人」の前で何もない人は何でもない存在、「ノーバディ」になってしまう。[4]次にわたしたちは断片的ではあるがこのような諸問題を扱おう。

人格に対する儀礼

Ａ・Ｗ・ロールズによれば、現代の社会理論に対するゴッフマンの主な貢献は「社会構造に従属せず、かれ自身の固有な論理による独自的領域としての相互作用秩序を発見した」点にある。[5]ゴッフマンはこの秩序が諸個人が対面接触する状況で遂行される相互作用儀礼を通して表現され維持されると見た。かれは儀礼を集団の結束に対する寄与という側面でのみ見る構造‐機能主義的接近と距離を置き、「社会的集合体の諸表象について行われる諸儀礼が時には個人自身に対しても行われうる」[6]という点に注目した。現代社会で支配的な儀礼はまさにこのように諸個人のあいだでなされる相互作用儀礼だ。「現代社会で超自然的な存在の代理者たちに捧げる儀礼はどこでも衰退の一途をたどっている。儀礼的な諸義務が長たらしく繋がる広範囲な儀式日程も同様だ。残るのは個人が別の個人に対して、かれ自身の善意と教養を証明するために、そして相手側が一かけらの神聖さを帯びていることを証明するために行う短い儀礼だ。残るのは一言でいって相互作用儀礼だ。」[7]

ある者はこのような変化を世界の脱呪術化 Entzauberung der Welt とつなげようとするだろう。ゴッフマンの定義によれば、儀礼とは「一個人が絶対的価値を帯びる対象に対する自分の尊敬と敬意をそれ自体あるいはそれの代表者に表現する、形式的で慣例化された行為」[8]だ。ところが長い合理化過程を通し

4　ロバート・フラー『身分の終末』アンジョンソル訳、ヨルデリム、二〇〇四〔Robert Fuller, *Somebodies and Nobodies: Overcoming the Abuse of Rank*, New Society Publishers, 2004〕。

5　ゴッフマンは相互作用秩序を他の社会秩序と連関させずに別個に扱うことのできる独自的領域とみなした。A.W. Rauls, The Interaction Order Sui Generis: Goffman's Contribution to Social Theory, *Sociological Theory*, vol.5 (Fall: 136-49), 1987; Erving Goffman, The Interaction Order, *American Sociological Review*, vol.48 (Feb:1-17), 1983.

6　ゴッフマン『相互作用儀礼』ジンスミ訳、アカネット、二〇一三、五七‐八頁〔『儀礼としての相互行為――対面行動の社会学』浅野敏夫訳、法政大学出版局、二〇一二、四七頁〕。

7　Goffman, *Relations in Public*, London: Penguin Books, 1971, p.71. 李サンギル「日常的儀礼としての韓国の飲み会」『メディア、ジェンダー、文化』第一集、二〇〇四、三九‐七七頁から再引用。

てわたしたちが暮らす世界は呪術から解き放たれ、その結果、神や精霊のような伝統的崇拝対象はその絶対的な地位を喪失した。その位置を代わりに占めるのが個人だ。人格 human personality はいっとき神聖視されたあらゆるものが輝きを失う時代に、今なお神聖なものとして感じられる唯一なものだからだ。[9]

しかし超自然的存在にむかった儀礼の衰退を、このように呪術的で集団崇拝的な伝統社会から合理的で個人中心的な現代社会への移行という観点で把握する場合、わたしたちは相互作用の儀礼に対するゴッフマンの議論における核心を見失ってしまう。ゴッフマンは集団に対する儀礼と個人に対する儀礼を対立させせない。むしろかれは個人の人格が神聖な理由を、それが集団的なマナ collective mana の割り当て apportionment として見なされるところにあると説明する。

デュルケームとラドクリフ・ブラウンの影響の下に、現代社会を研究する一部の学生たちは与えられた社会的実践の象徴的意味とそのような実践が集団の統合と連帯に寄与するものを探すよう学んできた。しかしかれらの関心を個人から集団へと移し換えることをもって、このような学生たちはデュルケームの霊魂に関する章に提示されたテーマを見逃すように思われる。そこでかれは個人の人格が集団的マナの割り当てとして見なすことができ、(後の章で暗示するように) 社会的集合体の諸表象に対して行われる諸儀礼が時には個人自身に対しても遂行されうることを指摘する。[10]

ここでの「デュルケームの霊魂に関する章」とは『宗教生活の基本形態』の第八章のことだ。[11]「霊魂の観念」という題名の付いたこの章でデュルケームは霊魂不滅に対する信が集団の生の連続性を説明するために生じたと主張する。「諸個人は死ぬ。しかし氏族は生き残る。したがってその生命を与える諸力も同じ永続性を持っていなくてはならない。これらの力とは、個人の肉体に生命を与える諸霊魂なのだ。」[12] 個人の霊魂が神聖視される理由はそれが集団の霊魂の一部分であるからだ。換言すれば祖先の霊魂が再び産まれて個人の肉体のなかに入ったと思われているからだ。個人の霊魂は「個体化されたマ

8　Goffman, 同書 , p.88.

9　李サンギル、前掲論文。

10　ゴッフマン『相互作用儀礼』五七 - 八頁〔『儀礼としての相互行為〈新訳版〉』四七頁〕。

11　ゴッフマンは早くから『宗教生活の基本形態』の重要性に注目した。これは当時米国社会学でデュルケームの受容が『社会学的方法の基準』をはじめとする「前期」著作を中心に行われたという事実に照らし合わせるとき、特記すべきことだ。A・W・ロールズによれば、米国でデュルケーム受容を主導したタルコット・パーソンズは実証的で構造機能主義的な「前期」デュルケームと観念論的な「後期」デュルケームを区分し、「後期」の著作を事実上議論から排除した。そうして『宗教生活の基本形態』は米国社会理論の発展にほとんど影響を与えることができなかった。その後、後期デュルケームの著作が構造主義およびポスト構造主義の道を開いたものとして再評価される中で、「前期」から「後期」へ研究者たちの関心が移動したが、デュルケームの著述に断絶があるという仮説 two Durkheim argument 自体は疑われていない（A.W.Rauls, Durkheim's Epistemology: The Neglected Argument, *American Journal of Sociology*, vol.102, n.2, 1996, pp.430-38）。

12　エミール・デュルケーム『宗教生活の基本形態』ノチジュン・ミンヘスク訳、ミニョン社、一九九二、三七九頁〔デュルケム『宗教生活の原初形態（下）』古野清人訳、岩波文庫、一九七五、六三 - 四頁〕。以下、デュルケームのテキストは全てこの翻訳を引用するが、Émile Durkheim, *Les formes élémentaires de la vie religieuse*, Paris: Le Livre de Poche, 1991 を参照し、部分的に修正した。

ナ」[13]だ。人格 personalité: personality の観念は、このような霊魂の観念が通俗化された結果だ。デュルケームによれば人格の概念は二つの要因の産物だ。

その一つは本質的に非個性的 impersonnel だ。それは集団の霊魂の役目をする精神的根源 principe spirituel だ。個別的諸霊魂の実体をなすのは事実上のこの精神的根源だ。したがってこの根源は特定の個人のものではない。それは集団の遺産だ。あらゆる意識はこの根源の中で、そしてこの根源によって疎通される。しかし他方で分離された人格たちが存在するためには、このような根源を分割し区別する別の要素が介入せねばならない。言い換えれば個別化の要因が必要なのだ。この役割をするのがまさしく肉体だ。肉体は互いに区分され、各自異なる時間と場所を専有しているがゆえに、各々の肉体は集団的表象が異なって屈折し着色される特殊な中心部を構成することになる。(……)したがってともに欠くことのできない、これら二つの要素のうち前者、つまり非個性的要素がより重要だ。なぜなら霊魂観念の最初の素材を提供してくれるのがまさにそれであるからだ。[14]

それゆえ個人 individual と人 person は区別されねばならない。個別化は人格の本質的な特性ではない。デュルケームはカントを援用しつつ次のように述べる。「人間を一人の人にすることは、かれを別の人間たちと区別できなくする何か、かれを特定の人間 tel homme ではない普遍的な一人の人間 un homme になるようにする何かであるということができる。感覚、肉体、一言でいえば個別化するあらゆるものは、カントによって人格の対立物とみなされた。」[15]

相互作用儀礼を通してわたしたちが敬意を表する対象は個人ではなくかれの人格だ。言い換えるとかれのなかにある「社会的なもの」だ。[16]だがゴッフマンにとってこの人格は、初期の社会化を通して個人の内に安定的な位置を持つあるものであるというよりは、相互作用の流れのなかでそのとき毎に他人たちの協調によって表現され確認される何かだ。[17]個人を人格をもつ存在と扱わない精神病棟のような所では、人になることがより困難だ。[18]このような理由でゴッフマンは儀礼的規則 ceremonial rules の順守

13　デュルケーム、同書、三七三頁（同書、下巻、五六頁）。

14　デュルケーム、同書、三八一頁（同書、下巻、六六頁）。

15　デュルケーム、同書、三八二頁（同書、下巻、六七頁）。

16　「わたしたち人間が神聖なものと俗なもののように互いに対立する二つの部分で形成されていることは真実だ。ある意味でわたしたちの内にも神聖なものがあると言うことができる。なぜなら神聖なあらゆるものの唯一の源泉である社会は外からわたしたちを動かし、わたしたちに一時的に影響を与えることで終わらないからだ。社会はわたしたちの中で恒久的に自らを組織する」（デュルケーム、同書、三七一頁（同書、下巻、五三頁））。

17　ゴッフマンは人格の単一性を否定するが、これはデュルケームも同様だ。デュルケームは人格が単一だという考えに反対し、次のように述べる。「こんにち、わたしたちは人の単一性 unité de la personne もまた諸部分で構成されており、分割され分解されうることを知っている。しかし人格の概念がわたしたちがもはやそれを形而上学的で分割できない原子として認識しないという事実だけでは消えることはない。霊魂の観念を通して表現された、人格に対する通俗的な諸概念も同様だ。それらは人格 personne humaine が、何人かの形而上学者が付与したことと同じく絶対的単一性をもっていないという感じを、人々が常に抱いていたという事実を示してくれる。」（デュルケーム、同書、三八〇頁（同書、下巻、七〇頁））。

に道徳的な意味を付与する。[19] 個人は（社会化を経て）いったん人になったとしても、他人の助けなしには人として生き続けることはできない。社会生活のあらゆる瞬間にかれは他の人々から人として扱われることをもって、毎度人らしい姿を獲得するのだ。相互作用に参与する個人はそれゆえ他の参加者たちの人らしさを確認し、**人になろうとする**かれらの努力を支持する道徳的義務を持つ。逆に、かれは他人たちが自分を人として待遇してくれることを期待する道徳的権利を持つ。ゴッフマンの言葉を借りれば、「社会は一定の社会的諸特性をあわせ持つ個人であれば誰でも他人たちが自分の価値を承認し、かれに合わせて適切に待遇してくれることを期待する道徳的権利があるという原則の上に組織される。[20]」

相互作用儀礼を行うことは相手側の人格に対する敬意 deference の表現であると同時に、共同体におけるかれの成員権を承認する意味がある。先に述べたように、人格とは「集団的マナの割り当て」であるからだ。逆に儀礼的義務を履行しないことは相手側が一人の完全な人であることを否認することであり、かれもまた共同体のマナを分かち持っているという事実に対する否定、換言すればかれの成員資格に対する否定だ。

これは人々がなぜ時には物質的な利益を侵害された時よりも些細な儀礼上の違反に対して、より激しく反応するのかを説明する。正義 justice に対するあらゆる要求は成員権の確認を前提するがゆえに、わたしたちはいくら些細なことだとしても成員権を威嚇する行為に敏感に反応せざるをえない。他人たちが自分に儀礼的な義務を履行しないにもかかわらず、そこに抗議できずいつも我慢する人は、自分の人格的な劣等性を承認することに等しい。そのような時、わたしたちは共同体におけるかれの地位が不安定だと、またはかれの成員権が不完全だと言うことができる。

排除と烙印

ゴッフマンは人格に対する儀礼があらゆる人に等しく行われると考えなかった。[21]『アサイラム』はこのような儀礼的交換の場から排除された人々を扱った本だ。ゴッフマンはここでかれが総体的施設total institutionと命名した、閉鎖空間で繰り広げられる諸事を精密に記している。

総体的施設にいる人々は外部世界と断絶して監視と統制の下に置かれる在所者inmateと、外部と繋がりつつもかれを監視する役割をする職員staffに分かれる。在所者は入所と同時に一連の屈辱、格下

18 ゴッフマン、前掲書、九九‐一〇三頁〔前掲書、九一‐六頁〕。

19 A. W. Rawls, 前掲論文, pp.142-5.

20 Goffman, *The Presentation of Self in Everyday Life*, New York: Anchor Books, 1959, p.13: A. W. Rawls, 前掲論文 ,p144から再引用。

21 相互作用儀礼に対するゴッフマンの議論は社会的排除が現れる多様な状況に対する鋭利な観察を下敷きにしている(これはゴッフマンの社会学が冷笑的だと批判する人々が見逃す部分だ)。博士論文を書くためにシェトランド(大小の島で構成されるスコットランド東北部の州)の島で遂行した初現地調査(一九四九‐五一)において既にゴッフマンは烙印と非人格的扱いに対する関心を発展させ、その後のワシントンの聖エリザベス病院での一年にわたる参与観察(一九五五‐六)——『アサイラム』の土台になる——においても、在所者の人格を抹殺する多様な装置あるいは手順に注意を傾ける。しかしフーコーと異なりゴッフマンの目標は理性が絶えず他者たちを生産してきたことを、あるいはあらゆる社会は必然的にその内部に排除された者たちを含むということを示すことにあったのではない。それよりもある社会の構成員たちが人格を持つための条件、あるいは相互作用の流れのなかで人格を産出しつづけるための条件が何であるのかを考察することにあった。

げ、人格冒涜の過程を経る。在所者の人格は意図的であるかどうかを問わず体系的に冒涜されるが、ここで使われる手順はあらゆる総体的施設——精神病院、修道院、刑務所、兵営など——において似通って現れる。それゆえゴッフマンはこの手順の分析を通して、ある社会の構成員たちが人格を維持しようとすれば社会がかれらに何を保障せねばならないのかを示そうとする。

まず入所の形式的手順——写真撮影、指紋採取、番号付与、所持品検査、脱衣、体重測定、入浴、消毒、散髪、制服支給、規則伝達、位置指定——はそれ自体として屈辱と剥奪をもたらす。通過儀礼の観点から見れば、この手順は大まかに脱衣・着衣として構成されるが、その中間には完全にむき出しの段階があり、入所者はその瞬間に強烈な剥奪感を経験する。「入所者が同質化、平準化され一つの対象へと変形され、施設という機械に載せることができるように」なるのはこのような過程を経てである。

入所者が元来持っていたものを奪った後、施設は少なくともその一部に対して別の物品で補償する。しかし新しく支給される物品は画一的であり、支給方法も画一的だ。その物は施設に属し、それらが個性を持つことを防ぐかのように周期的に回収された後に再支給される。個人物品を持つことができないという事実は、在所者の人格に影響を与える。人は誰でも他人に提供される自分のイメージを統制したがる。だから服やアクセサリー、化粧品、そしてこれらを置くための空間を必要とする。在所者にはこのような所有が許されていないがゆえに、入所の瞬間からかれの人格は損傷されはじめる。[22]

在所者の自我イメージ損傷は外見の変化のみならず身体変化によっても構成される。体罰、電気ショック、手術などは在所者に自分の身体的統合性が脅されているという不安感を起こさせる。特定の姿勢や身振りの強要もまた身体イメージの損傷をもたらすが、精神病院で患者にスプーンだけで食事をさせたり、軍隊で担当将校が入ってくれば気をつけの姿勢をさせることなどがその例だ。

在所者はまた入所とともに一種の汚染に露出される。かれは自分の内密な領域が——身体とそれをとり囲む「自我の領土」が、あるいはかれのアイデンティティを構成する自然な感情と信念が——侵犯され続け汚されることを経験する。何人かで同じ部屋で寝ることをはじめとするどうしようもない日常的な露出と、監視の便宜のために強要される露出（ゴッフマンは看守の目の前で用便をする中国の政治犯収容所と、患者を全裸で寝かしつける精神病棟を例に挙げる）、強姦とそれよりも劇的ではない形態の身体侵犯（入所時の身体検査に含まれる直腸検査、薬や食べ物を強制的に口にさせる行為）、周期的な所持品検査と清潔検査などが「身体的汚染」をもたらすのであれば、書籍と書信の検閲、個人の過去や私生活または信念に対する告白の強要、公開的な処罰と嘲弄などは「道徳的汚染」を誘発する。これを「汚染」と言える理由はそれが人格の神聖さに対する否定と関連しているからだ。つまり在所者に汚されたという感覚を持たせる諸状況ないしは諸行為は、人格に神聖さを付与する儀礼的装置の欠如、または消極的儀礼の違反という観点から理解できる。

22　ゴッフマンは囚人服に着替えて初めて自分の本当の体と対面することになった太った売春女性を例に出す。かのじょらにとってコルセットとハイヒールは自らを受け入れることのできる姿にするために必ず必要な物だ。この必需品を奪われた時、かのじょらは自我イメージの深刻な損傷を体験する（Goffman, *Asylums*, New York: Anchor Books, 1961, pp.20-1〔『アサイラム』石黒毅訳、誠信書房、一九八四、二一 - 二三頁〕）。わたしはゴッフマンがこれを（真なる自己の発見や虚像からの覚醒ではなく）「損傷 disfigurement」と規定したことに注目したい。わたしたちの自我イメージを支える小道具に肯定的な価値を付与するという点で、ゴッフマンは消費社会の古典的な批判者たち——例えばボードリヤール——と見解を別にする。かれらはこのような物が霊魂に不要なものという観点を固守する。

在所者が完全な人格体と思われていないという事実は、在所者と職員の相互作用において最もよく確認される。在所者は職員に「社会」[23]においてならば当然受けるべき尊重の諸表現を全く期待できない。職員は子どもや動物に対するように在所者に対する。普通は人々に対して使わない特別な抑揚で喋り、相手側の反応を無視して自分の思い通りにする。精神病院を例にすれば、「靴下履きましたか？」と大きな声で言いながら靴下を履いたのか確認するというようにだ。言語は行動に意味なく付け加えられる。職員があらゆることを監視し統制するがゆえに、在所者は日常生活においていかなる自律性も持ちえない。電話や髭剃りなど些細なことまで許可を得ねばならず、寒くてポケットに手を入れるような行動まででも職員の目を伺わねばならない。在所者が従わねばならない規則の一部は（嫌がらせをする目的ではないならば）完全に無意味なものだ。例えばある精神病院では在所者にタバコを与える時、上に投げて跳んで掴み取らせる。またある少年院では号令にあわせて寝具を整理させる。規則が多いということはそれだけ罰を受けることが多いということだ。在所者にとって罰は生活の一部であり、いくら努力しても完全に避けて通ることができないものだ。罰の目的が単純に秩序の維持ではなく、在所者に屈辱を与えて気力を潰すことにあるからだ。「言いがかりlooping」の戦略がこの点をよく示す。言いがかりとは防御的な対応を誘導し、それを口実にした新しい攻撃のことだ。些細なことで罰を与えた後、これに対して言いがかりをつけて反抗したという理由で、更に大きな罰を与えるようにだ。「日常生活において個人は自分が自らに対して持っている考えと矛盾する事件や秩序に従わねばならない時、自分の拒否感や軽蔑、冷笑などを表現することをもって、ある程度面子を救うことができる。状況の力は表面的な従順を受け取ることはできるが、それ以上に個人の態度や表現までは統制できない。しかし総体的施設においてこのようなやり方の自己防御は、より大きな屈辱をもたらす。」[24]このような経験を通して在所者は施設で生き残ろうとするならば、既存の自我イメージを捨てなければならないと悟る。

外部観察者として、わたしたちは職員が在所者を余りにも苛酷に扱うと考えうる。しかし職員の立場から見れば、このような苛酷さは不可避なことだ。職員は在所者の人格を抹殺し、扱いやすい「材料」にせねばならない。在所者に近づいていくこと、かれの状況に同情することはよくないことだ。「在所者が人間的に見える危険」[25]があるからだ。

『アサイラム』が儀礼的秩序から排除された人々を扱っているならば、『スティグマの社会学』は不安定に統合された人々に焦点を合わせる。スティグマは烙印を意味するギリシャ語で、奴隷や犯罪者の体に刀や焼きごてで不名誉の印を刻む古代の慣習に由来する。スティグマを帯びる人は儀礼的な観点から汚染されたと感じられ、公共の場所に対する接近が制限された。ゴッフマンはこの単語を、ある人の人格全体をひっくり返し、かれが自然なやり方で自分を他人の前に提示することを不可能にする、突出的

23　監獄や軍隊にいる人々は外の世の中を自分たちがいる所と区別し「社会」と呼ぶが、これはかなり正確な命名であるといえる。かれらはこのような命名を通して社会の本質は制度や位階、または役割の構造ではなく──監獄と軍隊も制度であり、位階と役割によって編まれている──歓待、つまり他者の存在に対する承認だという無意識的な理解を表現する。

24　Goffman, 前掲書、p.36〔前掲書、三七 - 八頁〕.

25　Goffman, 同書、p.81〔前掲書、八五頁〕.

で否定的な属性を指すさいに使用する。

現在の社会において烙印として扱われる属性は次のようなものだ。（1）身体の奇形。（2）精神面の欠陥（意志薄弱、非正常的熱情、間違った信念、正直でないなど）。ある人が監獄にいたとか麻薬中毒だとか同性愛者だとか極左だとか失業者だとか自殺未遂者だとか精神障害者である時、わたしたちはかれにこのような欠陥があると推論する。（3）特定の人種、民族、宗教に属しているという事実。これに起因する烙印——「種族的スティグマ」——は家系によって伝えられ家族構成員全てを汚染させる。このような諸属性は余りにも目を引くのでそれを帯びた人は人格の異なる側面を目立たないようにするという共通点がある。烙印を帯びた人が常に排斥されるというのではない。他の人に希望や勇気を与えるという理由で、あるいは身体の大切さを気づかせてくれるという理由で激励と感謝の手紙を受け取る障害者のように、烙印があるがゆえにむしろ注目される人もいる。しかしその場合にも関心の対象はかれの人格全体ではなく人格の突出した部分、つまり烙印だ。

現代社会は烙印の存在を否認する傾向がある。烙印は人間の尊厳性に対する信と両立できないからだ。尊厳の観念は烙印をもたらす不名誉な諸属性を含み、人々を高めたり低めたりする差異をすべて些細で偶然的で非本質的なものだという主張を内包する。これによって烙印者 the stigmatized と正常人 the normals の出会いはある種の欺瞞を伴いがちだ。正常人は烙印者を抱擁するような身振りをする。しかしかれは今なお心の中では烙印者が自分と同等な人間であることを信じない。メディアにしばしば出てくる、烙印者を対象にした社会統合儀礼——孤児にキスをする芸能人、障害者の入浴を手伝う政治家など——がこれをよく示すだろう。「社会」を代表し「疎外された者たち」を訪ね回るこの正常人たちは自分の前にいる烙印者たちを誰でもいいから抱きしめることをもって、自分がかれらに対してなんの偏見も持っていないことを見せびらかそうとする。しかし正常人たちがこのように烙印者たちの体をやたらに触っていい対象として扱うという事実自体が、すでに関係の不平等性を表すのだ。

烙印者の側において、このような接近を許容することは一種の義務だ。烙印者は正常人たちが気まぐれに施す、求めてもなく必要でもない親切を受け入れなければならない。[26] そうしつつも同時にその親切が「濫用されない」ように注意せねばならない。「烙印を帯びた個人は明朗かつ自意識なしに、自らを正常人たちと本質的に同一な存在として受け入れるように要求される。そうしつつもかれは正常人たちがかれに、あなたはわたしたちと同等な存在だとおべっかを使うのが難しい状況を自分で適度に避けねばならない。」[27]

正常人たちを不愉快にしないために烙印者たちが駆使する戦略は多様だ。火傷で顔が歪んだある不動産仲介業者は新しい顧客と約束がある時、可能な限り出入り口から遠く離れた所で門に向かって立っている。相手がかれの外見に適応する時間をつくるためだ。事故で手を失った男は義手で恰好よくタバコの火をつけながら「オレが絶対に心配しないでいいことが一つあるけど、まさに指に火がつくこと」だ

26　わたしが知っているある障害者は「障害友」という名称が嫌だという。なぜならこの単語は正常人の側から障害者に無理やり度の過ぎた親密感を表示するからだ。障害者がこのような親密感を求めるかどうかを聞きもしないでだ。ここには障害者が敢えてわたしたちの友情を拒絶するわけがないという傲慢な考えが下敷きになっているのではないか?

27　Goffman, *Stigma*, London: Penguin Books, 1968, p.146〔『スティグマの社会学』石黒毅訳、せりか書房、一九七〇、一九七頁〕.

と冗談をいう。これは気まずい雰囲気を解かす効果がある。小児麻痺で病んでいるある作家は、雪の日に隣人が訪ねて来て買い物するものがないかと聞けば、必要なものがなくても頼む物を考え出す。相手側に施す機会を与えるのが関係を維持するさいに役立つと信じるからだ。烙印者は烙印を戯画化する役割を喜んで受け入れもする。背が一二〇センチに満たないある女性は立派な教育を受けた知識人だったが、社交の舞台ではいつでも道化の小人のように転がった。かのじょが自分の本来の姿——知的で孤独な女性——へと戻るのは近しい友達といる時だけだ。これは黒人が白人の前で自分の知性を隠して「典型的な黒人」のなりをすることと似ている。

正常人を保護することに焦点が合わせられているこのような諸戦略は、烙印者たちの「適応」を助ける団体や専門化集団がかれらに勧める望ましい行動路線に符合する。「烙印者は自分の荷が重いだとか、その荷を負っているから正常人と異なるということを暗示する行動をしないように要求される。同時にかれは自分に対するこのような信が苦痛なしに確認できるように、わたしたちからいくらか離れていなければならない。」[28]ゴッフマンはこのような行動路線が社会全体の観点に立った人々によって推進されるだけに、その有用性がどこにあるのか自問してみる必要があると述べる。「烙印を帯びた個人がこのような行動路線を選ぶことをもって、正常人たちは烙印が表す不当さと苦痛に直面しなくてもいい。かれらは自分たちの寛容と要領がいくら制限的なのかを告白しなくてもいい。そして烙印を帯びた個人と接触する機会を減らすことをもって、かれら自身のイメージの中に安全に留まることができる。烙印を帯びた個人に要求される「適応」とは、まさにこのような有用性の見地から定義されたものだ。このように適用されたという証拠を見せる烙印者は生に対して深奥な「哲学」を帯びていると言われることになる。」[29]

烙印を帯びた個人が正常人たちから尊重の儀礼を期待できるのは、かれがこのように適切に行動する限りにおいてだ。烙印者が自分に施された寛容の限界を試してはならない。自分の存在が条件付きで受容されたことを自覚できずに正常人と等しい権利を享受しようする烙印者は直ちに制裁にぶつかるだろう。行ってはならない所に行ったとか、してはならない行動をした烙印者たちが受ける対応がこの点をよく示している。ゴッフマンはホテルの美容室に入った盲人の例を出す。かれは持ち上げられるように椅子に座るや、室内が冷水を浴びせたかのように静まったことを理解した。だから雰囲気を変えようと冗談を言ってみたが、返ってくるのは冷たい沈黙だけだった。似たような例として、足を動かせない男性がオスロの野外レストランで体験したエピソードがある。かれは車いすに乗っていたが、かれがいる所とテーブルが置かれたテラスの間には傾斜のある階段があった。かれは車いすから下りて膝で階段を這い上がろうとした。そうするやいなや従業員が駆けよって来た。かれを手伝いにきたのではなく、次のようなことを伝えるためだった。あなたはこのレストランに入ることはできない、お客さまがわたしたちのレストランにくるのは食事をして楽しい時間を過ごすためであって障害者の姿を見て憂鬱になるためではない……。

『アサイラム』『スティグマの社会学』そして相互作用儀礼を扱うゴッフマンのテキストはこの図表の

28　Goffman, 同書、p.147〔同書、一九八‐九頁〕.
29　Goffman, 同書、p.147〔同書、一九七‐八頁〕。

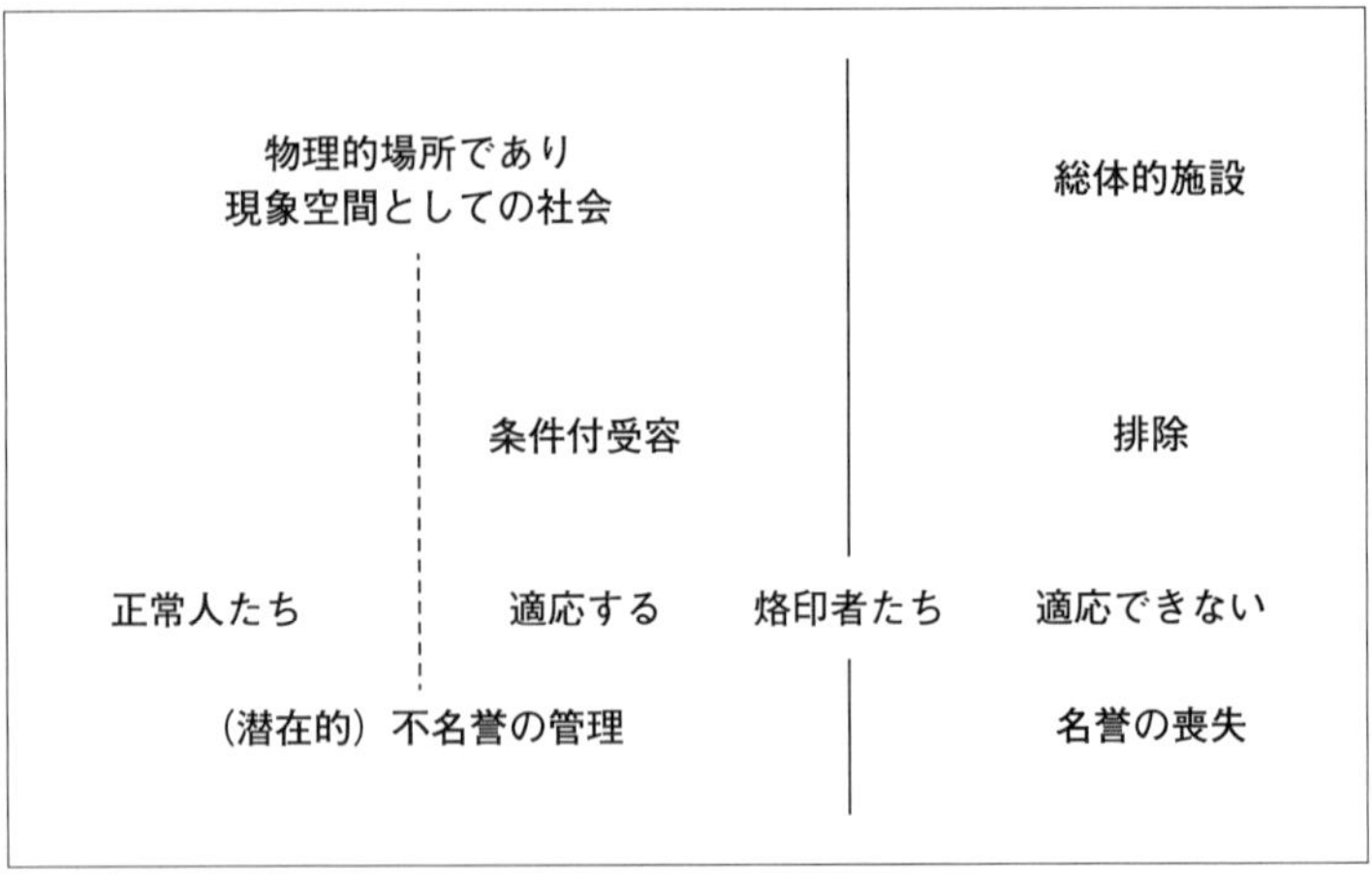

（図表）排除と烙印の空間構造

ように一つの平面の上に連続させて配置することができる。一方では儀礼の交換がなされる公的空間[30]があり、他方ではそこから隔離されて尊重の諸儀礼が消える「総体的施設」がある。烙印を帯びた人びとはこの二つの空間の境界にいる。かれらは特定の行動路線に従うときには公的空間に留まることができるが、そうでない時はそこから追い出され隔離収容されうる潜在的威嚇のなかにある。

言わばゴッフマンは儀礼の交換に参与する資格という側面で次の三つの場合を提示したわけだ。儀礼の交換に等しい資格で参与し相手側に尊重の儀礼を期待し要求できる場合、特定の行動路線に従う時のみ条件付きで儀礼交換に参与できる場合、儀礼交換の場から排除され「脱人格化」の過程を経る場合。ここで後者二つに属する人々は成員権が不完全だといえる。

身分と侮辱

侮辱を儀礼的コードの違反と定義する時に生じる逆説

は、儀礼的不平等が存在する社会、つまり行為者たちの相対的位置によって儀礼的権利／義務が異なっている社会においては、儀礼的地位が低い人（実際に侮辱的な対応をされる可能性が高い人）であるほど、理論的にはより少ない侮辱を経験するという点だ。王や領主のように高貴な身分にとっては小さな欠礼も大きな侮辱になりうる。侮辱はそれが損傷させるもの、つまり名誉の重大さに比例して大きくなるからだ。身分が低い人であるほどかれに加えられる無礼さの限度が大きくなるのだ。奴隷のようになんら名誉を持たない者に対しては、どんな行動をしても侮辱にならない。

この逆説を理解しようとすれば、まず名誉が何であるのかを理解せねばならない。名声 reputation や尊敬 respect と異なり、名誉は純粋に外部的なものではない。名誉は一種の位置感覚であると同時にこの感覚の表現であり、またその表現に与えられる社会的承認だ。名誉を持つ人間になるためには名誉を持っているかのように行動せねばならず、そのように行動するためにはそれ以前に名誉を持っているという感覚を持っていなければならない。[31] 名誉のこのような属性をよく表すのがまさしく決闘だ。決闘は侮辱に対する制度化された反応だと言え、行為者たちはこれを通して自分が名誉を持つ人間であるこ

30　ここでいう公的空間はフランス語の espace public と同じ意味、つまり公共圏 public sphere と公共の場所 public place を包括する意味で使用された。英語では public space に該当するが、英語でこの単語はフランス語の espace public のように明瞭な学術的用例を持っていない。

31　Orlando Patterson, *Slavery and Social Death*, Cambridge/Massachusetts: Harvard University Press, 1982, p.40〔パターソン『世界の奴隷制の歴史』奥田暁子訳、明石書店、二〇〇一、一八六 - 七頁〕。パターソンはジュリアン・ピット＝リヴァーズの警句を引用する。「名誉についての自覚が名誉に対する要求を生み、名誉に対する要求が支払われる名誉となる。」

とを主張する。侮辱に反応しないということは名誉に対する感覚が不足したという意味であり、決闘社会[32]の構成員たちは侮辱を受けた時、自分が実際に感じる侮辱感とは別個に決闘を申し込まねばならないという圧力を感じる。決闘は身分的特権であるが、この意味で義務でもある。侮辱を洗い流す機会が残っている限り、侮辱されたという事実自体はまだ不名誉ではない。侮辱された者が身分に相応する名誉意識を示しえない時、侮辱ははじめて真の不名誉に成り変わる。かれはかれが属した集団——貴族、紳士、または男性——に属する資格がない人だという言葉を聞かされ、資格がないにもかかわらずその集団に残り続けていることをもって、その集団を辱める人になる。[33]

侮辱と名誉の関係についてのこのような考察は「奴隷のように名誉を持たない者にはどんな行動をしても侮辱にならない」という言葉の意味を説明するさいに役立つ。この言葉は奴隷——かれは名誉をめぐるゲームから永久に除外された者だ——は名誉に対する観念がなくて侮辱を感じることができないという意味ではない。また(飼い主に蹴られる犬を同情する人々が犬の苦痛のみを語って屈辱は語らないように)奴隷の屈辱が文化的に認知されないという意味でもない。もちろん「奴隷根性」という軽蔑的な表現の中に表れているように、主人たちは奴隷の自尊感を格下げする傾向がある。しかし他方ではかれらは奴隷に罰を与える時、奴隷が感じる屈辱を正確に計算する。鞭はもともと家畜を治める道具であったがゆえに奴隷制度の象徴になった。主人は奴隷に「お前は家畜と違わない」というメッセージを伝えるために鞭を使用する。[34]しかしかれは同時に奴隷が家畜ではないという事実を知っている。家畜にとっては自らが家畜であるかどうかは重要ではないからだ。奴隷が本当に家畜ならば、強いて鞭を使ってそれを知らせる必要がないだろう。

わたしたちは純粋な暴力、いかなる象徴性も帯びないむき出しのままの暴力と儀礼としての暴力を区別せねばならない。体罰は暴力であると同時に一種の儀礼だ。体罰が体罰を受ける人の協調を必要とするという事実がこの点をよく示している。他のあらゆる儀礼と同様に、体罰は打たれる人と見物する人を含む行為者すべてが行為の意味と手順に対する知識を共有し、それがなされるべきやり方どおりになされるよう無言の協力をする時にのみ成功しうる。ふくらはぎや尻を差し出してうつぶせたり、手のひらを広げて適度な高さに差し出すこと、鞭が振るわれた後にもう一度打たれるために打たれる部位を元の場所に戻すこと、服従の表示として足元を見つめることなどが、そのような協力の例だ。体罰に続く補償（タバコを一服させたり、暖かく教訓的な言葉）をありがたく受け取ることもこれに含まれる。体罰が一つの儀礼として構成されるためには体罰を受ける人からこのような同意の表現を引き出すことが必須だ。暴力の儀礼を純粋な暴力と区別することは、まさしく同意の存在ゆえだ（この同意が必ずしも心からの同意である必要はない。重要なのは外に見える同意、儀礼的水準で確認された同意だ）。

32　わたしはこの単語を決闘に対する知識を共有し、決闘を行う資格と機会がある人々の集合を指すさいに用いる。

33　侮辱に対する過敏反応は地位の不安 status anxiety を反映する。『三銃士』の主人公ダルタニアンはかなり小さな侮辱にも我慢できない人物として描かれるが（かれはパリに到着するやいなや三人の銃士と次々に決闘することを約束する）、これはかれがガスコーニュ地方出身の下級貴族だという事実と関係がある。かれは名誉に対する人並み以上の神経を見せることをもって、自分の周辺性を克服しようとする。

34　鞭打ち whipping はただ処罰の手段なのではなく、奴隷に奴隷であることを確認させるために意識的に考案されたものだ（Orlando Patterson, 前掲書、p.3〔前掲書、二八 - 九頁〕）。

体罰を受ける人が従順に協調しない時、暴力はだんだん強度を高め一種の狂気を帯びる。体罰する人――かれは普通、支配文化側に立っている――はこのような態度を自分への侮辱とみなす。しかし体罰を受ける人が自分の人格と名誉をもって体罰に立ちむかう限り、誰が誰を侮辱しているのかはまだ確実ではない。かれが抵抗を放棄し屈従の身振りを見せる時、つまり体罰が儀礼として完成する時、ようやく状況の意味が確定する。かれは儀礼的秩序に違反したのであり、相手側の権威を、さらには人格を冒涜したのだ。反面、相手側がかれを殴ったこと、かれの身体と精神を侵犯したことは侮辱ではない。それはいまや「訓育」として再規定できるからだ。体罰は何を教えるのか？　体罰はあらゆる理由で行われうるもので、そこに貼りつけられる訓戒も同じく多様だ。しかし表面上の多様性を越えて、体罰はいつでもたった一つのメッセージを繰り返し伝える。すなわち体罰がいつでも反復されうるという事実だ。お前の体は完全にお前のものではなく、わたしはいつでもお前に手を出すことができるという教えだ。体罰に同意するということはこの教えを受容するという意味だ。

わたしたちはこのようにして侮辱の逆説を理解することになる。侮辱は他人の人格を否定するのみならず、そのような否定について否定される人の同意を強要する（侮辱する者はこのように語る。お前は犬畜生だ。「わたしは犬畜生です」と大きな声で復唱せよ。それから犬みたいに腹ばいになってわたしの足を舐めろ）。しかし侮辱される者が侮辱に同意する瞬間、侮辱はもはや侮辱ではない。それは儀礼の一部であり、秩序の一部だ。結局侮辱は自分の本質を否定することを最終目標にする暴力だ。

侮辱の逆説は前近代的な身分秩序が排除と烙印、そして条件付きの統合によって維持されたことを暗示する。侮辱が儀礼的秩序の一部をなしている時、つまり儀礼コード自体が非対称性を帯びる時（一方は他方を侮辱できるが、その逆は不可能な場合）、これはこの社会に身分差別が存在するという表示として解釈できる。このとき差別された集団はこのような差別を受け入れるという条件の下に社会の中に留まる資格を得るのだ。換言すると、かれの成員権は条件付きで与えられ、これは儀礼的不平等性の中で日常的に確認される。

身分の差異を表す多様な儀礼上の差別の中でも、身分が低い人に対する見下しと身体的暴力はその形式の普遍性ゆえに、そしてそれが前近代性の指標になりうるという点ゆえに、とりわけ言及する価値がある。召使や召使階級に属する人は主人や主人階級に属する人に丁寧語を使うが、かれ自身はため口を使われるのが常例だ（主人は「しろ」と言い召使は「してください」と言うこと、黒人乳母は白人雇用主を「奥様」とよび、奥様と奥様の友人らは乳母の名前を呼ぶことなど）。かれらはまた頭を小突いたり頬を叩くような細かい暴力――苦痛を加えるよりは屈辱を与えることが目的の、その意味で身体的であるのみならず象徴的な暴力と言いうる――に簡単に晒される。近代化が進み、召使階級がサービス業従事者として再定義されるなか、このような差別はだんだん消えていく。それゆえわたしたちはそれに前近代的（あるいは封建的）というレッテルを貼ることができる。しかしわたしたちはまた似た差別の儀礼が今もあちこちで発見され、過ぎ去った時代の習わしと言うことだけでその存在を説明できないという事実を知る。軍隊や監獄、あるいは学校のような近代的施設の中における、日常の風景を支配する卑下発言と殴打がよい例だ。身分差別はこのような侮辱の諸形式といかに異なるのか？　この質問はわたしたちに身分と名誉の観念を人格および尊厳の観念と（対立させるのではなく）繋げて理解するように促す。

見下しの意味についてもう少し考えてみよう。現代韓国社会で見下しが自然に許容される場合は、親密な間柄でありつつ相手側が自分よりも年齢が低い時だけだ。自分より一歳でも上の人には社会的地位に関係なく丁寧語を使うことが礼儀だ。相手側が自分より幼いなら、（かれが未成年だとか、子どもくらいだとか、学校の後輩や弟子でない以上）まずは丁寧語を使って機会をうかがった後にため口に移るのがよい。ある程度親しくなった後にも年少者が年長者にため口を使う機会を与えないならば（「兄貴、そろそろため口を使って下さい」など）年長者はそれを無礼と感じうる。韓国人が最初に出会った席で失礼を省みず互いに年齢を聞く理由は、このように年齢が言葉の使用において核心的な考慮事項だからだ。

年齢を気にする文化は権威主義や儒教的価値観、封建的人間関係などと一つに束ねられ批判されもする。「年齢主義」という新語まで生まれた。だが「年齢主義」を批判する人々が見逃しがちな事実だが、年齢を問うて丁寧語を使うかどうかを決定することは伝統の残骸というよりはむしろ近代化が作りだした新しい習慣だ。[35] 朝鮮時代の両班はいくら年齢が幼くても常民に対してはため口を使った。身分が年齢よりも重要だったからだ。長幼有序は身分が等しい時に適用される原則だ。

身分制度が公式的に廃止された後にも地域によってはかなり最近まで残ることになる[36]常民に対する見下しは、近代化の波の中で公的空間が再編されるにつれ、労働者階層に対する見下しへと転換した。一九二〇 - 三〇年代の文学作品にこのような変化の痕跡がよく現れている。玄鎮健《ヒョンジンゴン》の小説「運のいい日」の主人公である人力車夫の金チョムジは客に対し「してくだせえ」と言うが、客はかれに「せよ」と言う。「せよ」は丁重な言葉遣いだが「してくだせえ」がはるかにへりくだった言葉遣いなので、結果的に金チョムジは客の格下にいるようになる。金チョムジは、誰にでも付けられる称号ではあるが、

「チョムジ」というそれらしい両班の称号を持っている。[37]金チョムジが乗せる客はいわば「女学生なのか遊女なのか」外見だけでは分からない。しかしボロを着て雨に打たれながら人力車を引く金チョムジ

35　近代化と関連して年齢主義は両面的な役割を遂行する。年齢は誰でも重ねるものなので、年齢による序列化は地位や権力がない人でも相応の対応を受ける機会を与える。しかし他方で自然的特徴である年齢を前面に出すことをもって、年齢主義は才能と業績を重視する近代社会の原理に抵抗する。

36　崔ギュシクは『大韓民国原住民』において母の回顧を土台に、〔一九四五年の〕解放後も両班・常民の差別が続く田舎の村の姿を描く。著者の母が生まれ育った村は上村と下村に分かれていたのだが、下村の人々は上村の人々の召使をした。「かれらも踏み石の下で礼をし、上村のことは自分たちのことよりも先にして差し上げた。暗くなって目が不自由な老人が「火をつけろ！」といえば寝ていても走り出して夜道を明るくした。世の中はずいぶん前に変わったがかれらはどうしてか今なお召使として暮らした。」上村の人がいくら幼くても下村の人にはため口をつかった。著者の母は村の娘たちが父ほどになる大人を格下に扱うのを見てすっきりしなかった記憶を持っている（崔ギュシク、「遅い近代」『大韓民国原住民』創批、二〇〇八、八四‐五頁）。小説家ペスアの「その人の初恋」でも似たような「遅い近代」の風景が展開する。製材所の召使クァンボクは小作人の村であるトゥルネに住むヨニが好きだが、召使という理由で拒絶され、主人の家で決めた女性と心のない結婚をする。クァンボクがお坊ちゃまと呼んで丁重に従う主人公少年もまたヨニが好きだが、クァンボクとは反対にヨニの身分が余りにも低くて近づけない。しかしこの小説の背景は一九八〇年代だ（少年が高校に通っているとき「牛価格騒動」が起こった）。両班だとか召使だとかいうのは村の人々の頭の中にあるのみ、外の世の中では消えてずいぶん経っている。金泉《キムチョン》高校に進学した少年は自分が田舎者で勉強をできない学生であるだけだという事実を知る。先生は少年を村出身の他の学生と比較して「家の事情が大変なのに頑張って勉強する同じ村の先輩を見習え」という。少年は「その先輩はトゥルネ出身で、自分の村はヒョンリ」だと抗弁するが、先生は「そこも君のところじゃないか」と言う。「トゥルネは小作人の村です。ハギ先輩の父はうちの小作人でした。少年は心の中で呟いた。かれはようやくわかった。そのような内容はいまやなんら弁明や名分になりえない。少年は成績がよくない農村出身の学生であるだけだ」（ペスア「その人の初恋」『小説集 No.4』、センガゲナム、二〇〇五、九七頁）。

と洋服を着てこれ見よがしに都市を闊歩する客たちの間には、いまや両班・常民区別と似た位階が成立する。洋服を着たということは新しく開いた近代都市空間において、その空間の規範に符合する姿で自らを提示できるという意味だ。実際過去にも服装は両班と常民を区別する重要な基準だった。金チョムジが本当にチョムジであったとしても、衣冠を準備できないほど貧しいならば、両班たちの前では格下扱いを免れ得ないであろう。[38]

似た例を李光洙の『土』からも示すことができる。ジョンソンがカプジンと浮気をし、それを偶然目撃したスンがかれらを追いかける部分で、タクシーに乗る場面が二度出てくるが、運転手が尊敬語（です、してください）を使う反面、乗客は尊敬語（せよ）からため口（しろ、してくれ）でやり取りする。スンがジョンソンとカプジンを見逃して鐘路交差点で知り合いの弁護士に会う場面では、弁護士の一人が自分を乗せようとする人力車夫に「あなたの職務に対する忠実さと熱烈さに感服した」と皮肉った後に、他の人力車を見ながら「気配を窺って躊躇する飢死にすべき奴ら」と卑下する。丁寧語はここで嘲弄の効果を生む。

言語学者たちは敬語とため口の使用を正誤の問題として理解する傾向がある。この時「正しい」というのは純粋文法的な意味と規範的意味をあわせもつ。物に〔尊敬表現である〕「시」をつけること（「一〇〇〇ウォンでいらっしゃいます〔천원이세요〕」）は文法的に正しくなく、嫁が姑にため口を使うことは規範的に正しくないことだ。このような接近は規範がきちんと作用する正常な社会状態を自然に仮定することになる。朝鮮時代には輿を担ぐ人にため口を使うのが正常であり、現代社会ではタクシー運転手に丁寧語を使うのが正常であるというふうにだ。しかし敬語とため口をこのように理解する時、わ

たしたちは敬語とため口の目的が尊敬表現を義務化することにあり、尊敬とは蔑視と同様に一種の感情だということを忘れがちだ。敬語とため口の関係が厳格な社会は日常的にとてつもない感情労働がなされる社会であり、とうてい処理できない感情の滓が裏路地にあふれかえる社会だ（金チョムジは同僚チサミと酒を飲みながら、昼に自分を断った客を嘲弄する。「くたばってしまえ、カス野郎、だれがやつをどうしろって、「なんで他人につきまとうんだ！」アイゴの音すら出ない、ふふ」）。[39]

ある人には絶えず尊重を表現させつつ、他の人にはそのような表現の省略を許す敬語とため口の体系は、人間関係が円滑に回っていくさいに必要な感情労働を「下の者」の役割へ転嫁する文化と繋がって

37　チョムジはもともと正三品武官の官位だが、朝鮮後期に名誉職に成り変わった。空名帖（売買される形式的官位）に記載される職位のうち一つで「金さえあれば犬もワンワンチョムジ」という言葉が生じるほど多く売られた官位でもある。後に高齢の男性につける一般的呼称になった。

38　経済的没落が身分下落をもたらし、それが相互作用儀礼に反映される例が朝鮮末期のハングル小説「李春風伝」に出てくる。李春風は粛宗（在位一六七四 - 一七二〇）の頃の人だが、酒色雑技が好きで両親から受け継いだ莫大な財産を数年で蕩尽する。妻が縫物仕事をしてようやく生活をするや、今回は商売をするという名目で妻が苦労して集めた金を持って平壌に行く。しかしそこで秋月という妓生にはまり込んで有り金を全てはたいてしまう。秋月がすっからかんになった春風を追い出そうとするや、春風はこのままでは家に帰る面目がないと、水汲みとか炊事とか召使をするからここにいさせてくれと頼んだ。そうすると秋月は召使をしたいなら言葉使いから直せとはねつける（秋月のふるまいをみよ、目をにらみつけ「おい、その者よ、その者が以前の振舞いを直さずに「しろ」という言い方をするならこの家に二度と入って来るな」。このように追いつめると春風は仕方なく「お嬢様」と丁寧語が自然に出てくる）。ここで引用したテキスト――具インファン篇『裵裨将伝』（シンウォン文化社、二〇〇三）に併載された「李春風伝」――には李春風の身分が出てこないが、解説によれば別監をしたことになっている。

いる。この文化は下の者の感情を配慮しないが、かれにも感情があることを知らないからではなく、かれの感情がそれほどの配慮を受ける価値がないと考えるからだ。しかし恋愛の時代であり、新しい感受性の時代であり、何よりも小説の時代であった一九二〇 - 三〇年代には、他人が負った感情の重みを自分のことのように感じる人が増え始める。「運のいい日」で作者の玄鎮健は「自分の子どもくらいにしかならない幼い客に何度も頭をさげて」感謝する人力車夫の姿を描く。少しだけでもその人の立場を想像することなしにはできない描写だ。他方、李光洙は『土』の主人公スンを貧しく持たざる農民たちと自分を同一視する人物として設定する。サルヨウル村の住民たちのためにスンが医者に往診を頼みにいく場面で、医者はスンに敬語を使い農民にため口を使うが、スンは医者にも農民にも敬語を使う。スンが農民と医者を差別しない理由はかれらが皆「人」だという点で同等だと信じるからだ。このような信はスンが自分を見下す巡査に抵抗する場面で明確に現れる。

スンはぎょっと驚いて立ち上がった。三人の中で一番賢そうに見える巡査がすっとスンの胸の前にきて、「あんたは何だ?」と不愛想に聞いた。「何だ?」という言葉にスンは少し不快だった。「私は人だ」とスンも不快に応えた。「そんな答えがどこにある?」と横にいた巡査がスンに詰め寄った。「人に何だと聞く習わしがどこにある?」とスンもため口で応えた。「こいつ、そんな言葉遣いをどこで覚えてきた?」と横にいたもう一人の巡査がスンの横っ面を殴った。二発続けて殴ったところでスンの帽子が地面に落ちた。

最初にスンに「あんたは何だ」と言った巡査が手帳を取り出して「姓名は何だ?」と審問する口

調だ。「わたしが何かの罪をおかしたわけでない以上なぜ理由なしに人に無礼に話しかける？」とスンは言い張った。[40]

巡査は結局口調を変えた。スンの抵抗は小さな勝利に終わった。『土』は一九三〇年代を代表するベストセラーだ。「人」に対するスンの態度は多くの読者たちに感銘を与えたであろうし、ともすれば敬語の使用にも影響を与えただろう。[41] しかしこの本の意義を過大評価する必要はない。この時代の新しさを表すのはあれこれの小説ではなく、近代小説というジャンル自体であるからだ。小説は他人の心の中に入り、その人の目を通して世の中を見られるようにしてくれる。そして最も卑賎な人も自分の人生

39　ありもしない尊敬の心を表現せねばならない人は、それを相手への嘲弄として再解釈することをもって自分の屈辱を緩和できる。表現された感情と本当の感情のあいだの乖離は朝鮮時代後期の風刺文学の主要テーマの一つだ。風刺文学の庶民の主人公たちは本当の感情を隠すことに熟練しているが、「裴裨将伝」を例にとれば、任地を去る官吏に涙ですがりつくふりをしつつ荷物はもちろん下着まで奪ってから去らせる官妓エランや、主人の浮気を手助けするふりをしつつ巧妙に身を滅ぼさせるバンジャがそうだ。裴裨将が陥穽に嵌る姿をみて、バンジャはこっそり敬語を使わなくなるのだが、これは敬語とため口の使用が文法に合った文章のような単純に言語的規則と関連した問題ではないことを示してくれる。

40　李光洙『土』文学と知性社、二〇〇五、一六〇 - 一頁。

41　この部分を書いた少し後に、わたしは金賢珠の『社会の発見』を読み、敬語とため口に対する李光洙の批判意識が『無情』(一九一七)に遡ることを知った。『無情』の主人公ヒョンシクは「女学生であれ妓生であれ等しく人」と考え、妓生であるウォルヒャンに「～さん」をつけて呼ぶ（李光洙『校訂版　無常』金哲編、文学トンネ、二〇〇三、二三五 - 六頁、金賢珠『社会の発見』ソミョン出版、二〇一三、二六七頁から再引用）。

の主人公だという点で他の人と同じだという事実を教えてくれる。それまで顔が見えず声が聞こえなかった人々が社会の中に現象するようになるのは、小説が培養し拡散させたこの新しい想像力に力を得てである。

身分差別と日常的な侮辱の関係に対する問いに戻ろう。見下しの意味についての考察は身分の高低だけでなく、人の大きさと関係した概念であることを示唆する。礼を知ることが人格を判断する尺度であった儒教社会に至ってからは、いっそうそうだと言える。礼に対する言説の生産を両班階層が独占している現実において、学びの機会が不足した常民は人格的に劣等な状態にいるしかなかった。常民に対する見下しはこの点に根拠する。つまり常民は人格的な面で未成熟な子どもと等しいので、大人である両班がため口をきくのが当然だという考えだ。

だが未成熟で劣等な存在として扱うことは他の差別される諸主体、たとえば女性や外国人も同様だ。ゴッフマンは広告で男性と女性がともに登場するとき女性の劣等性と依存性が多様なやり方で暗示されるという事実に注目した。まず女性は男性より小さい。女性が男性より平均的に小さいのは事実であるが、任意の女性がいつも任意の男性よりも小さいわけではない。しかし広告は統計的傾向を確実性に転換させる。女性が男性より大きい場合は男性がコックやウェイターのように肉体労働に基づくサービス提供者である時だけだ。女性はまた寝そべったり凭れたり座り込んだりして姿勢を低める。男性は見下ろして女性は見上げる。台所、洗濯場、掃除中の居間の場面で男性は全く仕事をしない。その時男性は自分の労働能力を隠して天真爛漫な少年のような表情をする。そのほかの場面でも男性は教えたり指示をする役割を任される。男性は女性にテニス、乗馬、ピアノ、家電の使い方などを教える。医者はいつも男性で看護師は女性だ。雪合戦や水遊びをするとき、女性は弄ばれてキャーと叫ぶ役割を任せられる。男性は包んでやるように腕を広げたり、女性の肩に手を置いたり、女性に腕を組ませたりする。女性は手で口を隠したり、指先を唇にあてたり、子どものように指をくわえる。女性は男性の後に隠れる。男性は女性に食べさせてやる……。[42] このようなイメージの中で男性と女性の関係は大人と子供の関係に似て現れる。[43] 女性は男性よりも軟弱で、拙く、恥ずかしがりだ。女性は男性の保護と案内が必要だ。

42 Goffman, *Gender Advertisements*, The Society for the Anthropology of Visual Communication, New York: Harper & Row, 1976.

43 男性の年齢が実際に上である場合、この構造は更に簡単に理解できる。夜九時のニュースで二人のアナウンサーのパートナシップ構成法がいい例だ。九時のニュースは普通二人で進行するが、小学校の生徒会長のように必ず一人は男性、一人は女性だ。男性は年齢が高く、老練で重厚な印象を与え、重いニュースを担当し、しばしば論評を付け加える。女性は男性より二〇歳ほど若く、有能だが総体的に経験不足という感じを与え、軽いニュースを主に担当し、自分の意見などはないかのように内容伝達にのみ神経を使う。視聴者は自然とパフォーマンスの主演は男性で女性はアシスタントの役割だと思うようになる。年齢はこの性差別的構図に安定感を与える決定的要素だ。女性が男性よりも年齢が上だと仮定してみれば、この点が明らかになる。九時のニュースの主な視聴者である年齢の高い男性たちは女性が男性の上にいるように見える状況を決して好まないだろう。しかしかれらは女性という理由で年長者に補助的な役割を任せることもまた望まない。それはあまりにも露骨な性差別だからだ。年長者が男性ならばこのような問題が解決する。つまり年齢による位階と性的位階を重ねることは、後者を隠す効果をもたらす。女性アナウンサーがしょっちゅう変わるのはこれゆえではないか？九時のニュースの男性アナウンサーが長くは一〇年以上毎晩視聴者と出会い重厚な雰囲気を積み重ねていく反面、女性アナウンサーは年輪が少しでも加わるやいなや他の新鮮な顔に交代される。だから視聴者は女性が補助的な役割をするのは経験不足だからだと信じるようになる。そして女性は男性より経験が不足していると無意識的に考えるようになる。

わがままな女性と広い心で受け入れる男性という、この浪漫的脚本の裏には女性の賃金が男性の半分にしかならず、財界、政界、学会はもちろん市民団体においてすらも要職を占める人はみな男性だという現実がある。毎年数万件の性暴力が発生し、報告されない性暴力はこれより多く、加害者の相当数は夫、恋人、父など保護者を自任する人々だという、さらに暗い真実もまた言及されねばならない。性暴力は侮辱の一形式だ。おおよその侮辱がそうであるように性暴力にも教えが込められている。体の正しい使用法に対する、お前の体は誰に属するのかに対する、お前がいるべき場所はどこなのかに対する……。

他方で外国人は言語が描く滞留国の制度や慣習に慣れていないがゆえに、純真で世の中の流れを知らないのろまな人や聞き分けのない子どものイメージを持たれやすい（外国人が流暢に現地語を駆使する時はその反対に小賢しいブローカーのイメージが生じる）。テレビで外国人の発言を流すとき、かれの慣れた言葉で語らせ通訳をつけるよりは拙くとも韓国語で言わせるのが普通だ。だから人々はさらに外国人を幼いイメージで記憶することになる。「コチュジャンからいです」と手を振り回す姿、あるいは「シャチョーサンわるいです」と泣きそうになる姿のことだ。外国人はまた、別の文化を学びに来た人というイメージをもつ。かれはわたしたちのお客さんであり学生だ。わたしたちはかれが新しい環境に適用できるように、多くを学んで帰れるように手助けしなくてはならない。このような考えは外国人に「わが国」を批判する権利がないという考えに繋がる。外国人は教えと助けを受ける立場であるがゆえに、滞留国の文化についてあれこれいうことを控えるべきだ。それは学生が先生を侮辱することと同じくらい、あるいは客が自分を歓待してくれた主人をけなすことくらい、わきまえがなく恩知らずなことだ。外国人に付きまとう実習生のようなイメージはかれに内国人と同じことをさせつつもより低い賃金を与えることを正当化する。また幼い子どもに対するようにため口を使ったり、頭を小突くことを可能にする。

社会的な他者化が幼児化 infantilization ――この単語をこのような意味で使えるならば――を伴う例はこのほかにも多い。障害者や体が不自由な老人、生活保護者もただちに年齢を無視して子どものように扱われる。施設に収容された人々は一般的に自立性を剥奪され些細なことまで小言を言われ、「年齢の位階において根本的に格下げをされたという恐怖感」を経験する。[44] 子どものイメージはここでかれらの身体と精神がより簡単に侵犯されうることを示す。かれらはより小さい名誉を持ち、より簡単に侮辱され、そうしてその侮辱の重さを格下げされる。かれらは不完全な人、「足りない」人だ。かれらの影は他人たちより小さくて薄い。

完全な人格として承認されえないという点で常民は女性、外国人、障害者、総体的施設の在所者などと似ている。かれらは相互作用の場の中で両班、男性、国民、健常者、一般人と同等な資格には入れず、儀礼交換において不平等を経験する。このような省察は身分差別を理解する新しい観点を提示する。わたしたちは身分差別を、場所／位置をめぐる闘争という、より広い枠で見ることができる。身分とはある位階化された構造の中にある固定された位置ではなく、群れて、社会空間を専有し、境界をつくり、排除したり包摂させ、位置を与えたり奪ったりするある運動の効果だ。[45] それゆえ身分概念は承認闘争や他者化の問題と緊密に連結している。

---

44 Goffman, *Asylums*, p.43〔ゴッフマン『アサイラム』四五頁〕.

45 宮嶋博史の『両班』〔日本語原著は中公新書〕は両班という身分の形成をこのような観点で記述した名著だ。

身分に対するこのような接近は近代化（または現代化 modernization）を見る観点もまた転換させる。わたしたちは近代化を一つの位置体系から別の位置体系（垂直的な構造から水平的な構造、または諸個人の位置が固定した体系から移動性の高い体系）への転換や、富と特権を分配する特定の原理から別の原理への移行と考える代わりに、人力車夫の金チョムジのような者たちを「同じ人」と感じはじめ、人として扱われるようになる過程として理解できる。あるいは近代化とは身分的なアイデンティティの外に別のアイデンティティを持ちえない人々が、かれらすべてを包んでいる「社会」の存在を知るようになる過程だと言ってもよいだろう。このような意味で「社会の発見」は近代化の核心的出来事だ。

社会の発見

身分秩序という言葉を聞けば人びとはピラミッドの絵を思い浮かべるだろう。てっぺんに王と貴族がいて、底には奴隷や農奴がいる、三層や四層で構成されたピラミッドのことだ。このような絵の長所は社会を支える者の労苦を、そしてかれらを下敷きにしている者たちの重みを一目で感じさせてくれるという点だ。梯子と異なりピラミッドは下から上に簡単に上れない。だからピラミッドは構成員たち各自の地位が生まれる時から決められていて、階層上昇の機会が極めて小さい社会を表すさいに適当な模型だ。しかし身分秩序をピラミッドと似たものと想像するとき、わたしたちは近代化がもたらした最も重要な変化を見逃してしまう。ある社会の全ての構成員が人格を帯びた人として現れるようになったという事実、より正確にいえば、与えられた領土の上の人口全体が一つの社会の中に入るようになったという事実がそれだ。奴隷や農奴はたんに社会の底にいるのではなく、縁に、境界に、または外にいるのだ。

ところで「社会の底」という言葉と「社会の縁」という言葉の「社会」は同一な意味で使われているのではない。わたしたちは社会を理解する二つのやり方を区別せねばならない。一つは社会を諸構造（または構造化する諸実践）の総体として理解するやり方だ。この時「社会」の中には政治・経済・文化・法などがすべて含まれる。そして社会の境界は国民国家の境界と事実上一致する。政治・経済・文化・法などが一つの連結した総体をなすのは国民国家内部であるからだ。構造機能主義とマルクス主義はともにこのような観点で社会を眺める。マルクス主義の伝統は社会構成体 social formation を分析の具体的な単位と捉え、その境界を無意識的に国民国家の境界と一致させる傾向があった。もう一つは社会を想像の共同体として理解するやり方だ。コミュニタスに対するターナーの議論[46]や相互作用秩序に対するゴッフマンの議論はともに社会に対するこのような理解方法を含蓄する。二人の論者は構造機能主義を批判しつつ、社会構造と区別される独自的な層位に関心をもったという共通点がある。

社会を総体として理解する視角において社会理論の中心的問いは社会の機能と変動――マルクス主義の用語でいえば再生産と移行――だ。社会が自ら自由意志を持つと信じる多数の主体を含んでいるにもかかわらず、そしてその主体が生死によって絶えず交替しているにもかかわらず、社会の形態が維持される秘訣は何か？　広い意味における社会化 socialization がこの問いに対する答えとして与えられる。[47]

他方で、社会を想像の共同体と見る時、社会理論の核心に浮かび上がるのは成員権の問題だ。社会が

46　Victor Turner, *The Ritual Process*, Ithaca/NewYork: Cornell University Press, 1969〔ヴィクター・ターナー『儀礼の過程』冨倉光雄訳、新思索社、新装版一九九六〕.

想像の共同体であるならば、その境界は不確定的であるしかない。社会は一次的に人々の頭の中に入っているものだからだ。同じ理由でその社会における成員権もまた不確定的だ。社会的成員権はこの点で市民権と明らかに区別される。与えられたり与えられなかったりの二つに一つである市民権と異なり、社会的成員権は儀礼を通して絶えず確認されねばならない。人々は相互作用儀礼や集団的儀礼に参与することをもって別の人々の成員権を確認し、自分の成員権を確認してもらう。社会とは結局このような儀礼の交換あるいは儀礼の集団的遂行が可能だと感じる想像的地平だ。

社会に対する第二の観点は今日のような諸個人のコミュニケーション地平が国民国家の境界を越えて拡大している現実において特に有用であろう。相互作用儀礼は言語の障壁を越えて交換されうる。この事実を理解する人々にとって社会の境界は人類全体へと拡大される。換言すると人格を持つ諸個体individuals、自分が分かち持っている「集合的マナ」を儀礼の遂行を通して表出できる諸個体全体の集合へと拡大される。この儀礼は諸個人間で交換されるものでもありうるが（奥地で原住民に出会ったボランティアが自分の手を差し出せば相手も手を差し出すことを発見し、自分が「人類社会」の一員であることを再三知る）、「人間の鎖」のような集合的なものでもありうる（人間の鎖は国境と人種、性、階級と身分などの障壁を越えてコミュニタスをつくりだす儀礼だ）。

だが社会の境界がこのように想像の中で地球全体に拡大されるといえども、現実的にそれは民族国家の境界と一致する傾向をもつ。わたしたちは「社会的 social」という形容詞の二つの意味を区別することをもってその理由を説明できる。この単語は一方では境界や政治が包括できない日常的相互作用の領域を指すために使用され、他方では「社会的権利」「社会問題」または「社会政策」と言う時のように、市場メカニズムでは解決できない貧困問題と関連して使用される。この二つの意味、または二つの用法は互いに連結している。まず経済的排除は社会的排除に帰結するがゆえに（他人に与えるものが何もない人は社会的にも孤立する）、日常的相互作用の場において社会がきちんと作動しようとすれば、その構成員たちの社会的権利に対する承認とそれを下支えする社会政策が必須のものとして要請される。他方で経済的に排除された人々の社会的権利に対する認識は、かれらが別の人々と同等な資格で「社会」を構成しているという事実に対する発見、換言すると「社会の発見」を前提とし、このような発見は日常的相互作用の中でなされると確認されるのだ。[48] ところが社会政策の実施は社会の境界を拡張することを前提とする。誰から税金を取って、誰に恵沢を与えるかを決定しようとすれば、まず社会が一つの政治

47　イデオロギー理論は広い意味での社会化理論だ。イデオロギー理論と社会化理論は同一の問い（「再生産はいかに可能か？」）に答えており、マルクス主義社会学理論と主流社会学理論の内部で各々位相学的に同一な位置を占めている。

48　社会が一九世紀にはじめて発見（または発明）されたという事実に注目する論者たちはこの概念の拡散を貧困問題に対する国家的介入とのみ結びつける傾向がある。その結果社会主義的な諸政策は貧民に対する慈恵だとか（アレント『人間の条件』『革命について』）、貧困がもたらす社会的危険を最小化しようとする試み（ジャック・ドンズロ『社会保障の発明［L'invention du social］』）程度にその意義が縮小される。この点でアレントの右派的な批判とドンズロの左派的な批判は奇妙にも収斂する。興味深い点はアレントは社会が発見される時点をロベスピエールの執権時と捉えるのに対し、ドンズロはフランス革命の精神が変質する一八四八年と捉えているということだ。しかし実際のところ社会の発見はそれまで社会成員でなかった人々が身分秩序が瓦解するなかで公的空間に入ってきたことと関連があり、社会政策の実施はかれらが社会成員として堂々とした姿を持ち合わせられるように最小限の物質的条件を備えられるようにするという意味がある。アレントの見解とは異なり社会的権利の承認は「正義の政治」から「同情の政治」への移行を表す指標ではなく、正義の政治を人民全体に拡大するための条件なのだ。

的単位として存在せねばならないからだ。こうして社会は結局主権を持つ民族国家と同一な境界を持つことになる。

社会は想像の共同体だという主張は社会があらゆる時代に不変項として存在したのではないことを含意する。社会を総体として見る観点に立ち、特定の人口集団の物質的で精神的な生の内容全体を「社会」と呼ぶならば、社会はその人口集団が存在してきたことと同じほど長く存在してきたと言うべきだろう。古代社会、封建社会などの用語を使用し、わたしたちは特定の人口集団が同質的で空虚な時間のなかをゆっくり進んで発展の段階を表示する諸地点を順番に通過する姿を想像する。その反面に社会を想像の共同体と見る観点からはそのような想像の歴史的起源に対して、換言すると社会の発見に対して問うことが許容される。

社会の発見は身分秩序の解体と密接な関係がある。より正確にいえば社会的儀礼、つまり諸個人が身分と無関係に同等な資格で参与する集団的儀礼および相互作用儀礼が身分的儀礼を圧倒する時、社会に対する想像ははじめてその構成員たちの意識のなかに確固としたものとして根を下ろす。[49] 社会に対する想像が儀礼のなかで具体化され再生産されるのと同様に、身分に対する観念もまた儀礼を通して表出され維持されるからだ。

身分を構成する要素として儀礼がもつ重要性はいくら強調してもしすぎではない。身分を法的な観点からのみ定義する場合、現代社会には身分秩序が存在しないと言える。「身分から契約への移行」という命題はマルクス主義者たちを含め、近代化の問題設定を支持する人々によって広範囲に採択されている。しかしヴェーバーは身分を社会的威信と社交生活を中心に、更に具体的に定義することをもって、現代社会にも身分秩序が存在すると示唆する。

ヴェーバーは市場において個人がもつ機会を意味する階級状況 class situation と個人の名誉に対する社会的評価によって決定される身分状況 status situation を区分する。階級、つまり同一な階級状況に置かれた諸個人の集合は共同体的行動の土台になりうるが、それ自体は共同体ではない。その反面、身分集団は共同体を形成するのが普通だ。身分集団は特殊な生活様式、自分たちだけの閉鎖的な交流と婚姻関係の形成、決闘をする資格のような儀礼的特権に対する主張などを通して自らを社会のその他と区別しようとする。このような階層化は純然に慣習的だ。しかし経済力の安定的な配分によってこのような階層化が固まるやいなや合法的な特権への道が簡単に開かれる。[50]

このようにヴェーバーは身分を定義するさいに、特定の集団がその他の諸集団と自らを区別するために動員する象徴的で儀礼的な諸要素に焦点を合わせている。わたしはヴェーバーの直感に同意しつつ、身分を法と儀礼という二つの次元で定義すべきだと主張したい。事実上身分社会の法は儀礼と分離でき

49　すべての身分集団を包括する儀礼は近代国家の出現以前にも存在した。聖餐式での会食がその例だ。ヴェーバーはペドロがアンティオキアで異教徒とともに食事をした瞬間に西洋的「市民」が胚胎したと述べる。「西洋的市民が誕生したのはそれから千年以上が過ぎた後、中世諸都市の革命的「陰謀集団加入誓約 Coniuratio」からであったが、それが胚胎したのはまさしくこの時だった。なぜなら会食——キリスト教の用語では聖餐式——がなかったならば宣誓によって結束した協同団体も、中世都市の市民も可能ではなかったからだ。」（ヴェーバー『マックス・ヴェーバー選集』イムヨンイル編訳、カチ、一九九一、三五七頁）。

50　*From Max Weber: Essays in Sociology*, H. H. Gerth & C. W. Mills (eds.), London/Boston: Routledge & Kegan Paul Ltd., 1974. pp. 180-95〔マックス・ヴェーバー、同書、一三一 - 五三頁〕.

ないという点で身分が公式的に廃止された社会の法と異なる。法の近代化は法と儀礼の分離を示す。伝統社会における儀礼はおおよそ宗教の管轄の下に置かれていたのであり、わたしたちはこのような分離過程を「世俗化」と称することができる。身分秩序の廃止は身分秩序を再生産する諸儀礼が法と分離され、文化や慣習、または礼節と呼ばれる領域に入ることを示す。しかしだからといってこの諸儀礼の力がただちに消えないことは言うまでもない。

「人になれ」

身分秩序が支配する社会において人扱いをされなかった常民たちは近代化とともに両班と公的空間で同等に相互作用する権利を得るようになる。それ以前まで身分的カテゴリーで区別されていた人々が、かれら全体が属する「社会」の存在を認識しつつ、この社会の同等な構成員として互いが互いに持つ儀礼的義務と権利を再規定するのだ。もちろんこれは伝統的な身分秩序に愛着を感じる人々の強い抵抗と反発を伴った。

近代の到来を知らせる日常的かつ最も可視的な変化は人々の外見に現れる。髷を切り洋服を着た人々の登場がまさにそれだ。朝鮮における一八九四‐九五年の諸改革の中で、最も激烈な反発を引き起こしたのは他ならぬ断髪令であったという事実は興味深い。朝鮮時代に人の身分は衣冠で表現された。相手側の衣冠を見て人々はかれが儀礼的秩序の中でいかなる位置にいるのかを知ることができ、その人との儀礼的交換から自分が負うことになる義務、あるいは持つことになる権利が何であるのかも知ることができた。髷を切ることはこのような諸記号を可視的な場から消してしまうことだ。断髪令とともに人々は伝統的な儀礼秩序によって規制されない相互作用の新しい場の中へと押し込まれていったのだ。このような意味でわたしたちは一八九五年が公的空間が再構成される始発点であると述べることができる。

しかしこれは直ちに全ての人々がこの空間に外観上同等な姿で登場することになったことを意味しない。断髪令が実施されたといっても、じっさいに皆が頭を刈って洋服を着たわけではないからだ。洋服を着ようすればそれを買う金が必要であり、なにより服装コードに対する知識を持たねばならない。だから洋服を着ること自体が新しい身分的象徴でもあった。「モダンガール」や「モダンボーイ」に対する言説が多くの場合非難の色彩を帯びた理由もこのような角度で理解できる。モダンガールとモダンボーイは外見を通してアイデンティティを主張する。このアイデンティティは伝統的な儀礼秩序のなかに登録されない新しいアイデンティティだ。それと同時にそれは偽装される可能性を帯びたアイデンティティでもある。洋服を着て藁葺の家から出てくるモダンガールを風刺したこの頃の新聞漫画[51]はまさにこの点を指摘している。モダンガールに対する非難は新しく出現した近代的身分自体に対する批判と身分の偽装に対する非難を含みもつのだ。

51 「どこからその金が生じるのか」『朝鮮日報』一九三〇年四月八日。平べったいあばら家の前を華麗に装った二人の女性が通り過ぎる姿を描いたこの漫画には「スカート一枚に三〇 - 四〇ウォン、靴下一組に三 - 四ウォン、指にはめたものでも二〇〇 - 三〇〇ウォン、頭に挿したものでも五〇〇 - 六〇〇ウォン、顔に塗るもののうち白粉だけでも朝の分、昼の分、夜の分を合わせて四 - 五ウォン、頭に電気〔パーマ〕をあてるのにも一 - 二ウォンだそうで、藁葺の家から出てきて、行く道を胸張って闊歩して歩いていくのがいわゆる最近のモダンガールだ」と皮肉る語調の論評がついている（申明直『モダンボーイ、京城を歩く』現実文化研究、二〇〇三、一一一頁から再引用（『幻想と絶望――漫文漫画で読み解く日本統治時代の京城』岸井紀子・古田富建訳、東洋経済新報社、二〇〇五、一一〇頁掲載の挿画））。

それゆえモダンガールに対する非難は出退勤時に大学生の姿をする女工たちの虚栄心に対する非難[52]とある部分では繋がる。近代は服装によってなお身分的差別を加えながらも、同時に服装を通した偽装の機会を誰にでも開いている。これが服装の民主主義が正確に意味することだ。服をきちんと着こなすことが教育を受けた中産層を基準に定義されているがゆえに、労働者階層がこの基準に従うことは身分を偽装することになる。

断髪令とともに公的空間の変形をもたらしたもう一つの大事件は科挙制度の廃止と近代的教育制度の確立だ（一八九五年は小学校令が宣布された年でもある）。両班階層の身分的名誉は代々儒教に従事し、多数の科挙合格者を排出したという点に根拠があった。それゆえ科挙制度の廃止は両班階層にとっては自らを別の階層と区別する新しい根拠をつくらねばならないという圧迫感を与え、平民階層にとっては身分差別から抜け出す機会をもたらした。忠清南道扶餘の二つの村に対する朴チャンスンの研究は近代教育の拡散が身分意識に与えた影響を確認する。この二つの村のうち一つは朝鮮時代に〔科挙の〕正員や進士の合格者を一五人も排出した両班村であり、もう一つは一人も排出できなかった常民村だった。両班家の構成員たちは年齢に関係なく常民にため口を使った。常民村の人々が両班村の前を通りすぎる時には呼び止めて食べ物を捧げさせ、言うことをきかない常民を捕まえて殴ったりもした。このような慣行は普通教育が一般化される一九三〇年代後半から徐々になくなっていく。二つの村の子どもたちが同じ学校に通うようになると、両班たちはもはや常民たちをあからさまに格下に扱うことができなくなった。[53]

これは近代化が社会的関係にもたらした変化の一側面だ。他の側面は伝統的な身分秩序が近代教育制度を媒介に変形されて存続したというものだ。ハンウヒは近代教育制度の利用者たちがしばしば普通学校に入れば両班になるだとか、大学予科に入れば初試〔科挙の第一関門〕合格と同じだというふうに、新式学校が発給する新しい証明書の価値を科挙制度のそれと比較して判断したと指摘する。[54] このような傾向は一九二〇年代まで続いた。これは伝統的な位階秩序が学力というプリズムを通して近代的社会空間に投影されたことを意味する。学歴がいまや身分に代わってこの空間を分節する新しい基準になったのだ。オソンチョルもハンウヒの研究を援用しつつ、投資・収益の合理性という観点では決して日本植民地時代の教育熱をきちんと説明できないと述べる。一九三〇年代の初等教育の膨張を導いた最も重要な動因の一つは「両班であれ常民であれ初等学校というところに自分の息子や娘を入学させないと人に値しない」[55]という世の中の認識であった。

髷を切ることと学校に行くことは密接に連関していた。学校で子どもたちはかれらがいかなる家出身

---

52 カンナムシク「七〇年代女性労働者のアイデンティティ形成と労働運動」李ジョング他『一九六〇・七〇年代労働者の作業場文化とアイデンティティ』ハンウルアカデミー、二〇〇六、六二頁、金ウォン『女工一九七〇、かのじょらの反歴史』イメジン、二〇〇六、五五二・三頁。

53 朴チャンスン「種族村の間の身分葛藤と朝鮮戦争――扶餘郡の二つの村の事例」『社会と歴史』六九号、二〇〇六。

54 ハンウヒ「普通学校に対する抵抗と教育熱」『教育理論』六巻一号、一九九一。

55 八峰山人「支配階級教化　被支配階級教化」『開闢』一九二四年一月号、一五頁（八峰山人は金基鎮の筆名）、オソンチョル『植民地初等教育の形成』教育科学社、二〇〇〇、一九九頁から再引用。

であっても、みな同じ服を着て、同じ帽子をかぶった。外見の水準で実現されたこのような平等性は社会的移動のための機会を誰にでも同じく提供しようという近代的な教育制度の約束を象徴する。しかし実際に学校が作り出したものはもう一つの不平等もしくは社会的亀裂だった。伝統的な社会において支配階層に属していた人々は、他の人々よりも先立って積極的にこの新しい機会を利用することをもって、かれらの社会的地位を維持した。その反面、学校に通えない人々はなお「人扱いされない」存在として残された。

産業化と都市化が達成された後にも多くの社会では教育を受けた階層と教育を受けられない階層のあいだに一種の身分的差別が存在した。たとえば一九七二年に出版されたセネットとコブの『階級の隠された傷』によれば、当時ボストンでは配管工が学校の先生より二倍も収入が多かったが、二人が話す時には前者は後者を「ミスター」と称したのに比べ、後者は前者をファーストネームで呼んだ。[56] これは公的空間で労働者階層の成員たちが儀礼的平等を享受するようになったのは西欧においても比較的最近のことだったという意味だ。[57]

韓国の場合、労働者に対する身分的差別は資本の労働統制戦略と深く連結していた。金ジュンは一九七四年の現代造船労働者の「暴動」を口述資料を基礎に再構成し、労働者たちの不満が劣悪な作業環境や長時間低賃金労働だけでなく社員と技能工のあいだの「身分的差別」に集中していたことを明らかにした。安全ヘルメット、服装、名札、身分証、食事の質など、多くの面にわたるこのような差異は、些細といえば些細だろうが、その象徴的性格ゆえに労働者たちの怒りを買った。かれらはこれを一種の「両班 - 常民差別」と認識し、「社員は人、工員は犬」という自嘲的な流行語で侮蔑感を表現しもした。

このような差別は単純に労務管理次元で上から下へと付与されたものではなかった。実際に事務職／生産職の身分的秩序は非対称的な敬語使用（生産職に対しては年齢に関係なくため口を使うが、生産職は事務職に敬語を使う）に既に強く反映されていた。[58]

チョンヨンテは一九七〇年代に仁川地域で働いた経験がある労働者たちとのインタビューを通して技術職（生産職）と事務職のあいだに身分的差別が存在したことを確認した。これは食堂についたてを置いて技術職には粗塩を出し事務職には味塩を出すだとか、理髪所で事務職職員にはシャンプーを与え技術職職員には洗濯石鹸を与えるというふうに、ともすれば幼稚といえるほど些細なことだった。しかしそれであるほど生産職労働者たちは「学べなかった辛さがこみあげてくる」と感じて怒ったのだ。[59]

このような状況は一九八七年の労働者大闘争当時にもさして変わらなかった。一九八七年、現代重工

56　Richard Sennett & Jonathan Cobb, *The Hidden Injuries of Class*, New York/London: Norton, 1973, p.35.

57　儀礼的平等の実現は敬称のインフレーションを伴いもする。数年前ニューヨークに行った時、道でホットドッグを売る男性に客が「サー sir」という敬称をつけるのを聞いて驚いたことがある。韓国の場合、スーパーのレジの人や患者を世話する付添い看病人たちに「女史」と呼ぶことを例に挙げることができる。だがこのような平等のジェスチャーには現実的な不平等を隠蔽する効果もある。看病人たちを「女史」と呼ぶといって、かれらが処された劣悪な労働条件が変わるわけではない。映画「カート」では不当解雇に抗って闘うレジの人々がある瞬間から互いを「女史」の代わりに「姉さん」と呼びはじめる場面があるが、これはかのじょらの間に芽生えた連帯意識と現実に対する覚醒を象徴的に現わしている。

58　金ジュン「一九七〇年代現代造船労働者たちの生活と意識」李ジョング他『一九六〇‐七〇年代労働者の作業場経験と生活世界』ハンウルアカデミー、二〇〇五、金ジュン「一九七四年現代造船労働者「暴動」の研究――文献および口述資料に基づく再構成」『社会と歴史』六九号、二〇〇六、八三‐一二〇頁。

業のストライキの過程で（現代重工業は労働者大闘争を主導した代表的事業場だ）湧きおこった諸要求の中で一番最初にあったのは他ならぬ「頭髪自律化」と「服装自律化」だったという事実は、示唆するものが大きい。頭髪自律化や服装自律化は体罰禁止とともに学生人権運動の定番イシューだ。労働者たちがこのようなイシューを提起したということは、かれらがそれまで社会的な未成年状態にあったことを暗示する。ウォンヨンミによれば、当時「労働者たちは正門で体つきのいい警備員から事実上「検問」され、服装および頭髪状態を点検された。〔中略――引用者〕警備員たちは労働者の頭髪状態が「不良」な場合、警告をしたり「バリカン」なる理髪器具で即席理髪を強行しもした。正門でのこのような統制は軍隊の規律と同じであり、それだけに労働者たちは正門通過を大きな負担として考え、特別な指摘をされる場合、大きな消耗を感じた。」労働者たちは作業道具や部品を外に持ち出すかもしれないという理由で退勤時に警備員に身体チェックをされもした。[60] このような「兵営的統制」は生産職労働者に対する見下しと一体だった。作業場の中で一般職社員は技能職社員に対してかなり高圧的な態度をみせた。二〇代の若い一般職代理が五〇代の技能職労働者に暴言を吐いたり足蹴りにすることも珍しくなかった。

少なくとも一九八七年まで肉体労働者への身分的差別が存在したという事実は韓国社会に特有な教育熱を説明する重要な要素だ。生産職と管理職を分離する線は高卒以下と大卒以上を分離する線とおおよそ一致するからだ。大学を出てこそ人扱いされる社会の雰囲気を風刺的に描いた朴ジェドンのアニメーション『人になれ』はわたしたちの主題を簡潔に、含蓄的に扱っており多くのことを説明する。

このアニメーションに出てくる子どもたちは皆が類人猿の姿をしている。ただ教師だけが人だ。これは子どもたちが教師から人扱いされていないということを象徴的に表す。子どもたちと教師の関係は総体的施設での在所者と職員が結ぶ関係と似ている。教師はいつでも子どもたちの耳をつまんだり頭を小突く。しかし子どもたちはこれに抵抗できない。教師のこのような態度は子どもたちがまだ人ではないという理由で正当化される。

人ではないとはいかなる意味か？　人になるとは教育を受けること、教養を備えるということだ。ところがこの教育は学校教育でなければならない。学校は何が教養なのかを判断する基準を独占する。個人が教育制度の外で独学で積んだ教養は認められない。これは主人公のウォンチョルが一人で森に入り虫と話して人になって帰って来た時に担任の先生が見せる反応に端的に現れる。ウォンチョルが人になったということは、かれが虫の世界を探求して学校では得られない教養ないしは学びを一人で得たことを意味する。しかし先生は「誰がお前の好き勝手に人になれって言った？」と言って、棒で「大学いって人になろう」という級訓を指す。つまり誰が人なのかどうか（人扱いされる資格があるのかないのか）を決定することは真なる意味の教養を持っているかどうかに関係なく、大学という、象徴資本を独占した制度的権威によって判定されるのだ。しかしながら既に人になる喜びを経験したがゆえに、再び類人猿の状態に戻ることのできないウォンチョルは学校を逃げ出して森へ行く。そうするやいなや担任の先生はウォンチョルの父と共に森へと探しに行き、かれに家に戻ることを勧める。「ウォンチョルや、いまからでもいいから家に帰ろう。」「いやです。ぜったい大学に行かないと人になれないの？　お父さん

59　チョンヨンテ「開発年代労働者たちの工場生活と対応方式」李ジョング他、前掲書。
60　ウォンヨンミ「一九八七年「労働者大闘争」以前の現代重工業「労働者の世界」蔚山大学修士論文、二〇〇四。

『人になれ』（朴ジェドン、2005、著者提供図版）

も大学を出てないけど人じゃないですか。」そう言うや、父は頭にかぶっていた人の面を脱いで泣きながら言う。「お父さんの本当の姿を見ろ。お父さんは同窓会にも行けないんだ。」

ウォンチョルの父が人の面をかぶっていたということは服装の民主主義が実現された現代社会においては外見を他人たちに似せて着飾り自分の身分を騙すことが可能だという意味だ。しかしこれは匿名の諸個人の中にいる場合にのみ可能であり、互いに身上に対する情報をやりとりせねばならない場ではただちに暴露されてしまう。それゆえウォンチョルの父は自分の正体を明かさないために、あるいは自分の正体を既に知っている人たちに無視されないために、同窓会にもいかない。しかしこのような偽装がいつまでも通じるわけがない。作業場においてと同様に正体を露出せねばならない場合があるだろうし、その場合、自分より年下の管理者にため口を使われるだとか、もっといえば足蹴りされるような侮辱を耐え忍ばねばならない。韓国社会の異常な教育熱は、考えてみればこのような悲しみを子どもにだけは継がせないでおこうという人々の自然な選択の結果なのだ。

屈辱に対して

先にわたしは近代化による公的空間の再編成を相互作用秩序の変化とい

う側面で考察し、それまで「人扱い」をされなかった人々が完全に社会的成員権を獲得する過程として近代化を理解しようと提案した。わたしはこのような展望があまりにも歴史主義的で楽観的に見えることを認める。近代化は侮辱――わたしたちは社会的制裁を受けない侮辱、違反と感じられない規約違反に対して述べている――を無くせず、ただそれをより広く、目に付かない戦場へと移しただけだ。これは労働と資本の大妥協に基づく戦後資本主義の黄金期が終わりネオリベラリズムが世界を圧巻する中で、より明らかになっている。

ネオリベラリズム的労働統制は身分的侮辱を新しい形態の、より微妙で一般化された侮辱へと代替した。ショートメッセージ一通で解雇を伝えるだとか、プロフェッショナリズムの名前で奴隷のようなサービスを要求することが代表的だ。過去の侮辱は主に低学歴、女性、肉体労働者の役目だったならば、こんにちはあらゆる労働者、つまり労働者としてのあらゆる人が侮辱の危険に露出されている。おそらくそれゆえわたしたちは、わたしたち自身を消費者としてのみ意識しようとし、労働者としてのアイデンティティはできるだけ忘れたがる。労働者たちがストライキをすれば、わたしたちは連帯意識を感じる代わりに消費者として被る不便さをまず考える。

他方で消費の領域、つまり労働力再生産の領域でネオリベラリズム的諸主体は各々の商品性を最大化せよという圧力を受けるが、これは資本が望む理想的主体の姿を広く知らせ、それに合わせて各自の欠陥を修正することを個別主体に担わせるやり方で行われる。消費はそれ自体が投資だ。個別主体は効果的な投資を通して自分の体を、スペックを、イメージを、要するに自分自身をつくらねばならない。「あなたが食べるものがまさしくあなただ」というアンディー・ウォーホルの文句が無数の広告の中で繰り返しパロディーされる。あなたが乗る車が、あなたが着る服が、あなたが住むマンションが、あなたが誰であるのか語ってくれるのだ。メディアは毎日天国を見せてくれ、天国に入ろうとすれば何が必要なのか教える。完璧なビジュアル、流暢な英語の発音、そして「センス」は清貧、謙遜、勤勉という古典的徳目に代わって救いを約束する最新の徳目だ。しかし消費主義の姿をして現れるこの新しいカルヴァン主義は、かつてのカルヴァン主義がそうであったように、つねにより多くの努力を要求するのみで誰の罪も決定的には許してくれない。その結果ネオリベラリズム的諸主体は――「ノーバディ」であれ「サムバディ」であれ――絶えず屈辱と格下げの危険に追われる。

「屈辱」はネオリベラリズム下における支配的侮辱の形式を最もよく表す単語だろう。現代社会は他人の人格に対する露骨な攻撃を禁止する。それが人種的、性的軽蔑と結びついているときはさらにそうだ。儀礼的平等に対する高揚した感覚と侮辱を処罰する多様な法の条項のおかげでわたしたちは過去のいかなる時よりも礼儀ある市民になっている。しかし他方でわたしたちは今なお（ともすれば以前より更に）陰密に他人の屈辱を望み、わたしたち自身の屈辱を恐れる。ポータルサイトの検索語リストにこの単語が度々登場するのは徴候的だ。有名人の屈辱（たとえばイ・ヒョリのぜい肉）ほど快感を呼び起こし、同時に安堵をもたらしてくれるものは稀だ（イ・ヒョリがああならばわたしの腹も許される）。わたしたちはありがたい屈辱の場面をさらに楽しむために画面をキャプチャーして拡大し、あちこち拡散して論評を付け加える。そしてかくも平凡なわたしと別段変わらない人を「サムバディ」にしてくれるシステムの不公平さを非難する。

屈辱と侮辱の違いは何か？　侮辱にはいつも加害者がいるが屈辱はそうでないという点だ。あらゆる人が互いに礼儀正しく行動したとしても、ある人は屈辱を感じうる。屈辱という単語が人気を得る理由がここにある。芸能人の「屈辱写真」を拡散しつつ、ネット民たちは自分たちが誰かを侮辱していると は考えない。ただその芸能人が「自己管理をできなくて」屈辱を感じると考えるのだ。

侮辱を受けた人は自分が感じる侮辱感を強調しつつ、断固抗議すればするほど効果的に自分を防御することができる。その反面、屈辱を受けた人が選びうる最善の戦略は可能な限り泰然とした表情をして事件自体の重要性を縮小することだ。屈辱に対処するわたしたちの姿勢を現わす単語は「クールだ」と「くだらない」の二つだ。新人の頃の「屈辱写真」がばれた芸能人は深夜トークショーで整形の事実を「クールに」認める。そうすれば墜落していた人気が再び上昇する。これに比べ、ネガティブな書き込みをするネット民を告訴することは「くだらない」方法だ。そのような対応はむしろ逆効果をもたらす。クールでなければくだらなくなる世の中で、加害者と被害者をはっきりさせることは重要ではない。被害者であることを主張すること自体が屈辱を認めることであり、自分が「負け犬」だと告白することだ。

ネオリベラリズムの下で、侮辱はしばしば屈辱の姿を帯びて現れる。予告なしにクビにされた時、働いた対価が口がふさがらないほど少ない時、いくら節約しても〔家賃の安い〕半地下の部屋から抜け出せない時、人々は屈辱を感じる。しかしこれは侮辱として感じられはしない。理論的に侮辱は**構造**ではなく**相互作用秩序**に属する問題だからだ。わたしを解雇した社長も、家賃を上げるという家主のおばあさんも、わたしを侮辱しようとする意図があったのではない。かれらは市場の法則によって（つまり構造の担い手として構造が命じるままに）行動しただけだ。かれらはとても礼儀正しく、さらには申し訳なさそうに、自分たちの立場を伝えるではないか？　誰もわたしを侮辱しなかったならば、わたしが感じる屈辱感は全的にわたし自身の問題になる。ネオリベラリズムの伝道師たちはこれを自尊心の欠如のせいと転嫁する。かれらの主張はこのように行われる。失業は誰にでも起こりうることだ。それを屈辱と感じたならば、あなたに自尊心が不足しているからだ。あなたはもしかして幼いころに愛を充分に受けていないのではないか？　であるならば、まずあなたの内面にある傷ついた子どもを慰めてやるべきだ。自分の価値を信じよ！　そうして堂々とせよ！　あなたが肯定的であるほど再就職の可能性が高まる！

しかしある人が自尊心を維持しようとすれば、かれに実際に自分の尊厳 dignity を守る手段がなくてはならない。でなければかれの自尊心は阿Qの「精神勝利法」と似たものになってしまう。ネオリベラリズムの矛盾は相互作用秩序の次元で（つまり象徴的に）あらゆる人間の尊厳性を主張しつつ、構造の次元で人々から自らの尊厳を守る手段を奪うということだ。マイケル・ムーアの『ロジャー＆ミー』（一九八九）はこの矛盾をよく見せてくれる。

この映画はゼネラルモーターズ（GM）の会長ロジャー・スミスがミシガン州フリントの工場を閉鎖して低賃金のメキシコに生産施設の移転を決定することから始まる。フリントはGMが生まれた場所であり、住民のほとんどがGMと関連した仕事で暮らしている小都市だ。フリント出身の記者であるマイケル・ムーアはロジャー・スミスに会って、そのような決定が労働者たちに何を意味するのか話そうとする。しかし大企業のトップが無名の地方紙記者に会うわけがない。マイケル・ムーアはロジャー・スミスがいそうな所であればどこでも訪ねるが、行く先々で門前払いされる。カメラはこの過程に沿って多様な利害当事者たちの姿を映し出す。資本家たちの強欲に怒る労働者たちと、ロジャー・スミスを「暖かい人である」と主張するGMのスポークスマン、幽霊都市のように荒廃化したフリントで生存のために闘う人々と、かれらの状態に無関心なその地域出身の有力者たち。映画の終盤になってマイケル・ムーアはロジャー・スミスに言葉をかける機会を得る。かれは毎年恒例のクリスマス祝辞をおえて演壇から下りてくるGM会長に、家賃を払えずにクリスマスイブに路上へ追い出されたフリントの解雇労働者の家族についてどう思うかと問う。そうするとそんな質問は家主にしろという答えが返ってくる。

この映画の白眉といえる最後の場面で、監督は強制退去という冷たい現実と、ロジャー・スミスの暖かいメッセージを交差編集してアイロニーを極大化する。一方では辱めと罵り、路上へと引きずりだされた生活、怒りと羞恥心でまともな精神でなくなった母と片隅にぼんやり立っている子どもたちがおり、他方では「個人の尊厳と価値」、「親切と慈善」、そして「皆が心の扉を大きく開くクリスマス」に対する讃えがある。寝る場所もシャワーもなくなった人々が、どうして自分に尊厳があると考えられるのか？　他人の自尊心をこのように踏みにじる行為が侮辱ではないなら何なのか？

屈辱に対する考察はそれゆえ構造と相互作用秩序の関係に対する質問を提起する。現代社会においてこの二つは分離されているが、わたしたちの議論の脈絡においてこれは構造の一部である「経済」と（純粋な意味における）「社会」の分離として現れる。このような分離によって、わたしたちは（総体としての）社会の中で二重的地位を持つことになる。一方でわたしたちは労働者や資本家として、あるいは消費者や生産者として市場で出会う。わたしたちの関係は契約的だ。契約の名でわたしたちの不平等は正当化される。他方でわたしたちは人として繋がっている。人としてわたしたちは互いに平等だ。契約関係の基礎には人としての平等がある。現代資本主義社会において人々は形式的に平等であるが実質的に不平等だ。しかしここでわたしたちは問わねばならない。経済秩序のなかにおけるわたしたちの位置が果たして社会関係になんら影響を与えないのか？

『ロジャー＆ミー』が訴える力は、まさしくこの二重構造の限界を、逆説を、欺瞞を指摘するところから生じる。この映画のメッセージは題名に既に含まれている。平凡な労働者であるわたしたちは、敢えて大企業の会長のファーストネームを呼ぶことはできない。またかれと自分が人対人としてなんらかの関係を結びうるとも考えない（ツイッターにカップラーメンのレビューをアップしてわたしたちがラーメン消費者として平等だという事実を悟らせてやろうとする財閥二世の気配りはしばしそのような幻想を呼びおこしうるといえよう）。かれは巨大な要塞に暮らし（専用機、専用門、専用エレベーターなどで構成された）専用通路を利用して他の要塞に移動する。だからわたしがかれと出会うこともないだろうが、たとえ出会ったとしてもかれがかける言葉にわたしがまともに答えられるだろうか？　おそらくわたしは国王に謁見する平民のように固まってしまうだろう。しかし考えてみればこれはおかしなことだ。わたしたちは公式的に身分制度が廃止された社会に暮らしているからだ。大統領さえ退任後には平凡な田舎の人に戻るではないか？

じっさい財閥会長の権力は大統領より強い。かれは誰かから権力を委任されたわけではないので、それを手放すこともない。大統領は国民を解雇できないが、財閥会長は気に喰わない職員をいつでも追い出すことができる。のみならず、職員の顔に書類を投げつけたり、すねを蹴り飛ばしたりもできる（テレビドラマにそのような場面がしょっちゅう出てくる）。もちろん、侮辱される危険なしに他人を侮辱できるこの特権は会社という囲いの中でのみ有効だ。しかしそのようなことが容認されるという事実だけでも、社会構成員たちが共有する平等に対する感覚は損傷されるものだ。

先ほどわたしは、現代社会においては他人の人格に対する直接的攻撃が禁止されると主張した。しかしこれはあくまで原則の話だ。現実においてわたしたちはこの原則にそぐわない事例を無数に発見する。大学院生を奴隷扱いする教授、レジデントで足蹴にする医者、被告にどなりつける判事……。あたかも世の中の人々が「サムバディ」と「ノーバディ」に分かれており、サムバディはノーバディにいくらでも無礼をする権利があるというようにだ。サムバディたちがもつ地位（教授、医者、判事など）は構造に属するものであり、民主社会において原則的に誰にでも接近する機会が開かれている。それゆえ、それはわたしたちの社会的成員権、つまり相互作用儀礼を通して確認される社会資格とは無関係だと感じられる。しかし現実のサムバディたちはこの基礎的な常識をよく無視する。かれらは地位が直ちにその人を語ってくれるというように傲慢に叫ぶ。「オレが誰か知って言ってるのか？」ロバート・フラーはこのような地位の濫用を身分主義 rankism という言葉で批判した。「身分主義は下にいる人をあたかも透明人間のように、ノーバディとして対することをもってかれらの尊厳性に傷を与える。ノーバディという単語はもう一つの「n-word」であり、元来の「n-word」と同様に侮辱や不平等を正当化するために使われる。」[61]

ネオリベラリズム――その核心は資本に無限な自由を与え、労働に極度の順応を要求することだ――は労働市場から、そして作業場から労働者たちの交渉力を弱めることをもって身分主義の拡散を手助けした。あなたが非正規職でいつ解雇されるかわからないならば、職場に労組がなかったりあっても役に立たないならば、解雇された時にもう一度職場を探せる可能性が希薄ならば、上司が不当な要求をしても抗うのは難しい。

ネオリベラリズムはまた「新しい経営技法」の開発において資本に無限な創意性を許容することをもって、労働者たちに日常的屈辱を多様なやり方で増大させる。ファミリーレストランの従業員にひざまずかせて注文を取らせること、デパートの開店時間に職員たちを入口に並ばせて「お客様いらっしゃいませ、歓迎いたします」と三〇分ずつ唱えさせること、レジ係や組み立てラインの作業員のように長時間一か所に立っていなければならない女性に成人用おむつを履かせて勤務させること（バーバラ・エーレンライクによれば、トイレに行く時間を節約するために考案されたこの奇抜な方法が米国の各企業で活用されているという）[62] 等々。このような事例を「身分主義」と見なせるのかはわからない。これは会社の方針と関連した問題であるだけで「地位の濫用」と無関係だからだ。会社の方針で言えば、労働契約書に署名する瞬間（契約書がない場合も多いが）労働者たちはそれを受け入れたとみなされる。これはいったん保険に加入したら約款の内容に対して異議を提起できないことと似ている。換言すれば、制度が人を侮辱するとき、それは侮辱と認められない。しかし身分主義であろうがなかろうが、このような慣行が労働者たちに及ぼす効果は同一だ。かれらは自分たちが人扱いされていないと感じる。

それゆえ屈辱に対する章の結びにおいて、わたしは以下を強調しておきたい。構造と相互作用秩序は概念的に区別されるだけで、現実においては結合して現れる。地位と特権を分配する構造を保ったまま、自分の地位を乱用する人々に原則を守れと訴えることだけでは侮辱という公的問題を解決できないだろう。フラーが二一世紀米国の身分主義をジム・クロウ法と比較したのは意味深長だ。ジム・クロウ法の下の黒人たちは、ただ象徴的な水準で成員権を否定されたのではなかった。経済と政治と法、要するに社会構造全体がかれらを二等市民の地位に縛りつけていた。こんにちの身分主義もまたその背後には経済的弱者に屈辱的な選択を強要する資本家と、かれらを庇護する政治家、言論人、教授、法官たちがいる。

またわたしは身分の廃止という歴史的な出来事が必然的なことでもなく（後戻りできないと言う意味で）決定的なものではないことを想起したい。韓国社会が身分制へ回帰しているという証拠は多い。単に所得水準や教育水準ではなく居住地域、学校、消費市場、さらには言語（二重言語使用と単一言語使用）において階層的な分離が明瞭になっており、法はそれを阻止するどころかむしろ促進している。つまり一つ二つの基準ではなく、あらゆる基準において区別される特殊な階層が生じ、社会内に別個の社会を形成しているのだが、身分とはこれを言うのだ。このような変化を「反動」と称するのはあまりにも楽観主義的だろう（「反動」とは逆に行くという意味で、歴史が結局は正しい方向に進むであろうという期待を現わす）。長い視野で見れば身分の廃止は人類史上とても異例的で挿話的な出来事として判明するかもしれない。

最後にわたしは身分主義と学校内暴力の連関性について述べたい。わたしたちの社会の身分主義が危険な水位に至ったことを知らせる最も鋭いアラームは教室から発せられる。〔スクールカーストの〕「一軍」がもはや貧しくて勉強のできない子どもたちではないということはよく知られた事実だ。教室内の

61　ロバート・フラー『身分の終末』三〇頁。「n-word」とは nigger, negro など黒人を卑下する単語を指す。

62　バーバラ・エーレンライク『おお！　あなたたちの国』チョンミヨン訳、ブキ、二〇一一、一四五－六頁〔『スーパーリッチとスーパープアの国、アメリカ――格差社会アメリカのとんでもない現実』中島由華訳、河出書房新社、二〇〇九〕。

位階は社会の位階と似ている。持てる子どもたち、支配文化の要求に最もよく適応する子どもたちが頂点にいて、「資本」が最も不足した子どもたちが底辺にいる。上にいる子どもたちは下にいる子どもたちをいじめる。特に理由なく、「いじりならば」そうしてもいいと知っているから。この関係を支配する感情は軽蔑だ。[63]学校は上辺では尊重を語りつつ実際は軽蔑を教える。勉強のできない子どもたちを侮辱し、貧しい子どもたちを透明人間扱いし、力のある大人は力のない子どもに荒く接してもいいのだと体で見せつけながらだ。だから上辺の言葉と本当のメッセージを区別するほど鋭利な子どもたちは、自分よりできない子どもを軽蔑することをもって学校の教えを実践する。あたかも大人たちが口に出したくない社会の真実を、子どもたちが演劇形式で見せてくれるようだ。教室という舞台の上で毎日上演される残酷劇。だからこの演劇で何人かが死んでいったとしても軽々しく震えてはならない。いま子どもたちは社会に出た時に絶対必要な二つの技術——軽蔑する術と軽蔑に対処する術——を習っているのだ。

63　バーバラ・コロローソは学校内暴力が発生した時、葛藤仲裁委員会を開いて加害者と被害者を無理やり和解させる慣行を批判しつつ「いじめは葛藤問題ではなく軽蔑問題だ」と断言する。「解消されるべき葛藤などは存在しない。いじめる子どもたちは大人の前でいい子ぶり、後悔するふりをする。これは脚本を変えた新しい演劇にすぎない。いじめられる子どもたちはいかなる休息も支援も得られず、いじめる子どももまた真の共感や社会親和的な行動を学ぶことができない。いじめる子どもは報復の機会を狙うであろうし、標的になった子どもは報復が怖くて陳述を覆すだろう。いじめは続けられる可能性が高い」（Barbara Coloroso, The Bully, the Bullied and the Bystander, New York: Harper, 2008, p.111〔『いじめの根を断ち子どもを守るガイド——親と教師は暴力のサイクルをいかに断ち切るか』富永星訳、東京書籍、二〇〇六〕）。

第五章　友情の条件

侮辱という主題と関連してわたしたちが記憶すべき一つの事実は、人格に対する露骨な攻撃ではない温和な軽蔑もまた傷を与えるという点だ。このような理由で現代社会は同情と慈善を警戒し、施す人と施される人の人格的な接触を最小化しようと努める。

慈善は純粋な贈り物のように見えるが、じっさいはそうではない。慈善の隠された動機に対しては強いて問わないでおこう。たとえ動機の純粋さを疑う声が常にあったとしてもだ。[1]わたしたちが本当に問題にすべきことは慈善の一方的な性格だ。慈善にはマルセル・モースが「返す義務」という言葉で説明し、ピエール・ブルデューが戦略の観点から分析したもの、つまり贈り物を呼び起こす贈り物の力が欠如している。[2]これは慈善が一般的な贈り物交換と異なるということを意味する。

承認闘争の観点からみれば、贈り物交換を開始する行為は決闘を申し込むことと似ている。そこには相手側が名誉を持つ人間なのかを問い、答えを期待する意味がある。挑戦の時に応対できないならば、

1　ボルタンスキーによれば西洋思想史の同情心と利他的欲望はセンチメンタリズム（マンデヴィル、ホッブズ）、偽善（ボードレール）、疾病（ニーチェ）、権力への意志の変形（バタイユ）等へと格下げする長い伝統がある（Luc Boltanski, *La Souffrance à distance*, Paris: Métailié, 1999）。

相手側は面子を失い二人の関係にヒビが入る。その反面、適度な時に似た価値の別の物で返礼をするならば、[3] かれの面子は維持されて二人の関係はより親密になる。慈善は返す能力がない人に与えられる贈り物であるがゆえに、その中に既に相手側の名誉に対する見下しが含まれている。言い換えれば慈善を施す人と施される人は同等の立場で関係を結ぶことができない。

それゆえ一対一の慈善、互いに顔を知る状態でなされる慈善は現代社会の構成原理に合わない。現代社会においてこのような形態の慈善は施される人が子どもである時のみ許される（グッドネーバーズとワールドビジョンが行う縁組プログラムがよい例だ）。子どもが大人に何かを施されることは正常と感じられているからだ。しかしその場合にも寄付者が施される人に人格的な影響を行使できないように機関が常に間に介入する（後援者が縁組した児童に会ったり贈り物を与えようとすれば機関を経なければならない）。

人々がホームレスにお金を与える時に目線を避ける理由をこの角度から考えてみてもいいだろう。ホームレスに対するこのような「非人格的な扱い」は相互作用儀礼の違反だといえるが、他方ではホームレスを助けようとする以上仕方ないことでもある。ホームレスに言葉をかける瞬間、あなたはもはやかれに金を与えることができなくなる。

わたしの個人的な経験に言及したい。学生時代のわたしは卒業論文のテーマを探す過程で、道でホームレスをする老人と親しくなったことがある。かれは中国からきた同胞〔朝鮮族〕であったが、わたしがいつも通るバス停の近くで貧しいなりで敷物に座っていた。わたしが言葉をかけると当惑したようだったが、だんだん心を開いてあれこれ話を聞いてくれた。少し後にわたしたちは食堂でウドンを食べた。わたしが言いたいのはかれがどうしてもわたしに奢ろうとしたという点だ。わたしはかれが苦労して稼いだお金を使わせたくなかったが、かれはわたしに勘定をさせなかった。食事を終えた後にかれは薬局に寄ってわたしのドリンクと自分の飲む栄養剤を買った（かれには胃腸病があるようだった）。そのときもわたしは財布を出したが制止された。わたしたちが互いに知らない間柄であるとき、わたしはかれにしばしばお金を渡したが、その日からはもはやそうできなかった。

わたしはホームレスにお金を与える時は視線を向けないのが礼儀だと言いたいのではない。それが規範ならば、なぜわたしたちは規範に従いつつ、かくもすっきりしないのか？　じっさいホームレスに礼儀正しく善行する方法のようなものは存在しない。ホームレスとしてはそこにいること自体が既に屈辱であるからだ。かれをその場に置き捨てることをもって社会は既にかれを侮辱している。

ホームレスの存在は現代社会の構成原理に内在する姿を暴露する。現代社会はわたしたちが**構造**の中でいかなる立場にいようが——社長であろうが末端の社員であろうが、金持ちであろうが貧乏であろうが——**人**として互いに平等だと教える。しかしある人に与えられた構造的な立場が、他人にホームレス

2　贈り物の謎を解明するなかでブルデューは名誉の観念、モースは人格の観念をカギにする。だが先ほど見たようにこの二つの観念は本質的につながっている。人格の核心は顔であり、顔は名誉または神聖なものの別の名前だ。換言すれば二人の説明はすべて贈り物交換に内在した承認の次元を強調する。ブルデューにとってはそれが闘争の形式で現れ、モースにとっては道徳的秩序の形式で現れるという差異があるだけだ。

3　ブルデューは贈り物交換が成立しようとすれば、（1）贈与と答礼の間に時間的間隙がなくてはならず、（2）贈与された物と答礼品が異ならなければならないと主張する。つまり贈り物交換は遅延と差異（二つともフランス語で différence だ）によって二重に規定される。贈与と答礼が同時になされるならば、これは物々交換であり、贈与された物と答礼品が同じならばこれは借り物を返すことと同じだ。Pierre Bourdieu, *Esquisse d'une théorie de la pratique*, Paris:Seuil, 2000, p.339.

をして食っていくしかない立場ならば、かれは人としても決して別の人々と同等でありえない。

純粋な友情と純粋な贈り物

現代社会の構造的矛盾は友情の条件に対して考えてみる時に最も画然と現れる。友情は選択を前提するが、その選択の基準が地位や富のような物質的条件であってはならない。友情に対する多くの格言は、友を選ぶ時に、ただ相手の霊魂だけを考えよと助言する。しかし友情がやりとりを通してつくられる以上、物質的問題を無視することは一種の欺瞞をもたらす。まず友情が選択的関係であることを明らかにしよう。この点で友情は歓待と異なる。歓待は市民的義務であるが、友情は義務ではない。歓待を拒否すること（歓待を表現しないこと、または受け入れないこと）は侮辱と解釈されるが、友情の拒絶は侮辱ではない。歓待は友情の可能性を開いておくものだ。現代社会は普遍的歓待に基づく。この言葉は全ての人が潜在的に友であることを意味する。しかし歓待が友情へと進み出るさいに差別化の原理が作用する。友情は差別性の承認（「お前は他の人と違う」）だ。友情とは無数の人のなかで誰か一人を選ぶことであり、かれを特別に待遇することだ。友情の観点から見れば、誰にでも与えうるものを与えることは何も与えないことに等しい。

相手側に対する知（または知っていくこと）に基づくという点で友情はキリスト教的な愛と区別される。キリスト教的な愛は無差別的で諸個人の差異をカッコの中に入れる。だからアレントはキリスト教的な愛の真正性を疑った。「キリスト教徒は、あらゆる人を愛することができるが、その理由は各々の人がただ機会に過ぎないからだ。敵、そしてもっといえば罪人すらも愛を発揮できる機会に過ぎない。

このような隣人愛から実際に愛される人は隣人ではない――それは愛それ自体だ。」[4]アレントの辛辣な指摘によれば、キリスト教的な愛は他者にすべてのものを差し出すように見えるが、実際には他者に無関心で、ある意味で他者を利用する。他者に対するそのような献身の下にあるのは贈与を通して自我の欠乏を埋めようとする欲望だ。[5]

友情はこれと異なって相手側の固有な特徴を認識して評価するところから始められる。しかし正確にはいかなる特徴なのか？　友情は霊魂と霊魂の出会いであるがゆえに外的要素、つまり肉体や環境に属する諸特徴は重要ではない。人種や性、年齢、社会的地位や出身階級ごときは霊魂が偶然にまとうことになる外皮、あるいは偶然に処されることになる条件に過ぎないので、友情を許可したり拒否する理由になりえない。友情の観念はある種の貴族主義と結合されうるが、その貴族主義は純粋に精神的なものに基づかねばならない。問題は、精神的な諸特徴もまた検討してみれば環境の産物だという点だ。たとえばしばしば霊魂の深さを測定する手段として使われる音楽に対する嗜好は、青少年期にいかなる音楽に主にさらされていたかによって変化し、これは再び階級的で世代的な諸変数に還元される。[6]それゆ

4　アレント『愛概念と聖アウグスティヌス』ソユギョン訳、テキスト、二〇一三、一七一頁〔アーレント『アウグスティヌスの愛の概念』千葉眞訳、みすず書房、二〇〇二、一三五頁〕、リチャード・セネット『不平等社会の人間尊重〔Respect: In a World of Inequality〕』ユガンウン訳、文藝出版社、二〇〇四、一八一頁から再引用。

5　セネット、同書、一八〇‐一三頁。

6　ブルデュー『ディスタンクシオン』崔ジョンチョル訳、セムルギョル、二〇〇五。

え友情が至高の価値と讃えられるほど、友を選ぶ基準自体は——デミアンがシンクレールの額に発見したカインの印のように——漠然と提示される傾向がある。

その上、厳格に言えば霊魂と精神は異なる。精神的な諸特徴は結局肉体に依存し、そのぶん可変的であるからだ。例えば交通事故で頭を怪我した人は前と同じやり方で考え喋ることはできないだろう。しかしわたしたちはこのような変化がかれの霊魂に影響を与えると考えない。かれの友達は変わってしまったかれを見て悲しがるだろうが、でもかれから去りはしないだろう。友情は選択的関係であるがゆえに、選択を撤回する可能性もまた内包する。しかしそのような撤回——絶交——が正当化されるのは相手側の霊魂が堕落して友としての資格がないと判断される時だけだ。

肉体的であれ精神的であれ、個人の魅力は時間とともに褪せたり変質しうるがゆえに、友情の真正なる根拠にはなりがたい。友情はこの点で人気と異なる。人気は魅力が無くなった瞬間に消える。人気の中心にいる人物が変わり続けるという事実は人気の対象が人ではなくかれが体現する魅力であることを示す。それゆえ友情を個人の可変的特性よりもさらに堅固な土台の上に載せようとする努力は、生の一回性あるいは霊魂の場所性を強調する方へと進んでいく。「わたしが他人ではなくお前を友に選んだのはわたしが寂しかった時にたまたまお前がその場所にいたからだ。わたしを魅惑したお前の特徴が薄れた後にもわたしがお前に忠実なのはわたしたちの背後に共にした年月があるからだ……。」友情の理由はこのようにして関係自体になる。

しかし純粋な関係を志向すればするほど友情は簡単に座礁する。友情は恋愛のように安定した停泊地へ向かって進んではいかない。友情は誓いの言葉や誓約のしるし、儀礼の記念日、証人と保証人、始まりと終わりを公式化する書類を知らないのであり、最初から最後まで二人だけの関係に留まる（その反面、結婚は一つの契約であり、あらゆる契約がそうであるようにその効力を保証する第三者を含む）。友情を支えるのは当事者たちの記憶だけだ。そのような意味でわたしたちは友情を純粋な時間に還元することができる。これは、友情はそれと同じ多さの決別の契機を含むということでもある。

友情を不安定にする最も大きな要因は友情がやりとりに依りながらも、そのようなやりとりを可能にする物質的条件に対して考えさせないという事実だ。純粋な友情の観念は純粋な贈り物の観念と連結している。現代社会は贈り物を戦略的に使用することを不道徳に思う。贈り物は経済的計算によって与えられてはならず、相手側に屈辱や負債意識を抱かせようとする意図で与えてもならない。贈り物は純粋な心の表示でなければならない。贈り物の価値は象徴的なところにあるがゆえに、経済的観点からそれを評価することは間違いだ。贈り物がつまらないと怒ってはならないように、高い贈り物をもらったからと過剰にありがたがってもならない。過剰な感謝はわたしを相手側より低い所へと落としこみ、わたしの意志をかれの意志に従属させる危険がある。これは高価すぎる贈り物は拒絶するほうがマシだということにもなる。友情は同等性を前提にするがゆえに、友情をとりもつあらゆる交換は二人の間の均衡を崩さない線においてなされねばならない。[7]

純粋な贈り物とは結局経済的な意味を持たない贈り物、実際にそれが帯びる物質的な価値と無関係に、象徴的な観点でのみ評価される贈り物のことだ。これは経済活動と贈り物交換が別個の領域であり、諸個人が贈り物交換に頼らずに経済的問題を解決せねばならないということを意味する。換言すれば、純粋な友情の観念は経済的に自律的な諸個人で構成される社会を仮定する。自律的個人の理想が含蓄する経済と個人の関係を、わたしたちは次のような図で表すことができる（図1）。

この図で諸個人の出会いは二つの方法でなされる。かれらは経済構造の中で経済構造を媒介に、特定の地位／役割の担い手（資本家と労働者、消費者とサービス業従事者、契約書の甲と乙）として出会ったり、相互作用秩序の中で直接的かつ人格的に出会う。[8] 構造を媒介として出会う諸個人が「利害関係」によって繋がるならば、構造の外で人格的な出会いを持つ諸個人を繋ぐのは「感情」だ。合理的な計算が円の中心、つまり構造に向かうあいだの感情は円の周囲に沿って流れていき、人格的な関係に投資される。贈り物交換はこの二つ目の流れの中でなされる。つまりそれは構造の外で起こる、純粋に相互作用的な出来事だ。

構造と相互作用秩序、利害関係と感情を区別することをもって、現代社会は地位と役割が別の人々が同等な位置で友情を結びうると主張する。理論的には社長と末端の社員が友人になることが可能だ。か

7　この点で友情は義理と異なる。義理は長期的な互酬関係と関連した概念だ。この概念は一方が他方に（あるいは双方が双方に）返さねばならない負債があることを暗示する。負債が多いほど義理は増え、とうてい返せない負債を負ったならば、死をもって守らなければならないほど義理が重くなる。これは義理が同等性を前提しないからだ。儒教において義理はなによりも君主と臣下の関係を維持するさいに必要な徳目であった（君臣有義）。義理に該当する英単語は fidelity または loyalty だが、二つとも垂直的関係に適用できる。

8　この区別は公的なもの／私的なものの区別と異なる。契約は構造、つまり法という第三者を媒介にしてなされるが、私的領域とみなされる。

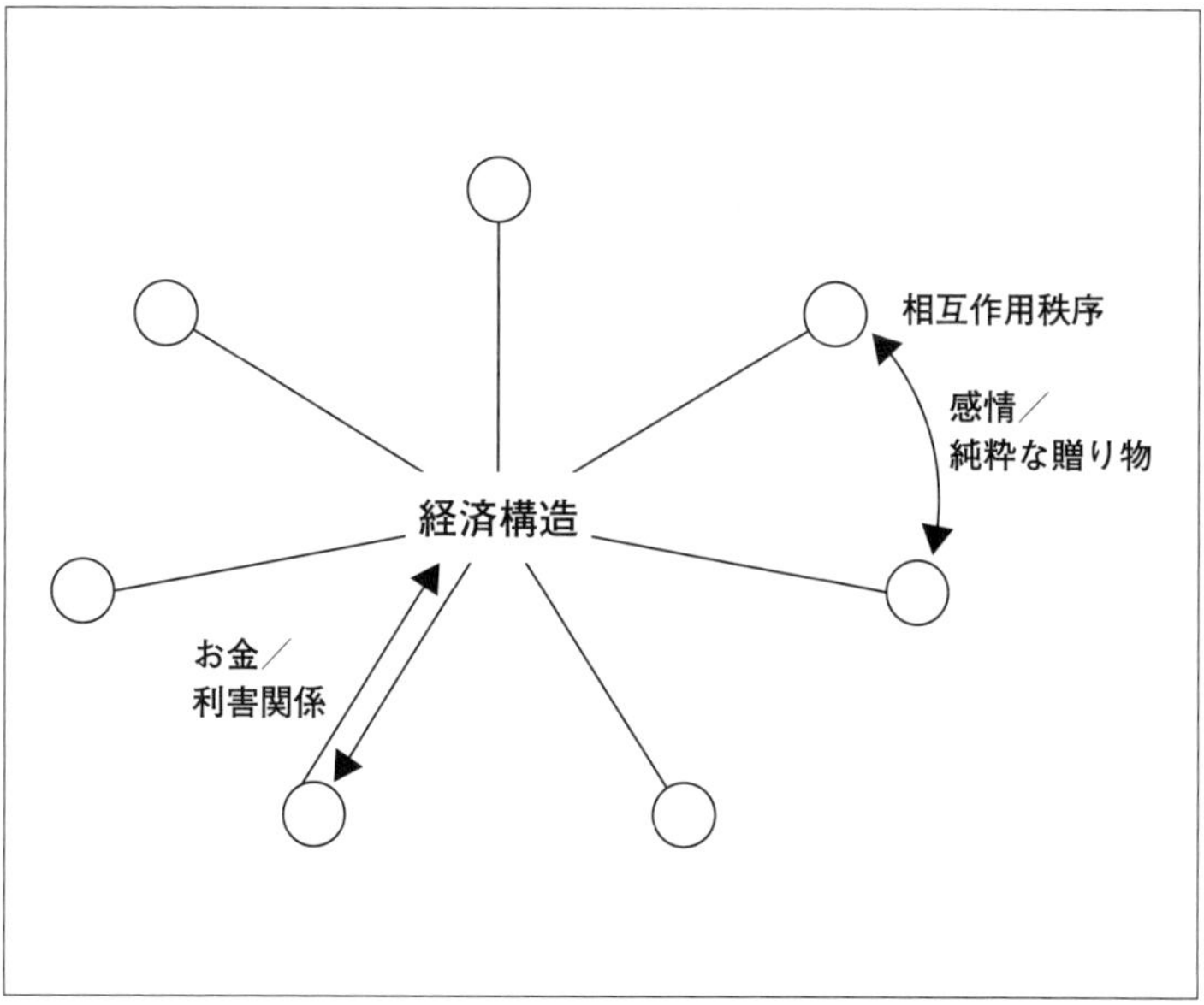

図１

れらは隣人として暮らしながら同じ教会に通い、週末には一緒にテニスをする関係かもしれない。社長が末端の社員の昇進や昇給を決定しうるということ、もっと言えばかれを解雇できるということは重要ではない。なぜならこのような処置は**構造を媒介に**なされるからだ。社長は株主の要求や当面した経済危機、会社が負っている莫大な債務などを理由にして、自分には他の方法がなかったと言うことができる。現代社会はわたしたちにこのような場合に社長を冷酷だと非難してはならないと教える。社長は感情（友人に対する同情）と経済的合理性（減員が不可避だという事実）を区別しただけだ。むしろそのような時に末端の社員が社長に個人的に善処を頼むこと（これは実績がよりよい他の社員が代わりに解雇されうることを意味する）こそ不適切な（現代社会に適合しない）行動と思われている。

このモデルは、ある条件の下では立派に作動しうる。たとえば解雇された社員が解雇後すぐ似た条件の他の職を得るならば、それゆえ自分を解雇して申し訳なさそうにする社長に快くその消息を知らせることができるならば、あるいはかれが充分な退職金を受け取って失業を再充電の機会にすることができるならば、そうして文化センターで出会った美しい講師と恋に落ちて第二の人生を生きることになるならば（『幸せの教室』のトム・ハンクスのように「解雇こそわたしの人生で起こった最も素晴らしい出来事だった」と叫びながら）、友情を分かつさいに地位の差は問題にならないという現代社会のイデオロギーは、全く打撃を受けないだろう。しかし現実はふつうこのように回らない。末端の社員は社長との友情が自分にとって何でもなかったと悟る。のみならず、時が経つにしたがってかれは別の友人たちとの友情も一つ二つ失っていく。かれは以前のように友人たちにご飯を奢れない。かれがお金を出そうとすれば皆がとめようとする。これはありがたいことだが自尊心を傷つけることだ。かれはみすぼらしい自分の姿が嫌で友人の集まりにだんだん出なくなる……。

顔を維持するさいにはお金が必要だ。社会という演劇の舞台で配役の遂行に成功しようとすれば、適切な衣装と小道具を備えねばならないからだ。わたしたちの自我イメージは、そして自分に対する感覚は、わたしたちを別の人々と区別させると同時に同等にしてくれるこのような所有物に大きく頼っているのだ。だから修道院から軍隊に至るまで、あらゆる総体的施設はまず入所者たちからこのような物を奪うのだ。顔を維持しようとすれば社交とも呼ばれる、名誉がかかったゲームに参加できねばならない。贈り物はこのゲームで使われる弓矢であり盾だ。経済力を喪失した人はこのような武器を買うことができないので、自然にゲームから脱落することになる。経済的な疎外がこうして社会的疎外につながる。

家父長制を補完する国家

「経済的自律性に基づく自由な関係」という友情の理想は、経済的に疎外された人々、あるいは他人の経済力に頼って生きていく人々の問題を見過ごす。かれらの位置を表示しようとすれば図1を次のように修正しなくてはならない。

Aは経済的に独立できず他人の人格的関係に頼って生きている人を表したものだ。独自的な所得や財産のない専業主婦が代表的だ。物質的な面での専業主婦の生活は夫がどのような人かによって異なる。かれがお金をよく稼ぐかどうか？　寛大なのかケチなのか？　家庭的なのかどうか？　しかし夫がどのような人であれ、かれに生計を頼っているという事実だけで、専業主婦は友情という領域内へ入るさいに困難を経る。まず夫とかのじょの間には友情が生じにくい。夫はかのじょが与えるあらゆるものを自

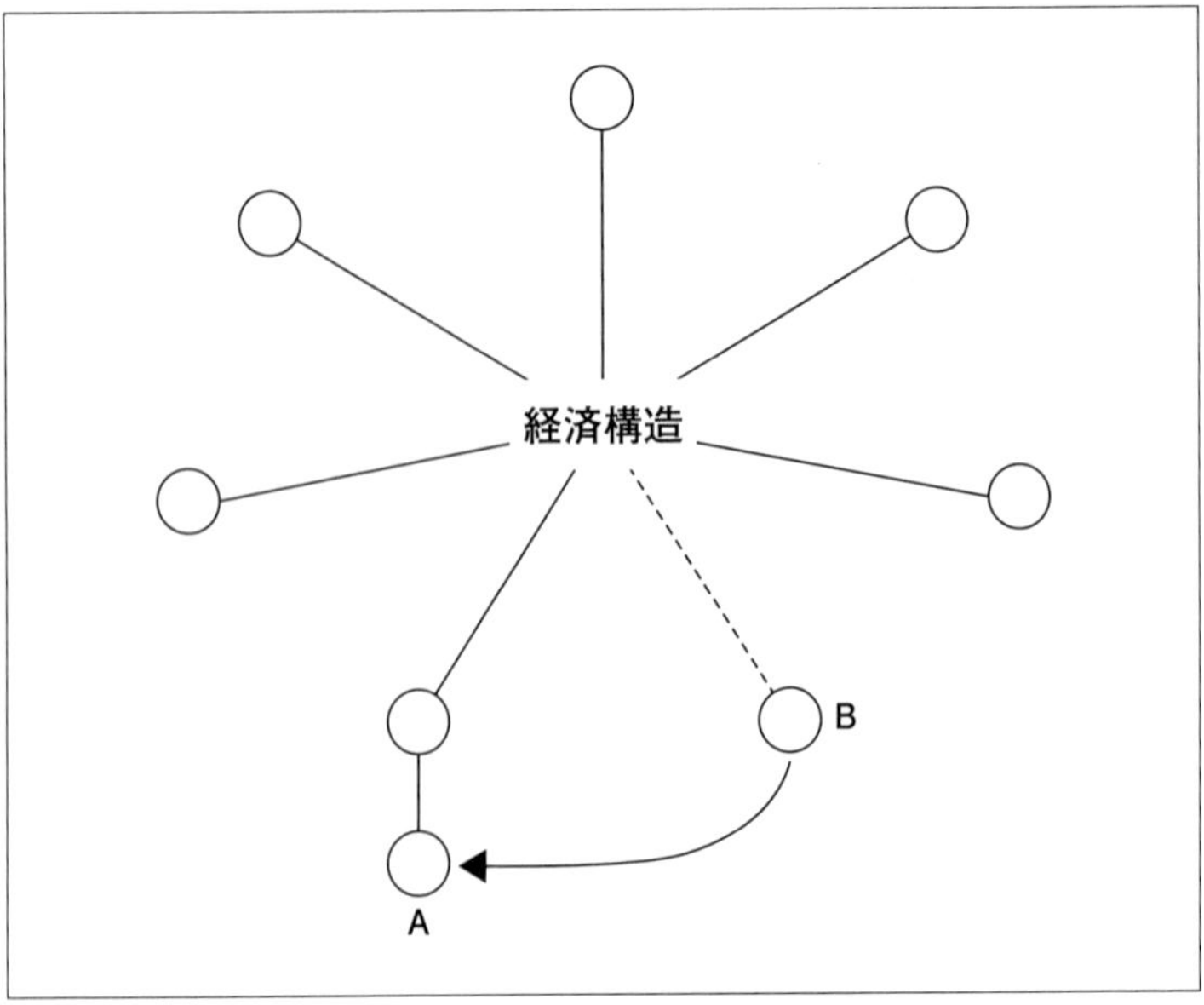

図2

分が与えたものの一部を返してもらうことだと見なしうるからだ（かのじょが夫の誕生日にプレゼントしたネクタイは夫のお金で買ったものだ）。かのじょは自分が好きな人々に思いきり贈り物をできない。かのじょが持っているものはすべて夫からもらったものであり、夫の贈り物だからだ。贈り物を別の人に贈り直すことは最初に贈り物をした人に不快感を与えうる（妻がいくら高い服を買っても小言をいわない寛大な夫でも、妻がこっそり友人にお金を貸したということを知れば怒るだろう）。簡単にいえば専業主婦は贈与者 giver になるのが難しい。友情は一種の贈り物であるがゆえに、友情を分かち合おうとすればまず贈与者にならねばならない。

Bは失職や破産などで経済力を失った人だ。かれはまだ消費者として経済構造と接続を維持しているが、いつまでそうできるかわからない。かれが救助機関に収容されれば、消費者としての地位さえも失うだろう。かれは監獄や軍隊にいる人のように最低限の配給品で生きていくだろうし、これ以上物を通して自分を表現したり確認することはできないだろう。

韓国社会はBのような人々の問題を次の二つの方法で処理してきた。一つはかれらを特殊な範疇に分類して管理し、最小限の生存を保障することだ。施設に収容したり生活保護対象者に指定することがその例だ。この場合、管理対象になった人々は一方的に受け取る立場におかれ、その結果自分たちを管理する人々（社会福祉士や施設職員）や、そのような活動を外部から支援する人々（ボランティアと寄付者）より「低い」立場へ落ちる。冷笑的にいえば、かれらの処置はペットと似ている。かれらはどんな時でも近づいてくる「温情の手」――冬や選挙前にいきなり忙しくなる「疎外された人々を包む」手――を避けることができず、皿に盛られたものは何でもありがたく食べねばならない。貧民の主な用途は、ペットと同様にかれらをなでる人の人間らしさを見えやすくする点にある。これはかれらがいつでも観客たちの前へ引きずり出されうることを意味する。換言すれば、かれらには他人の視線を抜け出た「自分だけの空間」がない。人を演技しようとすれば適切な舞台装置とともに、演技を中断して戻って休むことのできる舞台裏の空間が必要だ。[9] いつでも他人の視線にさらされている人、たとえば野宿者や入所者はこのような空間の区分が壊れているがゆえに人を演技するのが難しい。予告なしに貧民街を訪問して「ボランティア活動」をする有名人たち――わたしはカメラに向かって笑顔をみせてドヤに入っていく朴槿恵の姿を考えている――は慈恵の対象になった貧民らに望まない露出を強要することをもって、かれらが相手を同等な人と感じていないことを無意識的に露わにする。独居老人を「お年寄り」と呼ぶような政治的修辞学はこの事実を隠しきれない。

　韓国社会が経済的に疎外された人々を扱うもう一つの方法は親孝行や介護のような伝統的価値を強調して家族に荷を負わせることだ。先ほど生活保護対象者をペットに喩えたが、韓国においてはペットになる資格すら誰にでも与えられているわけではない。古紙拾いで一人で暮らす老人が、一人前の子どもがいるという理由だけで生活保護を受給できないことはよくある。このような事例を報じるとき、メディアはこの一人前の子どもに実際扶養能力があるのかどうかに焦点を合わせる。もし扶養能力があるにもかかわらず老人を世話しないのであれば、その子どもは「人倫を捨ててしまった」と非難される。要するに問題はシステムではなく道徳と風習なのだ。「システムの限界」が議論されるのは子どももまた日雇い労働をしたり寝込んでいるなど極端な貧困状態にある時だけだ。

　簡単にいえば、韓国社会はBのような人々を一次的にはAの位置に移そうとし、それが容易でない時だけ公的扶助システムを稼働する。わたしたちは「家父長制を補完する国家」という言葉でこのようなシステムを定義できる。この国家は社会の基礎が個人ではなく家族と信じる。そして家族を扶養者と被扶養者、代表者（戸主）とその他の構成員に分ける。「経済」と「政治」に接続している人（お金を稼ぎ新聞を読む人）は前者、つまり扶養者・代表者だ。後者もまた消費者であり有権者として経済と政治に繋がっているが、かれらの役割は限定的で受動的な性格を帯びる。

家父長制の問題点は被扶養者・非代表者が、扶養者・代表者にたやすく人格的に従属するということだ。チェーザレ・ベッカリーアは家族を構成単位とする国家においては子どもたちが家長の専横の下にあるがゆえに完全な意味で市民になりえないと主張した。「ここに一〇万人の人がいて、それが全部で二万の家族に分かれているとしよう。それぞれの家族は五人からなり、各家族を代表する家長をその五人のうちに含むとする。もし、この協同体が家族単位で構成されているのであれば、そこには二万人の人と、八万人の奴隷がいることになる。」[10]

家父長制はまた家族構成員たちを経済的利害関係に結び付けることをもって、かれらの間に純粋な感情が流れることを防ぐ。離婚と同時に生計が行き詰まる女性が愛と打算を区別できるか？　またその夫

9　舞台の表裏の区分は必ずしも空間の物理的分割を意味しない。普段片づけないで暮らしていた人が客を迎えるために家を片付ければ、舞台裏が表に変わる。問題の核心は他人に見せたいわたしと見せたくないわたしを区別し、選択的に表現する自由があるのかどうかだ。

10　チェーサレ・ベッカリーア『犯罪と刑罰』ハンインソプ訳、パクヨン社、二〇〇六、一〇〇頁〔『犯罪と刑罰』小谷眞男訳、東京大学出版会、二〇一一、八二頁〕。

は妻の心を信じられるか？　自分の言う通りにしなければ財産を相続させないと威嚇する父に息子が愛情を感じられるか？　またその父は息子の服従を尊敬の印として受け入れることができるか？　デュルケームは物による紐帯と人による紐帯を区別し、社会が発展するにしたがい家族の土台が前者から後者へと変わったと主張した。「わたしたちが家族に愛着を感じるのは父、母、妻、子供たちをその人自体として好きだからだ。過去にはこれと異なり、物による紐帯が人による紐帯よりも重要だった。家族という組織全体は何よりもまず財産をきちんと管理することを目標にし、人に対する考慮は副次的だった。」[11]

一言でいって家父長制は理念形としての現代社会と**原理的に**対立する。現代社会はすべての構成員が人として現れる社会であり、地位や役割、または利害関係を越えて人として互いに対することができる社会だ。換言すれば、現代社会では皆が皆に対して友情の可能性を開いておく。家父長制はこの理念形の対立物を構成するが、まず戸主＝男性にのみ完全な人の地位を享受させて残りの構成員はかれの所有物と似たような状況にあるという点で、そして人に対する関心ではなく物に対する関心が家族関係を支配するという点でそうなのだ。家父長制において女性と子供たちに与えられる成員権の不完全さは友情の制約につながる。友情は男性的な美徳であり、主に男性主体の人格的成熟というテーマと結びつく。

デュルケームやベッカリーアのような現代性 modernity の支持者たちは家父長制の解体が歴史的必然だと信じた。デュルケームの進化論的図式を参照し（かれの説明だけに依ることなく）、この過程を描けば次のようになる。伝統的家族の土台は財産（土地、家業など）だ。家族は一つの経済的単位として、この財産に付いて暮らし、またこの財産をめぐって争いもする。財産を統制する人は残りの構成員たちを統制できる。現代家族はこれと異なり愛情を結束の基礎にする。これは産業化が多くの職場をつくりだし、子どもたちに親の財産を相続せずとも自分の才能と努力で食っていける機会を与えるからだ。公教育制度の確立と能力主義 meritocracy の拡散は、とりわけ貧しい家の子どもたちに階層上昇の通路を開くが、これはかれらが親の知りえない世界へ入って親とは異なるやり方で生きていくことを意味する。青少年期の生活が学校中心で占められ、学校が子どもたちを大人の世界に導く決定的な役割を担いつつ、親は早くから子どもを独立した個体として見なすことになる。他方で女性は男性と同等に教育をうけて職を持ち、家父長的家族の中に固定されていた自分の位置、永遠なる未成年の位置から抜け出す。家族構成員たちがそれぞれ自律性を得るにしたがい家族関係は水平的なものになり、家族は利害関係から離れて純粋な愛情をやりとりできるようになる。

しかし韓国社会が（デュルケームが家父長制の終末と連関させた）高度の産業化と学力化、そして身分秩序の解体を経ているあいだ、家族は右記の図式とは全く異なる姿に進化した。デュルケームの予見とは異なり、能力主義社会の到来は相続制度の消滅をもたらさなかった。相続方法ないしは戦略を変えただけだ。親は財産を直接相続させる代わりに、子どもの身体にそれを投資し、その身体に相続させることを決心した。そうして子どもたちは相続者であると同時に投資対象、つまり財産自体になった。見かけ上、多くの点で家父長制と離れているように見えるこの新しい家族の中で、財産の管理――つまり子

11　Émile Durkheim, *La famille conjugale* (1892), François de Singly, *Sociologie de la famille contemporain*, Paris: Nathan, 1993, pp.7-8 から再引用。

どもたちの身体と時間割の管理——は今なお構成員たちの関心を支配する。相続が特定の時点ではなく養育期間全体にわたり続くことになるがゆえに、家族は慢性的な葛藤状態に置かれる。親の相続プロジェクトに同意するが物扱いされることを望まない子どもたち、財産管理人としての自分の役割を認めてもらいたい母親、家長でありながらもこのプロジェクトから疎外されていると感じる父親が葛藤の三大主役だ。毎年増え続ける学校と家から去る青少年の数字は家族の危機を知らせる多様な症候とともに、このプロジェクトがいかに危険で成功しにくいかを示している。

韓国の家族は構成員たちのあいだの紐帯が物に基づくがゆえに、経済危機にかなり脆弱だ。家長の失職は直ちに家庭不和、暴力、離婚、児童遺棄に繋がる。お金を稼げなくなったら父親ではないと人々が述べ、妻が述べ、なによりかれ自身がそう考えるがゆえに、職を失った父たちはみすぼらしくなり、それと同じくらい乱暴にもなる。父親だけではない。家族全体が同じ論理に縛られている。ご飯をつくってやれなければ母親じゃない、勉強をできなければ子どもじゃない、老いたら死ぬべきだ……。あたかも自分の有用性を立証できなければ家族の一員になれないというように(有用性は物の属性だ)。

韓国の家族はなぜ「人を土台とする家族」へ移行できないのか? この問いに答えようとすれば友情の条件に対する議論に戻らねばならない。人を土台とする家族、あるいは関係それ自体が重要な家族——「関係的家族」[12]——の構造は友情の構造と似ている。関係のなかの諸個人が互いを道具化せずに人として対することができるのは経済的な関心を関係の外へ押し出したからだ。経済的な関心が真ん中に置かれるやいなや、関係は複雑になり不安定になる。心がお金に換算され、お金が心に代わり、ともにした時間全体が投資、期待、利益、損害、清算のような経済用語で記述され始める。しかし経済的な弱者たちが頼れる最後の砦が家族ならば、経済的関心を家族の外へ押し出すことがいかにして可能なのか？　資本主義的産業化は無給家族従事者や専業主婦のように家族を媒介に経済に間接的に接続している諸個人を労働市場に引きずり出す傾向がある。非契約関係から契約関係へ、または贈り物経済の領域から貨幣経済の領域へのこのような移動は、諸個人を人格的従属の危険から抜け出させ、労働の価値を認められるための果てない闘争から解放させる。しかし資本主義の発展が家族の経済的機能を完全に剥奪するのではない。むしろ資本主義経済の中で家族は労働力再生産の拠点として、そして失業の衝撃を吸収し、経済拡張に備えて予備人力を貯蔵する場所として特別な重要性を持つことになる。「家父長制を補完する国家」が時代錯誤的だと非難されつつも、資本主義と立派に調和をなす理由がここにある。家父長的家族から関係的家族への移行は産業化が伴う自動的な変化ではない。二つの形態の家族は同時性の中にあり、資本主義は後者をつくりだすのと同じほど前者を必要とする。

結局家族を友情の原理によって再組織しようとする現代のプロジェクトは友情がぶつかるものと同じ障害物にぶつかる。他人との人格的関係に頼って物質的な必要を解決する人々の存在がそれだ。かれらが人として別の人々と自由で平等で打算的ではない関係を結ぶことはいかにして可能か？[13]　人の地位を法的で儀礼的側面でのみ——つまり形式的観点においてのみ——規定し、人らしく生きるさいに必要な物質的資源の問題を無視するならば、わたしたちはこの質問に答えられない。友情の条件に対する議論はこのようにしてわたしたちを贈与と歓待の関係に対する考察へ導く。

12　François de Singly、前掲書、pp.6-7.

贈与と歓待

歓待に対する議論はおそらくその語源の影響によって安易に主人と客の対立の中に閉じ込められ、客の役割を主人の観点から決定する問題、つまり贈与の問題へ帰着させがちである。贈与の義務が慣習と道徳の領域に属するように、歓待の権利もまた法の枠外にあると感じられている。しかしカントが『永遠平和のために』で「あらゆる人が享受できる一時的滞留の権利であり交際の権利」として歓待の権利を唱えた時、かれはこの権利の根拠を主人と客の関係倫理ではなく「人類に共同に帰属される地球の表面に対する共通の権利」に求めた。カントはなにより自分が博愛ではなく法的な**権利**について述べていると明確にした。[14]

歓待を主人が客に施す行為として理解する場合、歓待の範囲あるいは限界に対する問いが直ちに提起される。招待していない客もまた歓待すべきなのか？　訪ねて来た人が客ではなく泥棒でも同じなのか？　かれに何を施すべきなのか？　食事？　寝床？　あるいは単なる親切な言葉？　かれをどのくらい滞在させるのか？　わたしの望む時にかれを去らせる自由がわたしにあるのか？　最後に、歓待の倫理を主権者（国民あるいは国家）と外国人の関係に適用できるのか？

ある人々は歓待を単純な友好の身振りとして理解する。遊びに来た隣人にお茶を出すようにだ。このような歓待は些細な贈与を含みうるが、その贈与の意味は象徴的なものに留まる。いわばこのような歓待は友情の前段階を構成するものであり、ここから一歩進み出るかどうかは全的に歓待する人にかかっていると感じられている。相手側が期待にそぐわない行動をすれば、歓待する人――主人――が好意の表現を取りやめうるからだ。歓待が「持つ者の論理」を代弁するという批判はこの概念に対することのような理解に起因する。

条件付きで与えられるこのケチな歓待の反対側に、他者に対する私的空間の無条件的で全面的な開放

13　家事労働の価値を計算しようとするフェミニストたちの努力をわたしたちはこのような観点から再評価してみることができる。かれらは家事労働が対価が支払われない再生産労働だということ、資本は家事労働の対価を支払わないことをもって再生産費用を低めるということ、または家族賃金の形態で支払うことをもって家事労働の価値評価を家長に担わせ、家族内で女性の従属を深化させるということ等を強調した後に、「家で遊んでいる」と言われる女性たち——専業主婦たち——が実際にいかに大きな経済的寄与をしているのかを数字で現わして示そうとする。これは家長が贈与したと考えられていたもののうち一部をそもそも主婦が受け取るべきものだったと示すことをもって、主婦の贈与者としての地位を回復しようとする戦略だ。しかしこの戦略は労働が自由と平等の基礎であることを前提するがゆえに、労働能力を失った女性は従属的な地位に甘んじねばならないのかという反問に答えられない。

14　カントは永遠平和のための三条件として（1）市民憲法の水準で、あらゆる国家に共和制を樹立すること、（2）国際法の水準で、自由な諸国家の連邦体制を建設すること、（3）世界市民法の水準で、普遍的友好を保障することを提示し、最後の条項について次のように説明する。「前の条項においてのようにここでの問題も博愛に関することではなく**権利**に関することだ。**友好**（客としての待遇）とは異邦人が見知らぬ地に到着した時、敵として見なされない権利を意味する。追放によってその外国人が生命を失わない限り、その国家はかれを自分たちの地へ留まれないようにすることもできる。しかしかれが平和的にふるまう限り、かれを敵対的に扱ってはならない。異邦人が永続的に**訪問者**であることを要求する権利はない（異邦人に一定期間のあいだ居住者であることができる権利を与えるためには特別な友好的同意が要請される）。あらゆる市民が享受できるのは一**時的滞留の権利**であり、交際の権利だ。人々は地球の地面の塊を共同で所有することによってそのような権利を持つ。人々は地球の上で代々あちこちに散らばって暮らすことができないがゆえに結局互いの存在を承認しなければならない。本来はいかなる人も地球上の特定地域に対して他人よりも優先的な権利を持っていない」。（カント『永遠平和のために』李ホング訳、曙光社、一九九二、三六‐七頁〔宇都宮芳明訳、岩波文庫、一九八五、四七‐八頁〕）。

がある。予告なしに訪問する異邦人のための歓待、報いを期待せずに、もっといえば相手側が誰なのかすら確認しない歓待。デリダはこのような歓待――「純粋な」歓待あるいは「絶対的」歓待――が不可能な理想だと述べる。[15]ペロペネ・ドイッチャーが敷衍したように「わたしがいくら開放的な hospitable な人だったとしても、来る人すべてにドアを開いてやるわけではなく、かれらに条件や制限なしに何でも持たせはしないだろう。」[16]しかしこの不可能性は無意味ではない（とドイッチャーは信じる）。現実的な（条件付きの）歓待はこの不可能な歓待の影のなかで起こり、この不可能性と関係を結ぶことをもって自らを変形可能性の前に開放するからだ。[17]

ところで対蹠点にあるような二つの立場は見かけほど異なっていない。デリダのように一つを不可能な理想の側に、もう一つを可能な現実の側に置くならば、なおさらそうである。二つの立場は三角形のイデアと現実の三角形のように互いに反映して承認しながら、二つのあいだの深淵を強調する。この深淵が越えられないように見えるのは、わたしたちが私的空間の開放と公共性の創出を混同しているからだ。ある人が自分の家の門をたたくすべての人を迎え入れて食事と寝床を与えることは可能ではない。しかしある社会がその社会に「到着した」すべての見知らぬ存在たちを――新しく生まれた子供たちと国境を越えて来た移住者たちを――条件なしに歓待することはいくらでも可能だ。わたしたちはみな見知らぬ存在としてこの世の中に到着し、歓待を通して社会の中に入りこんだのではなかったか？

歓待の範囲と限界に対する質問は、わたしと他者の対立をこっそり「わたしたち」と「かれら」の対立へ取り換えることをもって混乱を荷重する。「いくら開放的な人だとしても、やってくる人すべてに門を開いてやりはしないだろう」と言った後に、ドイッチャーはかなり当然だというように「無条件的な移民を許容する国家についても同じく述べることができる」と付け加える（いくら寛大な移民政策を展開する国家でも「寛容の閾」があるのだと）。歓待の主体はこのようにして「わたし」から「わたしたち」へ変わる。しかしもし絶対的歓待が不可能ならば、わたしはいかにして「わたしたち」になりえたのか？　いや、わたしが「わたしたち」に属するかどうかを、わたしはいかにして知るのか？

そのうえ歓待に対する議論が「限界」または「閾」に焦点が合わせられるとき（「かれを受け入れることができるのはここまでだ」「これがわたしが与えうるものの限界だ」……）歓待は贈与と混同される傾向がある。しかしわたしがわたしの家を訪れた隣人に（かれが経済的に苦しいことを知りながら）たった一杯のお茶だけで対応するならば、これは必ずしもわたしがケチだからではなく、それ以上の対応がある意味で禁止されているからだ。貧しい友人にも時にはご飯を食べさせてもらわねばならないという理由においてだ。もちろんこれは隣人を助ける行為が歓待の名前で禁止されているという意味ではない。与える人が与えたという事実を忘れ、受け取る人が受け取ったという事実を忘却する限り、歓待は与える行

15　Jacques Derrida, Hospitality, Justice and Responsibility: A Dialogue with Jacques Derrida, *Questioning Ethics: Contemporary Debates in Philosophy*, R. Kearney & M. Dooley (eds.), London/New York: Routledge, 1998, pp.70-1〔デリダ「歓待、正義、責任――ジャック・デリダとの対話」安川慶治訳『批評空間』第二期二三号、一九九九〕. ペロペネ・ドイッチャー『How To Read デリダ』ビョンソンチャン訳、ウンジン知識ハウス、二〇〇五、一一九‐一二一頁〔『デリダを読む』土田知則訳、富士書店、二〇〇八、九七‐九九頁〕。

16　ペロペネ・ドイッチャー、前掲書、一二三頁〔前掲書、一〇〇頁〕。

17　ペロペネ・ドイッチャー、前掲書、一三三頁〔前掲書、一〇八‐九頁〕。

為を含みうる。それゆえ歓待と贈与は同一なものではない。友情の条件は歓待であることを主張しつつ、わたしはなによりもこの点を強調したい。

まず歓待が再分配を含むという点を確認しよう。歓待とは他者に場所を与えること、またはかれの場所を承認すること、かれが楽に「人」を演技できるよう手助けすること、そうしてかれをもう一度「人」にしてやることだ。人になるということは社会の中で場所を持つことに他ならないからだ。人を演技しようとすれば最小限の舞台装置と小道具が必要だ。たとえば誰かを招待できる空間、着替える服、急須や茶を買うお金のようなもののことだ。それゆえ歓待は資源の再分配を含むものだ。これは子どもたちがままごとを始める時にまずおもちゃを分けることと似た理知だ。いくら欲深い子どもでも相手が何も持っていなければ互いに招待することも、贈り物をやりとりすることもできないと知るがゆえに、すすんで生活道具を分け与える。

再分配は贈与といかに異なるのか？ カール・ポランニーは市場の外でなされる交換をすべて贈与とみなし、再分配を贈与の一形態とみなした。かれは贈与を大きく互酬的交換と再分配に分けたが、両者の違いは贈り物が動く方向にある。前者の場合、贈り物の流れが二つの点のあいだを行き来する矢印として現れるならば、後者は矢印が中心から四方へと広がっていく。[18] このような分類の問題点は贈与の外延が過剰に広がるということだ（ポール・ヴェーヌは「ギリシャ人でない人はすべて野蛮人と定義することと同じ」と皮肉る）。[19] 友人にご飯を奢ることから失業者に年金を与えることまで、極めて多様な異質的な実践を一つの概念に含み込めるならば、その概念は分析道具としての有用性を失うだろう。ヴェーヌはポランニーを批判して、贈与の本質が個人的な関係 personal relation の追求にあると主張する。個人的な関係を追求しない互酬的交換、たとえば物々交換は贈与ではない（貨幣使用の有無は重要な基準になりえない）。同様に現代の福祉国家でなされる多様なやり方の所得再分配は贈与の範疇から除外されねばならない。[20]ヴェーヌの定義はポランニーのものより堅固にみえるが、なお隙が発見される。寄付donation は贈与なのかどうか？（腎臓寄贈や児童への後援のように）受け取る人が誰なのか分かれば贈与であり、（献血や不遇な隣人援助のように）恵沢を受ける人が不特定多数である時は贈与ではないのか？あるいはこの二つはともに真なる意味での個人的関係を追求することではないがゆえに贈与から除外すべきなのか？　寄付を二つの範疇に分けることも、贈与からそもそも除外することも、それほど説得力のある解決策ではないだろう。

贈与に対するポランニーとヴェーヌの議論が逃しているのは贈与が内包する承認の次元――贈与が承認を追求し、承認を通してはじめて構成されるという事実――だ。国家が税金を集めて貧しい人を助ける時と慈善団体が募金を集めて同じことをする時に、物質の流れという観点ではなんら違いがない。両方とも暮らしが豊かな人からそうでない人へと富が流れる。だからポランニーはこの二つすべてを再分配に含める。しかし行為者たちの立場においてこの二つは決して同じではない。与える人の立場におい

18　Paul Veyne, *Le Pain et le cirque*, Paris: Édition de Seuil, 1976, p.73.〔ポール・ヴェーヌ『パンと競技場――ギリシア・ローマ時代の政治と都市の社会学的歴史』鎌田博夫訳、法政大学出版局、一九九八〕。

19　Paul Veyne, 前掲書、p.76.

20　Paul Veyne, 前掲書、pp.76-92.

て税金を納めることは義務だが、募金に参加することは自発的選択だ。受け取る人の立場において失業手当や生活保護は受け取ることが権利であるが、慈善団体の助けをもらうことは「ありがたいこと」だ。ありがたがることは助けを受けた事実を忘れないということだ。寄付者は匿名で寄付をする場合にも、自分の行動が──「名を知らない人の小さな善行」程度に──記憶されることを望む。この点で寄付は個人的関係を追求する贈り物──ヴェーヌが厳密な意味で贈与と考えたもの──と一つのカテゴリーに束ねることができる。純粋な意図であれ利害関係に従ってであれ、返礼を望むのであれ望まないのであれ、贈り物をする時わたしたちは受けとる人の心に記憶を残そうとする。これは福祉国家が遂行する再分配と対照をなす。国家が納税者のお金を福祉受給者の通帳へ移す時、お金を出した人はいかなる承認も期待せず、受けとる人はいかなる記憶の義務も負わない。

贈与は承認を追求するのみならず、承認を通してはじめて構成される。ポランニーは財貨とサービスの移動方向によって再分配と互酬的交換を区分するが、これは贈与が実物の流れによって構成されているという印象を与える。ポランニーの関心が近代経済学の言語が包摂しえない実物の流れとしての「生活の経済」に向かうものであるだけに、かれの読者たちは言語の外皮を取って純粋に物質的なものの層位で贈与を分析できると考えがちだ。しかし所有がそうであるように、贈与は承認の問題だ。所有が人と物の関係ではなく人と人の関係だという点を先だって既に説明した（第一章の「奴隷」節を参照）。わたしがある物を所有するということは、他の人々がわたしをその物の所有者として承認するということだ。贈与も同じだ。与える行為自体は贈与ではない。与える行為を贈与として構成するのは与える人と受け取る人の関係に対する特定の解釈だ。奴隷が主人にいくら献身的に奉仕してもそれは贈与と承認されない。奴隷が与えるあらゆるものは既に主人に属していると感じられているからだ。だから奴隷が主人に体の代金を払って自由になる場合にも、解放は主人の純粋な贈与として見なされた。[21] 同様にわたしたちはレストランの従業員やマンションの警備員がわたしたちの食事や安心した眠りにいくら大きく寄与しようが、かれらが報酬を受け取って働く限り、個人的に感謝する必要がないと考えている。その報酬がいくら話にならない額だとしてもだ。「貧しい労働者たちは他のあらゆる人々に慈悲を施す匿名の寄付者」[22]というバーバラ・エーレンライクの言葉は問題の核心を正確に突いている。これは贈与の論理が歓待の論理と全く異なるという意味だ。歓待もまた与える行為だが、この与えることは贈与として計算されない。歓待とは与える力を与えることであり、受け取る人を与える人にすることだ。

共同体に関する二つの想像

友情の条件は絶対的歓待だ。歓待の条件もまた限界に対する議論が暗示することとは異なり、絶対的歓待は自我と他者のあいだの境界を完全に壊すことを意味しない。人々のあいだにいかなる壁も存在しない「絶対的共同体」に対する幻想はかなり古くからのものだ。革命の時間や祝祭の時間に人々は実際

---

21 Orlando Patterson, *Slavery and Social Death*, Cambridge/Massachusetts: Harvard University Press, 1982, pp.212-4.〔パターソン『世界の奴隷制の歴史』奥田暁子訳、明石書店、二〇〇一〕。

22 バーバラ・エーレンライク『労働の裏切り』チェヒボン訳、ブキ、二〇一二、二九六頁〔『ニッケル・アンド・ダイムド――アメリカ下流社会の現実』曽田和子訳、東洋経済新報社、二〇〇六〕。

にそのような共同体の存在も経験した。[23] しかし絶対的共同体を詩的形態ではなく散文的形態で現実の中に固定させようとする試みは、いつも残酷な結果を生んだ。門もなく、敷居もなく、「自分だけの部屋」ごときはもとよりない共同体において、友情は不可能だろう。そこでは秘密を守ることも告白することもできず、一人だけの時間を楽しむことも共にする時間を待つこともないだろうからだ。カール・セーガンの『コスモス』には四方に明るく開かれていて、透明な意思疎通がなされる共同体の例が出てくる。

ナガスクジラは二〇ヘルツの音をかなり大きく出す。二〇ヘルツはピアノが出す最も低いオクターブの音に該当する。海の中でこのように低い周波数の音はほとんど吸収されない。米国生物学者ロジャー・ペインの計算によれば、地球上でもっとも遠い地点に離れていたとしても二頭のクジラが相手の音を聞きとるさいになんら困難がないという。南極海のロス棚氷にいるクジラが遠くアリューシャン列島にいる相手とも対話できるということだ。クジラは自分たちの歴史をほとんどを地球的規模の通信網を構築して生きて来たのだ。広大無変の深海で一万五千キロも離れていたとしても、クジラたちは愛の歌で互いの関係を確認できる。[24]

大洋を横切る信号をやり取りする二頭のクジラに対する描写は長距離国際電話で愛を確認する恋人たちの姿を思い浮かばせる。セーガンが語らないのはかれらの通話内容が他のクジラたちにも筒抜けだという点だ。さらにそのクジラたちもまた通話中だ！　海の中は人が皆それぞれ受話器をもって大声で喚く地下鉄の中のようにかなり騒がしいだろう。そのように騒がしい音波の振動のなかで何かを聞き取ることができるならば、皆が同じ音を出す方法しかない。セミの合唱やカエルの鳴き声、あるいはデモ隊のスローガンや歌のようにだ。集団的で直接的なコミュニケーションを通して伝達されるメッセージは単純になるしかない。

23　チェジョンウンは『こんにちの社会科学』(五月の春、二〇一二)において解放光州(光州抗争当時戒厳軍の臨時撤収によって生じた市民自治空間)を絶対共同体と規定する。

24　カール・セーガン『コスモス』ホンスンス訳、サイエンスブックス、二〇〇四、五四〇 - 四一頁〔『COSMOS』下巻、木村繁訳、朝日新聞社、一九八〇、二〇六 - 七頁〕。「人間の死」に慣れたこんにちの読者たちにとってこの本に込められた純粋なヒューマニズム、例えば「星の灰が星を想う」という恰好のよい表現の中に圧縮されたヘーゲル主義やコミュニケーションの発達を進歩の尺度にするコンドルセ式の発想は今更な感を与える驚きとともに一抹の郷愁を呼び起こす。『人間精神の進歩に関する歴史的図表 *Esquisse d'un tableau des progrès de l'esprit humain*〔人間精神進歩史〕』においてコンドルセは人類の進歩を測る重要な出来事として、分節化された言語の使用、アルファベットの発明、科学の誕生と文化、印刷術の発明と公論場の形成、そしてフランス革命を含める。一〇の段階でなされる進歩の最終段階は人類の構成員であれば誰もが自由自在に駆使できる「普遍言語」の創設だ。「人類の完成」を夢見てコンドルセがこのようにコミュニケーション手段の進歩に焦点を合わせるのはおかしなことではない。この図表の見えない消失点はコスモポリタンの理想であり、コスモポリタンとは他ならぬ人類のコミュニケーション可能性を信じる人だからだ。コンドルセが「普遍言語」の創設に力を得た全人類の自由なコミュニケーションを進歩の最終段階として設定したのであれば、セーガンはそこに人間ではない知的生命体との対話という新しい段階を付け加えた。わたしたちはまずクジラやチンパンジーのような高等動物と対話せねばならず、さらには地球外の知的生命体を探査せねばならない。広い海を悠々と泳いで地球全体に散った仲間たちと交信するナガスクジラたちはわたしたちの最初の接続対象であり、わたしたちがいつか出会うかもしれない宇宙人の姿を暗示する――人類がまだ到達できない段階に到達している、人類の未来像としての宇宙人。

この共同体を『コスモス』の最後の章に出てくるもう一つの開かれた共同体と比較してみよう。巨大なる図書館があった都市アレクサンドリアだ。アレクサンドリアの図書館の膨大な蔵書、本を買い集めて研究を後援することにお金を惜しまなかった王たちとその下に集まった古代最高の知性たち、火災で焼失する前まで七〇〇年にわたりここに蓄積されてきた人類の精神的遺産に対し、感慨あふれた語り口で述べた後にセーガンは付け加える。

アレクサンドリアは西欧の歴史で最も偉大な都市だった。多くの知性たちが世界各地からここにあつまり共に生活し共に学びながら交流した。アレクサンドリアの路地は一日も欠かさず商人、学者、旅行客たちであふれかえった。ギリシャ、エジプト、アラビア、シリア、ヘブライ、ペルシア、ヌビア、フェニキア、イタリア、ガリアなどから来た人々がここに集まり各地方の商品と思想を交換した。コスモポリタンという単語が真なる意味を持った場所もまさしくここであっただろう。[25]

クジラたちの共同体と同様に、この古代のコスモポリスを組織する原理は開かれたコミュニケーション——誰でも制約なしに参与できるという意味での——だ。しかしそれが開かれているやり方は全く異なる。クジラたちはなんの媒介もなく同時性の中で、皆が皆に直接繋がっている。同一な音の場のなかに閉じ込められているがゆえに、かれらは交信対象を選択できず、沈黙の中に退くこともできない。換言すればかれらは互いに聴覚的に完全に露出しているが、これはいつでも相手側を侵犯でき、また相手側によって侵犯されうることを意味する。その反面図書館の都市アレクサンドリアにおける霊魂たちは本を媒介に互いに近づく。かれらを繋ぐのはコミュニケーションではなくコミュニケーションの可能性だ。コミュニケーションの地平全体を包む音の穹窿ではなく、いたる所で静かに、散発的に起こる交流だ。この交流は路地で人々と話を交わすことと一人で本の中に沈み込むことをともに含む。読書と対話のあいだにはなんら本質的な差異がない。読書はまた別の対話——非同時的になされる対話——であるからだ。

共同体に対するこの二つの想像は互いに競合しながら知性史のなかで絶えず摩擦を起こしてきたのであり、その滓が大衆、公衆、多衆《マルチチュード》のような概念のなかに沈殿している。遺憾ながらこんにち共同体について語る人々はクジラのコミュニケーション方法を排他的に好む傾向がある。共同体を表わす典型的なイメージはカンガンスルレ〔朝鮮の踊りで月夜に輪になって踊る〕をする時のように皆が手に手をつないで輪になるものだ。皆が皆の顔を見ることができ、皆に向かってしゃべることができるようにだ。視線と耳と二つの手を完全に他人に差しだすこの「開かれた」姿勢に比べ、図書館で背を丸めて本を読む姿は余りにも「個人主義的」で「閉鎖的」に見える。下を向いた頭は自分の関心はただ本だけだと言っているようだし、丸まった背はお願いだからどうか関わらないでくれと言っているようだ。本を読むことは自分の目の前にある世界よりももっと大きな世界と繋がる行為だ。しかし図書館の寂寞はこの事実をしばしば忘れさせる。わたしが大学に通っている頃、図書館で勉強する学生たちは「密室」に隠れていると思われており、「広場」に出てこいと呼びかけられもした。

25　セーガン、前掲書、六六四頁〔前掲書、三一三 - 四頁〕。

共同体に対するこのような制限された表象は共同体 Gemeinschaft と社会 Gesellschaft を対立させる伝統と関連がある。フェルディナント・テンニース以来、様々に変形されてきたこの対立を要約すれば次のようになる。共同体は小規模で、単純で、構成員たちが血縁や地縁で繋がって、対面的で情緒的な関係を結ぶ。それに反して社会は大規模で、複雑で、構成員たちが形式的で契約的な関係の他にはいかなる関係も結ばないまま匿名の個人として互いに対する。道徳と慣習の支配を受ける共同体と異なり、社会においては利得の損失に対する冷静な計算が優先する。

このような二分法は理論的にいくつかの難点を惹き起こすが、ここではそのまま置いておこう（読者たちは構造と相互作用秩序に対する先の議論とこの二分法を比較してみてもいいだろう。形式的・契約的な関係と体面的・情緒的な関係は現代社会を組織する縦糸と横糸であるのみで、異なる時空間に属する対立する原理ではない）。わたしが述べたいのはこのような二分法が現代社会（および都市文化）に対する敵対と伝統社会（または田舎生活）の理想化へ簡単に繋がるという点だ。都市は寂寞して冷たく、「隣で誰かが死んでも分からないほど」人々が互いに無関心だが、田舎では「どの家の匙がいくつあるのか、どの家の米が底をついているのかをはっきり知っている」という風にだ。昼間にも鍵を閉める都市の主婦たちと他人の家の台所を自分の家のように行き来する田舎の女性たち、塾でカップラーメンをすする都市の子どもたちと他人の家で食べさせてもらって宿題もする田舎の子どもたち等々。

しかしこのように親密な共同体における暮らしは果たして楽しいだけだろうか？　大学を卒業して智異山のふもとの故郷の村に戻った友達の言葉が浮かぶ。他のことは全部いいのだが夕方になると酒瓶を片手にやってくる隣人のせいでおかしくなりそうだと。招かざる客の訪問を純粋な心で歓迎できないのは、かれがあまりにも個人主義的だからなのか（デリダは純粋な歓待とは招かざる客に対する歓待だと言う）？　「共同体的な生」を選んだ以上、ある程度の私生活侵害は耐えねばならないのか？　共同体と社会の対立はこのように共同体主義と個人主義の対立へと進みゆく。共同体主義を熱烈に支持する人だとしても個人の欲求を完全に否定できないがゆえに、これは結局比率の問題に帰着する（共同体主義と個人主義をいかに「調和」させるべきか）。

絶対共同体に対する幻想はこのように「個人か共同体か」という間違った二択を強要する。共同体に属するということが、わたしと別人のあいだの壁を無くすこと――文字通りに「一つになること」――を意味するならば、共同体に対する擁護は私生活侵害を正当化する口実へと簡単に転落するだろう。しかし個人と共同体は決して対立概念ではなく、共同体の精神を追求することと私生活の自由を持つことのあいだには本来いかなる矛盾もない。個人に席／場所を準備し、かれの領土に囲いをつくることがまさに共同体の役割だからだ。デュルケームが指摘したように、公共性が強化されるにしたがい私生活の自由はむしろ大きくなる。家父長制の下で既婚女性と未成年の子どもは私生活の自由を持ちえなかった。かれらは家の中でも楽に休むことができず、家父長の目を伺いながら一種の待機状態にいなければならない。もちろん家父長の性格によってかれらが感じる圧迫の程度は変わってくる。しかし家父長がいつでもかれらを叱ることができ、もっといえば叩くことができるという事実は変わらない（個人空間に対する侵犯は最終的に体に対する侵犯として現れる。体は自我の最後の領土であり、残りの諸領土――「個々の人間存在を取り囲む仮想の領域」――に対して個人が行使する主権の源泉だ）。ところが家父長がこのような権力を行使できるのは国家が家庭を家父長の私的領土とみなし、その中で起こることに対して介入を自制するからだ。換言すると家父長社会の弱者たちが体験する私生活剥奪はかれらが公共の力が及ばないところで孤立しているという事実と関連する。もっと一般的にいえばプライバシーの欠如――「自分だけの部屋」が無いこと――と公的空間からの排除は場所喪失 placelessness の二つの形態として、コインの両面のように背中合わせなのだ。社会の中に席／場所がない人、社会の外にいる人は、自分のために進みでる第三者を持たないがゆえに、私的関係の中でも自分の席／場所を守りえない。

個人と共同体、私的なものと公的なものの関係をこのように理解する時、ようやくわたしたちは絶対的歓待の可能性に対する質問に折衷主義的答弁（絶対的歓待は不可能だがその不可能性の地平に向かって進んでいくことは可能だ等）以上のものを提示できるようになる。絶対的歓待が私的空間の無条件的で完全な開放を意味するならば、わたしたちはデリダのように最悪の状況を頭の中に描きながらそのような歓待が果たして可能なのか自問せねばならない。[26]しかし絶対的歓待が、他者の領土に幽閉され自分の存在を否認されている人々に助けの手を差し出すこと、かれらを認知して承認すること、かれらに「絶対的に」席を与えること、つまり無差別的で無条件的に社会の中に奪われることのない席／場所を準備することであれば、わたしたちはそのような歓待が必要で、また可能だと言える。そのような歓待は実に友情や愛のような単語が意味を持つための条件だ。

それゆえ歓待に対する問いは必然的に公共性に対する議論へと進んでいく。歓待は公共性を創出することだ。児童虐待防止法をつくること、路上を彷徨う青少年たちのためにシェルターをつくること、家のない人に住居手当を出し、仕事のない人に失業手当を出すことは全て歓待の多様な形式だ。自由な人間たちの共同体という現代的理想は、生産力であれ資本主義の矛盾であれ、歴史の回転軸が或る自動的な力によって前へと回転していくことではなく、このような公共の努力を通して実現される。

26 「じっさいわたしが迎えた人は強姦犯や殺人者でもありうる。かれは家をめちゃくちゃにするかもしれない。考えうるあらゆることが起こりうる。だが純粋な歓待、保証なき歓待の場合、他者が騒ぎを起こし、最悪の予測不可能性をなす可能性、そしてわたしたちが無力なまま引きずりこまれる可能性を受け入れなければならない。純粋な歓待の原則にはこのような威嚇が本質的で非妥協的なやり方で抱えられている。だから純粋な歓待の原則は不安と憎悪反応をもたらす」Jacques Derrida, Une Hospitalié à l'infini, *Autour de Jacques Derrida, Manifeste pour l'hospitalité*, Mohammed Seffahi (dir.), Grigny: Paroles d'Aube, 1999, p.100.

第六章　絶対的歓待

歓待とは他者に席を与える行為、あるいは社会の中にいるかれの席を承認する行為だ。席を与える／承認するということはその席に属した諸権利を与える／承認するという意味だ。または諸権利を主張する権利を承認するということだ。歓待を受けることによってわたしたちは社会の構成員になり、諸権利に対する権利を持つことになる。

歓待に該当する英語 hospitality は「友好」とも翻訳されるが、このような翻訳を通してこの単語が友情や敵対と結ぶ関係をより明らかに示すことができる。社会が潜在的な親交の空間を指す時、誰かを歓待するということは、かれをこの空間の中に入らせること、かれに向かった敵対を取り払い、かれに接近を許すということを意味する。かれはまだわたしの友ではないが、いつかそうなるかもしれない。

奴隷の条件についての考察は歓待のこの二つの次元——席を与えることと敵対を中止すること——がいかに連結しているかを理解するさいに役に立つ。ある人が奴隷になるには大きく二つの経路がある。一つは自分が生まれた社会において最初から成員権を得られなかったり、ある契機によって成員権を喪失することであり、もう一つはアウトサイダーとして他の社会に抑留されることだ。前者の場合、奴隷の身分は席なし placelessness とそれによる無権利状態の結果として現れる。歓待はここに席のない者に席をつくり、無権利な者に権利を回復させる積極的な行為だ。少し違うやり方で、しかし本質的に同じ意味で捕虜として捕まえられて奴隷になった者もまた歓待の問題に直面する。かれは敵の地で、**敵対のなか**で命を保っている。古代ギリシャ人たちとローマ人たちは奴隷が自由と生命を交換したと考えた。奴隷が既に終わっていなければならない生を、つまり猶予された死を生きているという考えは、奴隷に対する暴力を正当化した。奴隷は死刑宣告を受けた者として、一種の執行猶予に処されているのだ。奴隷制の象徴でもある鞭打ちは延期された死刑がいつでも執行されうることを暗示する。「敵対とは他人の存在に対する否定」というシュミットの言葉を想起するとき、歓待のこの二つの意味は一つに重なる。歓待とは他人の存在に対する承認であり、このような承認はかれに席を準備する身振りと言葉を通して表現される。

歓待に対する既存の議論は歓待を社会の外部からやってきた異邦人たちが直面する問題と思っている。しかし既に社会の中にいる人々もかれらの席が条件付きで与えられる限り、歓待の問題を経験する。絶対的歓待という言葉をもって、わたしはデリダが述べたような、身元を問わず、報酬を要求せず、相手側の敵対にもかかわらず持続する歓待を指そうとする。デリダはこのような歓待が不可能だと述べる。しかしわたしたちは絶対的歓待に基づいた社会を想像できる。いや社会とは本来絶対的歓待を通して成立すると述べるべきなのかもしれない。絶対的歓待が不可能ならば、社会もまた不可能であろう。

身元を問わない歓待

身元を問わない歓待は現代社会の基本的な作動原理だ。[1]わたしたちはこれを三つの層位で確認する。第一、あらゆる人間生命は出生とともに人になる。第二、公的空間であらゆる人は儀礼的に平等だ。第

三、自分が誰なのかを語りうる人は自分だけだ（アイデンティティナラティブの最終編集権は当事者にある）。

あらゆる人間は出生とともに人になる。

古代ローマにおいては父が承認しない子どもは殺されたり捨てられた。家父長制社会であったローマにおいて新しく生まれる生命を歓待することは完全に父の役目だったからだ。[2] 私的行為が公的意味を持つという点でこの歓待の行為は奴隷解放と比較できる。ローマ市民がかれの奴隷のうち一人を解放すれば、解放された奴隷は特定の状況を除いて自動的にローマ市民権を獲得した。私的個人が、全く私的に事実上市民権の付与を決定できたのだ。[3] 現代社会においてはいかなる個人もこのような特権を持っていない。あらゆる人間は生まれると同時に人になり、死とともに人の地位を失う。フランスの法学者オーレル・ダヴィットの表現を借りれば、人は出生とともにわたしたちの目の前に現れ、死とともに消

1　これは民主主義が現代政治の基本原理だと述べることと同じ意味においてだ。実際にわたしたちが経験する政治は民主主義と距離がある。しかしわたしたちは政治的生を理解し批判するために絶えずこの原理へ戻る。憲法はこの原理に従ってつくられており、わたしたちはこの原理に依拠してのみ法を検討し修正できる。民主主義の実現がいくら遥かなるものだとしても、わたしたちは決して民主主義が「不可能だ」とは言わない。「人間は常に自分が解決できる問題だけを提起する」というマルクスの考えが正しいならば、わたしたちが民主主義に対して述べ、民主主義のために闘うという事実自体がすでに民主主義の可能性を述べているのだ。

える。[4]

こんにちの人間なるものと人なるものは余りにも緊密に繋げられており、人らしさとは諸個体が元来持っている分類学的かつ生理学的な特質（人間の体をもち、生きている）であると感じられている。しかしあらゆる人間が生まれるやいなや人として「現れる」のは、出生という出来事が歓待の儀礼に成り変わっているからだ。換言すれば、あらゆる人間が母の体から抜け出てこの世界に出てくると同時に社会のなかに入るからだ。このような意味で無条件的歓待は現代社会の基本原則だ。この原則を違反する行為――子どもをこっそり生んで殺したり、閉じ込めて育てるなど――はいかなるものであれ重大な犯罪として見なされる。

生まれた生命を無条件的に歓待するということはその生命が生きる価値があるかを（もはや）問わないということだ。カント哲学の伝統において、人は極めて価値のある存在だというよりは価値を問えない存在であることをここに付記しておこう。カントは資格をもつ**物**と尊厳性をもつ**人**を対立させる。資格を持つということは比較ができ、代替可能だという意味だ。人間はそれ自体が目的である存在であるがゆえに資格をもたない。「尊厳性の資格を計算し比較することは、すなわちその神聖さを冒涜することだ。」[5]他者を人として承認することはかれの価値を承認することではなく、価値に対する質問をカッ

2　つまり家長は新しく生まれた子供を家族の一員として迎えるべきか否かを決定する権限があった。この決定は多少儀礼的なやり方でなされたのだが、アルベルト・アンジェラはその瞬間を次のように描写する。「人々は赤ちゃんを洗い、へその緒を切り、父のところへ連れていく。父はホールの真ん中で立っている。息子は父の前の床に寝かされる。この瞬

間、数秒の間に昔からの古代の儀式にしたがって子どもの運命が決定される。もし父が体をかがめて子どもを抱き上げ、親戚皆の額の高さにまで子どもを抱え上げたなら、子どもを家族として承認し受け入れると言う意味だ。反対に父が無表情のまま動かなかったら、そして子どもを抱き上げなかったら、子どもを家族として受け入れないという意味だ。」(アルベルト・アンジェラ『古代ローマ人の24時間――よみがえる帝都ローマの民衆』関口英子訳、河出文庫、二〇一二) 子どもを拒否する理由は様々だが、育てる子どもがあまりにも多かったり、強姦や姦通で妊娠したり、明らかな障害をもって生まれた場合などだ。拒否された新生児はふつう野原や道端に捨てられた。嬰児遺棄 expositio と呼ばれるこのような慣習は父母が子どもを直接殺すこと――縊死や窒息死が好まれた――より人間的だと感じられていた。嬰児遺棄に対する詳しい論議は W.V.Harris, Child-Exposure in the Roman Empire, *The Journal of Roman Studies*, Vol.84, 1994, pp.1-22 参照。

3 モーゼス・フィンリー『古代奴隷制度とモダンイデオロギー〔Ancient slavery and modern ideology〕』ソンムンヒョン訳、民音社、一九九八、一五一頁。

4 「法は諸個人の出生と死を承認する。(……) しかし死と出生のメカニズムについて言及しない。(……) 科学的な観点からこの現象を記述するならば、個人が出生とともにわたしたちの**目の前に**現れ、死とともにわたしたちの**目の前から**消えると言うべきだ」(Aurel David, *Structure de la personne humaine*, Paris: PUF, 1955, pp.23-4)。

5 イマニュエル・カント『道徳形而上学のための基礎づけ』イウォンボン訳、チェクセサン、二〇〇二、九四頁(『道徳形而上学原論』篠田英雄訳、岩波文庫、一九七六改版、一一八頁)。オーレル・ダヴィットはカントのこのような考えを法的な観点からより明瞭に陳述する。「純粋に物理的な世界においては価値の観念が存在しない。価値は人々を含む諸システムの中でのみ生じ、したがって人と関連がある。しかし価値は諸物の属性として感じられている。あらゆる物は評価されうるが、人自体は価値を持たず、評価されえない。価値の観念は物に対する法自体を取り囲んでいる。例えば双務契約は財貨やサービスを同等の価値として交換することだ(サービスは物ではないが人から出てくるあるものとして見なされる)。しかし人に関する法――身元、名前、婚姻、実子確認、養子等々――には価値の観念が現れない。人を売ったり、与えたり、抵当にすることは不可能だ。だから人は価値や評価に関する一切の観念の外に留まる。場合によって潜在的に取引から除外される物がある。しかし人は本質的に、そして決定的に売ることができず、評価することができない」(Aurel David, 前掲書、p.29)。

コの中に入れたままかれを歓待することだ。他者が道徳的共同体の中に入り込むのは、このような歓待を通してだ。他者は社会の中にかれの席を準備するわたしたちの身振りと言葉を通してはじめて人になり、道徳的主体になる（人とは法的、道徳的主体の別の名だ）。

公的空間であらゆる人は儀礼的に平等だ。

身振りと言葉で互いの席を承認するわたしたちの行為は、相手側の個別的で具体的な特性と無関係に普遍的に起こらねばならない。[6] 人の概念はまさにこのような信頼の産物だ。ロバート・ソロモンは人の概念が重要になったのはわたしたちが匿名性と非人格性が支配する社会に生きているからだと指摘する。

都市において見知らぬ人として生きていく経験が「故郷の村で」過ごすことと同じくらいありふれた社会においては人に対する尊重という、特別に拡張された概念が要求される。これはわたしたちが他の文化よりさらに「文明化」されているからではなく、わたしたちがアイデンティティと関連した問題をさらに多く経験するからだ。ある人を個人的に全く知らないとしても、人として尊重することはわたしたちのような社会の存立のために必要だ。普通「社会契約」と結びつく一連の規約としてではなく、直接的な**因果的**前提条件としてそうなのだ。わたしたちが人々を人として尊重しなかったならば、わたしたちの社会は生き残れなかっただろう。[7]

例えるならば人になるということは影を持つことに等しい。体に付いてまわりながら体の席を表示する何か、体と似ていて体を真似るが体に固有な表情をすべて消しつつそうする何か、体が生まれる時にともに現れ、体が死ぬ時にともに消える何かのことだ。人として認知されるということは、具体的で個別的な体ではなく影として認知されるということだ。公的空間において交換される相互作用の儀礼は個別的な体に向っているようにみえるが、実際は影に捧げられるのだ。[8]

『影をなくした男』には影の大きさが他人より小さかったり薄い人々に対する言及がある。しかし原則的にあらゆる人は同一な大きさの影を持つ。儀礼的平等はまさにこの点を表現する。第四章でわたし

6　大統領のように公的で重要な役割をする人に与えられる特別な礼遇は、どこまでもかれの地位に対するものであって、かれの人格に対するものではない。公職から退いた瞬間、かれは平凡な人に戻り、他の人々と等しく尊重の儀礼をやりとりする。

7　Robert Solomon, Reflections on the Meaning of (Fetal) Life, *Abortion and the Status of the Fetus*, William B. Bondeson, et al. (eds.), Dordrecht/Boston: D. Reidel, 1983, pp.209-26.

8　個性は人格の本来的な特性ではない。デュルケームはカントを援用し次のように述べる。「人間を一人の人にすることは、かれを別の人間たちと区別できなくする何か、かれを特定の人間ではない普遍的な一人の人間になるようにする何かであるということができる。感覚、肉体、一言でいえば個別化するあらゆるものは、カントによって人格の対立物とみなされた。」(わたしはこの部分を第四章で引用した。しかし強調の意味でもう一度引用する) エミール・デュルケーム『宗教生活の基本形態』ノチジュン・ミンヘスク訳、ミニョン社、一九九二、三八二頁〔『宗教生活の原初形態(下)』古野清人訳、岩波文庫、一九七五、六七頁〕。

はこの概念について詳しく説明した。儀礼的平等は長い闘争を経て徐々に勝ち取られた。その過程は人ではなかった者たちが人として承認される過程、または不完全な成員権をもっていた者たちが完全な成員権を勝ち取る過程だといえる。

自分が誰なのかを語りうる人は自分だけだ。

公的空間において儀礼的平等は「アイデンティティをカッコにいれた歓待」という言葉でも言い換えることができる。身分社会では公的空間でのアイデンティティ情報の掲示が義務化されていた（服や帽子、特別な装飾、髪のスタイル、インドで既婚女性が額につける印など）。しかしこんにちでは誰であれ自分が望む情報を選択的に掲示することができ、実際と異なる情報を掲示することも許される。近代初期のモダンガール、モダンボーイに対する表象が身分の偽装可能性に集中したのはこのような規範の変化に対する抵抗として解釈されうる。

しかしここには重大な例外、ジェンダーに関する情報がある。ジェンダー情報を掲示しなかったり実際と異なって掲示することは社会規範の深刻な違反とみなされる。もちろんこの規範は現代社会の作動原理からずれている。人の遂行 performing person がジェンダー化されねばならない論理的理由が一つもないがゆえに、長期的に見れば法的主体の脱ジェンダー化の趨勢[9]とともにこの規範も崩れるであろうと期待できる（こんにち社会運動の舞台で性的マイノリティたちの承認闘争が占める特別な位置をこのような脈絡で証明してみてもよいだろう。ナンシー・フレイザーは「承認」に焦点を合わせた新しい社会運動が「再分配」フレームに閉じた伝統的労働運動を代替したという通俗的な診断に反対し、承認と再分配は互いに繫がっており、社会運動の歴史を理解するさいに二つの次元がともに重要だと主張した。[10] 実際に、〔韓国の〕一九八七年労働者大闘争に見られたように、再分配イシューは承認闘争と結びつく時に最も強い力を発揮すると思われる。分配の正義を含む、正義に対するあらゆる要求は成員権の承認を前提するがゆえに、承認は再分配より更に本質的な問題だと言うこともできる。一九八七年以降、わたしたちの社会で労働者に対する身分的差別は大きく緩和された。労働者のアイデンティティをもつことはもはや屈辱ではない。その反面、人の遂行が同時にジェンダーの遂行を意味する限り、性的マイノリティたちは今なお人らしさを承認されるために闘わねばならない)。

他方で現代社会においては個人の意思と無関係に与えられているアイデンティティの規定諸要素、例えば国籍や出身階級や人種や性別、もっといえば言語と文化は、個人のアイデンティティナラティブに統合される限りにおいてのみ重要であり、そうでなければ偶然で付随的な要素としてみなされねばならないという考えが拡く受け入れられている。これは個人のアイデンティティの核が、もはやこのような諸要素ではなく、それらを基にアイデンティティナラティブを書き綴っていく主体の著者性 authorship 自体であることを意味する。アイデンティティに対する承認は特定のナラティブ内容（「わたしはレズビ

9　法の脱ジェンダー化の例としてフランスの婚姻に対する法が民事連帯契約で代替されたことを挙げることができる。

10　Nancy Fraser and Axel Honneth, *Redistribution or Recognition?*, London/New York: Verso, 2003〔『再分配か承認か？——政治・哲学論争政治・哲学論争』加藤泰史訳、法政大学出版局、二〇一二〕.

アンだ」）に対する承認ではなく、ナラティブの編集権に対する承認だ。わたしたちはアイデンティティ運動に対して多くの知識を持ちえなかったとしても（フェム femme やブッチ butch のような単語を知らなくても）ただ耳を傾け頷く行為を通してそのような承認を表現できる（「あなたがレズビアンなのかどうかは重要ではない。あなたが今日はレズビアンだと告白して明日はそれを否認しても関係ない。わたしはあなたについて最もきちんと語ることができる人があなた自身であることを承認する」）。

報酬を要求しない歓待

絶対的歓待は報酬を要求しない歓待だ。歓待が社会の中に席をつくる行為ならば、歓待に報酬を与えることは事実上不可能だ。わたしたちはむきだしの生命としてこの世の中にやってきて、わたしたちがもつあらゆるものはわたしたちを迎えた人々から受け取ったものだからだ。わたしたちがかれらのために何をしようが、それはわたしたちが受け取ったものの一部を返すことに過ぎない。もしかれらがわたしたちに与えたものをすべて貸しとして計算し、完全な清算を要求するならば、わたしたちはかれらの奴隷になるしかないだろう。

古代ローマで両親に捨てられた子どもたちが奴隷になったのは、まさにこのような論理によってであった。先に言及したように、ローマにおいては嬰児遺棄 expositio が盛んだったが、遺棄された子どもを連れて育てた人はその子どもを下人として使おうが売ろうが、好きなようにできた（養子にすることもできたがそれはほとんどなかった）。[11] 子どもが捨てられた時、すでに「死んだ命」であったという考えがこのような慣行を正当化した。いわば、子どもが自分を拾ってくれた人に命の借りがあるという考え、そして命に対する貸しは命をもってのみ（つまり一生を捧げてのみ）返せるという考えだ。
しかしこれは贈与の論理であって歓待の論理ではない。歓待という観点から見れば、捨てられた子どもは命を拾われた後にも社会の中に入れないと言える。かれを救助した奴隷商人はかれの死を猶予したのみであり、かれを歓待した訳ではない。かれらの関係を特徴づけるのはむしろ持続的な敵対だ。奴隷商人はいつでも子どもを殺すことができ、鞭打ちと侮辱で絶えず死を喚起させながら子どもの服従を引き出すからだ。

このような考察は歓待が免責あるいは忘却と関連していることを暗示する。両親は子どもが自分たちから生まれたのであり、かつて自分たちの一部であったという事実を忘れねばならない。両親は何よりも子どもに生命を与えた人が自分たちであり、かれらが子どもを殺しえたという事実を忘れねばならない。この忘却から社会の可能性が生じる。古代の吟遊詩人たちはこの点を明らかに理解していた。ギリシャ神話は神たちの系譜を説明するなかで、最初に自分の子どもを食べる父を登場させる。

時間の神クロノスは天の神ウーラノスと大地の神ガイアのあいだに生まれた。父を追い出し天上の支配者になったクロノスは自分の席を奪われるのではないかと恐れて子どもたちが生まれるとむ

11　遺棄された子どもたちを連れていく人はほとんど奴隷商人だった。ローマ市内には子どもの遺棄場として知られた特定の場所があり、奴隷商人はそこを回って子どもを集めた（アルベルト・アンジェラ、前掲書、二五一 - 二頁）。労働力が不足した時期には収集活動が更に活発になり、捨てられた子どもが生き残る確率も高まった。人口学的・経済的観点から見れば、嬰児遺棄はローマ社会が奴隷労働力を補充する重要な一手段だった（W. V. Harris, 前掲書、pp.18-9）。

しゃむしゃと食べた。クロノスの妻レアーは子どもを失う時ごとに悲しみの涙を流した。六度目の妊娠をしたレアーはガイアと話し合って子どもを産むやいなや隠し、クロノスには産着につつんだ石を渡した。クロノスは少しも疑わず石を呑みこんだ。こうして生き残った子どもがゼウスだ。成人になったゼウスはガイアの言うとおりにクロノスに嘔吐薬を飲ませた。クロノスはまず大きな石を吐き出した後に、ゼウスの姉と兄たちを飲み込んだ時と反対順に吐き出した。ポセイドン、ハーデース、ヘーラー、デーメーテール、ヘスティアーが順番に出て来た。ゼウスが自分の身代わりになった石を世界の中心であるパルナソス山に置き、勝利の記念にした。そしてクロノスを地の最も深いところにあるタルタロスに閉じ込めた。クロノスから王座を奪ったゼウスはきょうだいとともにオリンポス山に居場所を定め世界を治めた。クロノスが飲み込んだ子どもたちはゼウスより先に生まれたが、クロノスが再び吐き出す時にゼウスは成人し、兄と姉たちは赤子であったためにゼウスが天上の最も上座を占めることになった。[12]

わたしたちはこの神話を極めて抽象的な水準で解釈することも可能だろう。クロノスは絶えず生産して破壊する自然の力を象徴し、ゼウスはその中で秩序を創造しようとする人間の努力を象徴する。しかし多くの芸術家がそうであるように、それを額面そのままに食人に対する話と見なすこともある。ゴヤの「我が子を食らうクロノス（サトゥルヌス）」はこのような解釈の可能性を開いてくれる。この絵においてクロノスはぞっとするほど凶暴で賤しく描かれた。時間の神としての威厳は探し出しようのないほど、むき出しで醜悪な食人鬼の姿だ。ルーベンスとレンブラントも同じ題名の絵を残したが、ゴヤほど印象的ではないがクロノスを人間の形象をした怪物として表現している。

このような絵を見ていると、ギリシャ神話の冒頭を飾るこの挿絵がギリシャ人たちの宇宙観を表現するというよりは、むしろ食人の禁止という、社会秩序を樹立する始原的出来事を説明するのではないかという考えがよぎる。社会秩序の起源には自分の子どもを食べる野蛮さを中断させ、それを禁忌となす政治的行為があったということだ。

ここで殺すことと食べることとの違いを指摘しておこう。食人は単純に殺すこととは異なる。人は殺害された後にもなお人として残っていることができる（つまり「殺害された人」として）。しかしかれが食べられるならば、かれはもはや人ではなく食べ物に（つまり物に）なる。換言すれば、あるコンテクストにおいてわたしたちはわたしたちが殺害する対象を今なお尊重できる。しかしわたしたちが食べる対象に対してはそうではない。食べることは他者の存在を否定する行為だ（他者はわたしに呑み込まれ、わたしの一部になる）。それゆえ社会の土台をなす命令としての食人禁忌は他者の個体性 individuality に対する承認の義務を表現すると言える。子どもは両親の身体の一部から生じたが、いったん世の中に出て来たからには独立した個体であり、両親が再び吸収して無化しえない他者性を持って生きていくのだ。

魯迅が「狂人日記」で儒教を食人の道徳だと罵倒した理由をわたしたちはこのような角度から考えてみることができる。「狂人日記」の主人公は村人がこっそり人肉を食べると疑い、自分もいつか食べられるかもしれないという不安感に苛まれる。かれは妹もまた兄に食べられたと信じているが、幼いころ

12　金ソンデ編『ギリシャ・ローマ神話』サミャンメディア、二〇〇七、五〇 - 三頁を要約。

フランシスコ・ゴヤ「我が子を食らうクロノス」（1819-23）

うっすらと聞いた言葉がその根拠だ。「たしかおれが四、五歳のころ、部屋の外で涼んでいるとき、兄貴がこんなことを言ったっけ。父母が病気になったら、子たるものは自分の肉を一片切り取って、よく煮て父母に食わせなくては、りっぱな人間〔孝子〕ではない、と。そのときおふくろも、それがいけないとは言わなかった。一片が食えるなら、むろん、丸ごとだって食えるわけさ。」狂人は夜通し歴史の本を研究した果てに中国人たちがなんと四〇〇〇年ものあいだ人を食ってきたことを悟った。「おれは歴史をひっくり返してしらべてみた。この歴史には年代がなくて、どのページにも「仁義道徳」といった文字がくねくねと書いてある。おれは、どうせ睡れないから、夜中までかかって丹念にしらべた。そうすると字と字の間からやっと字が出てきた。本には一面に「食人」の二字が書いてあった。」[13]

魯迅がここで攻撃するのは封建的倫理、とりわけ孝の観念だ。儒教は両親と子どもの関係を一種の債務関係として規定する。両親は子どもを育ててやったのみならず、それ以前に産んでやった。子どもは両親に命という返しえない借りを負ったのだ。両親はこの貸しを記憶していて、子どももまた記憶することを望む。孝の観念はまさにこのような所望の反映だ。孝に対する言説は子どもの体がなお両親に属していると主張するが、[14]これは両親が病んだ時に子どもが自分の身体の一部を捧げる儀礼において劇的に表現された。『三綱行実図』〔朝鮮時代に編まれた修身書〕には病んだ両親のために太ももを切り取ったり指を落とす孝子に対する話がいくつも書かれている。コサンにいるユソクジンという人は病んで発作を起こす父を救うために薬指を切って薬に混ぜて飲ませ、高麗の尉貂は足の肉を餃子の中にいれて病んだ父に食べさせた。百済のサンドクは母の腫物に太ももの肉を切って食べさせ、ソンガクは母が老いて歯が弱くなって食事ができなくなると、自分の足肉を切って捧げた。

孝子は自分の体の一部を切り取る代わりにかれ自身の子どもを犠牲にさせることもあった。死ぬ病にかかった母のために幼い息子を釜茹でにしたが、蓋をあけてみると童子のかたちをした朝鮮人参が入っていたという話が江原道と慶尚道地域に伝わっている。この説話の原型は『三国遺事』〔高麗時代に書か

13　魯迅『阿Q正伝・狂人日記』チョンソグォン訳、文芸出版社、二〇一三、八七‐一〇六〔竹内好訳、岩波文庫、一九八一年改訳、三〇頁および一九頁〕。
14　「体と毛と肉は両親から受け取ったものであるから謹んで傷めないようにするのが孝の始まり〔身体髪膚　受之父母　不敢毀傷　孝之始也〕」という『孝経』の部分が代表的だ。

れた史書〕に出てくる孫順の話であろう。孫順は新羅の興徳王時代の人だが、日雇いをして得た糧穀で夫を亡くした母に仕えた。幼い息子がいつも母の食べ物を奪うので、孫順は「子どもはまた得ればいいが母は再び得られない」と考えて、妻と話しあって子どもを地面に埋めることにした。子どもを背負って山に登り、地面をほると石の鐘が出て来た。夫婦は子どもを生かせよという天の意志だと思って、鐘をもって戻って来た。鐘を吊るして叩いてみると轟くばかりの音が宮殿まで聞こえた。王が孫順を呼び鐘にまつわる話を聞いて、かれの孝心を称賛し褒美を与えた。[15]

しかしこのような例から儒教文化が子どもたちを大切に扱わなかったと結論付けるのは間違いだ。話の中の孝子は道徳的試験を経る主体として現れる。かれは自然な本性（自分の体や自分が生んだ子どもを惜しむ心）と文化の命令（両親に負った借りをまず返さねばならない）のあいだで一つを選択せねばならない。あたかもイサクを燔祭に捧げよという言葉を聞くアブラハムのようにだ。話の力はむしろ二つのうち一つを選びがたいことから生じる。自然の本性を押さえつけることが不可能だと感じれば感じるほど、聴衆は話に吸いこまれて結末を待つことになる。そして孝子が文化の命令に従いつつも幸福を失わないことを見て安堵する。子どもを埋めるために地面を掘る孫順が石の鐘を発見することは、アブラハムがイサクを捧げようと連れていった所に祭物につかう羊を発見することと似ている。天は孝子の真心を確認すると、かれを試験から解放してやるが、もしそうでなかったならば、この種の話がかくも長く人気を得られなかっただろう。

そのうえ全ての儒学者たちがこれらの極端な孝行を好んだわけでもなかった。李瀷《イヨク》（星湖《サンホ》）は明朝の太祖が子どもを殺してでも母を生かそうとした江伯児をむしろ処罰した例をあげ、孝子という評をえるために人倫を貶めた人々を非難した。

『余同麓』曰く「江伯児が病中にある母に骨肉を削いで食べさせたがよくならないので、神に祈祷し「もし母をよくしてくれるならわたしの子どもを殺してでも神に感謝する」と述べたのだが、母がよくなるやついに三歳の息子を殺した。この事実が朝廷に伝わるや明の太初は倫理を貶めた行為に怒り、棍杖でたたき流刑に処した。禮部で議論するに「愚昧な群れがいっときの感情に沸き立ち、なるべく珍しいことをして世の中を驚かせ、それによって褒賞を得て雑役を避けようと太ももの肉を削ぐことに留まらず、子殺しにまで至ったとは、道理を犯し命を殺害することより酷いものはない。これからはこのようなことがあっても褒賞の例に入れない」といった」という。子殺しは天下の至極残忍なことだが、敢えてこのようなことをするならば、なんでもしうるということだ。またどうして自殺をせずにむしろ子どもを殺すのか。別の意志をもってやったのは明らかだ。[16]

引用文を読めば、儒教支配が絶頂に達していた朝鮮後期にも両親が子どもを惜しむ心はこんにちとそう変わらないと感じる。「子殺しは天下の至極残忍なこと」だと考えたのは李瀷だけではなかっただろう。であるならばなぜ自分の肉を削いで両親に食べさせるような——こんにちの視線からみれば猟奇的

15　一然『三国遺事』二巻、高麗大学出版部、二〇一四、七八五‐六頁。

16　李瀷『星湖僿説』ソル、一九九七、八八頁。

だと言うしかない——行為が孝行の見本になったのか？
　韓愈の「鄠人対」（鄠人に対して）に対する金馹孫《キム・イルソン》の批判はこの疑問を解く糸口を提供する。唐時代の鄠地方に、自分の太ももを削いで病んだ母を回復させた人がいた。村の首領が朝廷に申し上げ、その家門を表彰し税と賦役を免除するよう頼んだのだが、韓愈がこれについて書いたのが「鄠人対」だ。韓愈は母の病がひどければ薬や針の治療に留めるべきで、自分の体を損傷させてまで治そうとするのは孝行ではなく不孝だと主張した。かれは「残忍で果敢で道理に合わない行為をして一時の褒美を望む」者たちを警戒し、「危難に陥った時、忠孝の心を確固とし、みすぼらしい生き方をしない場合なら、その家門に褒美を与え子孫に階位と禄を与えることが勤め励ますやり方になりうる」と述べた。これに対して金馹孫は子どもが孝に死に、臣下が忠に死ぬことは本質的に同一だと指摘した。「逆乱に臨み身命を惜しまないことが当然ならば、危急な病を前にしてわたしが死に至らないにもかかわらず一片の肉をどうして惜しむのか？　危急な病を前にして一片の肉を惜しむ者は逆乱に臨んでもみすぼらしく生存しようとするのではないか？」[17]李瀷によれば李滉《イファン》（退渓《テゲ》）はこの問題について弟子たちと討論したさい、最初は韓愈側だったが、後に意見を変えて金馹孫に従ったという。[18]
　「鄠人対」をめぐる論争は太ももを削いだり指を切る行為が儒教文化全体の部分的なものでも逸脱的なものでもないことを示唆する。このような身体を捧げる儀礼は実に儒教的道徳観の核心を表現する。子どもが両親に、そして臣下が君主に、自分の存在自体に借りがあるという考えだ。孝と忠はそれぞれこの借りを忘れないという心の表現だ。子どもの体は両親からきたものなので（「わたしの肢体は両親の遺体だ」）子どもは自分の体を大切にせねばならないが、また両親のために犠牲になる術も知らねばならない。両親が子どもの体を食べるのは、少なくとも象徴的水準においては、許容されうることだ。両親は子どもに体を与えたがゆえに、再び持ちさることもできるのだ。もちろん子どもの体を喜んで食べる両親を想像するのは困難だ。倫理の土台は人間の自然な感情であるべきだと信じた多くの儒学者たちは、身体を捧げる儀礼から不快で作為的な何かを発見した。しかし孝は忠と繋がっている。儒教的家産制 patrimonialism は両親と子どもの関係を君主と臣下の関係に投影する。子どもが両親の恩徳で生きていくように、臣下は君主の恩徳——聖恩——で生きていく。君主と臣下の関係において恩を施す人、つまり贈与者はいつも君主だ。臣下が君主のために何をしようが、これは報恩、つまり贈与に対する報いと見なされるのみであり、恩とはみなされない。聖恩は無限に大きい——限りない——ものであるがゆえに、臣下は常に借りのある状態にある。この借りは実にかれの命よりも重い。その前では命がむしろ「羽毛より軽い」のだ。忠臣とはこの借りの重さを知る者のことだ。かれは王のために死ぬことをためらわず、それを聖恩に酬う機会と感じている。退渓のように自然な道徳的直観によって身体を捧げる儀礼を批判した儒学者たちが退いた地点がここだ。かれらは両親が子どもの肉に対して権利を持つという考えに拒否感を感じたが、君主が臣下に生命を要求できるという主張にだけは反駁できなかった。

結局、身体を捧げる儀礼が提起する問題は中国人(あるいは韓国人)の野蛮な習俗に関するものでもなく、ひときわ残忍な心性に対するものでもない。それよりはある社会が成員権を付与するやり方に対

17 金駒孫「鄂人対を批判する(非鄂人対)」『濯纓集』巻一、クォンギョンヨル訳、韓国古典翻訳院(www.itkc.or.kr)。

18 李瀷、前掲書、八七頁。

するものだ。儒教社会の構成員たちは返すことのできない借りを負っているという点で奴隷と似ている。もちろんかれらと奴隷の間には決定的な差異が存在する。奴隷は人ではないが、かれらは人だ。奴隷にはなんら名誉がないが、かれらは名誉を帯び、名誉を追求する。奴隷は命を保つために人の地位を放棄する。その反面、孝子と忠臣は人らしさを守るために命をかける。しかしこの差異はある逆説によって薄らぐ。儒教社会の構成員たちは人らしさを証明する限りにおいて、条件付きでのみ人になれる。かれらの人格は持続的な試験の下に置かれ、いつでも潜在的な非難にさらされている。かれらがあらゆる非難可能性から解放されるのは死をもってその試験を通過した時のみだ。儒教国家は「孝に死ぬ」子どもと「忠に死ぬ」臣下を祈るために碑と門を建てる。この碑と門は社会のなかにいるかれらの席を表示する。かれらはたとえ身体を失ったとしても、そのおかげで誰よりも確固とした席を持ったのだ。

第二次世界大戦当時、神風特攻隊を支えたのはまさしくこのような道徳だった。無数の壮健たる命を死へと追いやるさいに新しい言語や論理は必要でなかった。古い道徳のある要素の強調で充分だった。「皇恩」の重みと命の軽さ、そして犠牲者たちが死後に得ることになる永遠の席を……。

歓待という観点から見れば、自殺の飛行で短い生を閉じたこの若者たちは「自分たちの」国家と敵対関係であったと言える。もちろん国家は最後までこの事実を隠そうとするのであるが。戦争をするあらゆる国家において軍人は自分が属した国家と敵対関係に置かれている。しかしこの事実は名誉と犠牲、そして債務の修辞学によって徹底的に隠される。日本で戦没者に対する慰霊がかくも複雑な政治的争点である理由はこれだが、戦争の犠牲者たちを公的に哀悼することが禁止されることをもって、かれらがいかなる名誉も持っておらず、ひたすら物のように消耗されたという事実を隠蔽できなくなったからだ。

つまり他のあらゆる「正常国家」が行う欺瞞が日本でのみ許容されていないからだ。

物の本質はしばしば極端な事例のなかで露わになる。神風特攻隊は儒教的な債務倫理を限界まで押し拡げた例だ。この例をじっくり検討してみると、ある逆説あるいは矛盾に気づくことになるのだが、これを通してわたしたちは社会的紐帯の本質に接近できる。特攻隊の戦死者たちはかれらが負った借りを返すために死のなかへ跳び込んだ。しかしかれらはいったい何の借りを負っていたのか？　物は借りを負うことができない。石ころやペーパーナイフはこの世界に何の借りも負っていない。特攻隊の戦士たちが借りを負ったというためには、かれらが人であると承認せねばならない。借りを返した後にようやく人になるのではなく、既にそれ自体として完全な人なのだ。儒教の債務倫理全体に対してわたしたちは同じく言うことができる。ある人にかれの義務について説教すると同時にかれの肉を食べることは不可能だ。（儒教文化のみならず奴隷制度が存在するあらゆる場所で発見される）「債務奴隷」という観念に既に矛盾が内包されている。奴隷は人ではないがゆえに借りを負うことができない。かれはいかなる借りもなく主人との非関係の中に、純粋な敵対の中にいるだけだ。

魯迅が狂人の口を借りて中国人たちが四〇〇〇年間人肉を食ってきたと暴露した時、かれが述べたかったのはまさしくこの点であるとわたしは考える。中国が四〇〇〇年間「社会」の概念を知りえなかったということ。義務と借りに対して述べることでは社会をつくれない。社会をつくるのは忘却だ。相手側を殺すことができ食べることができるという事実に対する、純粋で幼い子どものような忘却なのだ。

復讐しない歓待

絶対的歓待を規定する最後の項目は敵対的な相手側に対しても歓待が持続せねばならないということだ。これは身元を確認しない歓待や答礼を期待しない歓待よりもさらに実践しがたい美徳のように見える。わたしたちは知らない人に好意を施すことができ、対価を全く計算しなくてもそうできる。しかしその人が急変しわたしたちを害しようとする時にもそうできるか？

デリダはこの困難を強調し、絶対的歓待が不可能だと述べる。「その他者があなたから家庭や支配力を奪ったとしても、あなたはそれを受け容れなければならない。これを受け入れるということは残酷なことだが、それが無条件的歓待の条件だ――あなたはあなたの空間、家、国に対する支配権を放棄する。それは耐えがたいことだ。しかし純粋な歓待があるならば、それはこのような極限まで押し進められねばならない。」[19]純粋な歓待がそのようなものならば、なるほどわたしたちはそれを拒否するしかないだろう。「他者」が死や運命のメタファーならばそうではないかもしれないが。

しかし歓待を必ずしもそのように理解する必要はない。デリダの誤りは第一に、歓待を私的個人が別の私的個人に自分の私的空間を開放する・しないの問題と結びつけるという点であり、第二に、主人の席に私的個人の代わりに「国民」がくることを許容するという点だ。絶対的歓待が空間に対する支配力の放棄を含んでいると主張しつつ、デリダは家庭と国を並べおく（「あなたはあなたの空間、家、国に対する支配権を放棄する」）。歓待はこのようにして外部人を迎える問題、または敷居を開放する問題になってしまう。歓待は主人と客の対立の中に閉じ込められる。しかしわたしたちはわたしたちが「主人」だということをいかにして知るのか？　わたしたちはいかにして国民になり、家族の一員になるのか？

「主人」は内部に他者たちを含む。歓待の権利を、カントが述べたように**空間に対する権利**であり**交際の権利**、つまり親交の可能性に満たされた現象学的空間——社会——に入る権利として理解するならば、わたしたちは歓待が単に異邦人たちが経験する問題ではなく、必ずしも国境線と関連した問題でもないことがわかる。書類上は厳然とした米国市民だったが、公共の場所に対する接近圏という面では外国人より下にあった、公民権運動以前の米国の黒人たちがよい例だ。身体的や精神的に「正常」ではないという理由で他の人たちの間に割り込めず孤立した生を生きねばならなかった無数の者たちはまた別の例であろう。歓待の権利が人類の構成員であれば誰にでも与えられる権利であれば、その権利を否定される人は「人類共同体」に属するという事実を否定されるわけだ。

それゆえ歓待とはある人が人類共同体に属していることを承認する行為、かれが人として社会のなかに現象していることを身振りと言葉をもって確認する行為だと言うことにしよう。その場合、デリダが

19 ペネロペ・ドイッチャー『How To Read デリダ』ビョンソンチャン訳、ウンジン知識ハウス、二〇〇五、一一九頁（『デリダを読む』土田知則訳、富士書店、二〇〇八、九七頁。なおこの部分はデリダの Hospitality, Justice and Responsibility の引用部分であり「歓待、正義、責任——ジャック・デリダとの対話」（安川慶治訳『批評空間』第二期二三号）の日本語訳がある）。わたしはデリダのこの言葉に逆説や反語が隠れているとは考えない。デリダは健全な常識に立脚して絶対的歓待という「誇張法」に反対するのだ。『デリダ評伝』の著者であるジェイソン・パウエルは一九九六年に通過したドブレ法——未登録外国人に対する「寛容」の撤回が核心である——と関連し、デリダの立場を次のように説明する。「デリダが移住と市民権に関する法律の改革に全的に反対したのではない。しかしデリダはそのような改正はジレンマに陥るしかないと見た。歓待は避難者が享受せねばならない権利として提供されねばならないが、しかしその時、他の細部条項は条件的であるしかない。そしてドブレ法は警戒があり過ぎた。」（ジェイソン・パウエル『デリダ評伝』朴ヒョンジョン訳、人間サラン、二〇一一、四三七頁〔Jason E. Powell, *Jacques Derrida: A Biography*, Continuum Intl Pub Group, 2006〕）。

提示する絶対的歓待の三つ目の条件を受容するのは難しくない。ある人を絶対的に歓待するということは、かれがいかなる行動をしようが処罰しないということではなく、いかなる場合にもかれの人の資格を否定しないということだ。[20]殺人のような反社会的行動をした人もまた社会の構成員として歓待され続ける。換言するとかれは社会のなかで自分の席を維持し、成員権を剥奪されない。

ところがこのような意味の絶対的歓待は既にわたしたちの刑法の中に実定的な原理として作動している。右の源泉は以下のように言い換えて表現できる。**社会は個人に復讐しない**。犯罪を犯した人に罰を与えるのは類似犯罪の再発を防ぐためであって、社会が被害者に代わって加害者に復讐する為ではない。チェーザレ・ベッカリーアの『犯罪と刑罰』――この本は近代的刑事制度の礎石と称される――はこのような考えを簡潔に披瀝する。「思うに、刑罰の目的は、その犯罪者が仲間の市民たちに対してふたたび害を与えるのを阻止するということ、そして誰か他の者が同じことをしないように図るということ、これ以外ではありえないはずだ。したがってまた、刑罰、そして刑罰を科す方法は、なされた犯罪とのバランスを保ちつつ、人間の心に対して、より効果的でより長続きする印象を刻みこむよう案配されたものでなくてはならない。そして、犯罪者の身体に対しては、できる限り苦痛が小さいものでなければならない。」[21]ベッカリーアによれば、刑罰の重さは「刑罰のもたらす苦痛が、犯罪によって得られる利益を超過しさえすれば」[22]充分だ。ここで刑罰の軽重を決定する天秤は被害者が受ける苦痛ではなく、加害者の観点から計算した利益と損害だ。このような接近は犯罪者が刑罰を受けることをもって「罪を洗い流さねばならない」――この表現は刑罰が儀礼（復讐儀礼であり浄化儀礼）の性格を強く帯びていた時代の痕跡をあらわにする――という考えと明らかに断絶している。

刑罰が犯罪者に対する公共の復讐ではないという考えは死刑廃止運動や監獄改革運動の理論的な出発点であり、大衆が最もしばしば誤認する刑法の原理だ。大衆は刑罰の重さが被害者の苦痛に比例して決定されねばならないと信じる。性暴力被害者がいまなお後遺症に苛まれているにもかかわらず加害者が刑期を終えて釈放されるのをかれらは理解できない。また数十名を残忍に殺害したサイコパ《ママ》スが楽な監房で余生を終えるという事実を納得できない。復讐を扱う映画が人気なのはこれゆえだ。大衆は、悪人が自分が犯したことと等しいことを被る姿を見て痛快に思う。そうして現実ではなぜこのような解決が禁止されているのか不思議に思う。

私的復讐の禁止は決闘の禁止とともに「国家による暴力独占」という見地で説明されもする。エリアスとヴェーバーの名前がこれと関連してよく言及される。しかし暴力の独占がそれに相応する文明化を

20　矯正施設に収監された人は入所の瞬間から人格を否定される経験をするのが普通だ。しかし犯罪に対して責任を問うことそれ自体が犯罪者に対する歓待の撤回を意味するのではない。むしろその反対に、法の前に立つことこそが人である証拠だと言える。「犯罪は〔無国籍者が――引用者〕人間的平等を再び得ることのできる最高の機会」というアレントの冷笑的な発言はこの点を指している（アレント『全体主義の起源1』イジヌ・パクミエ訳、ハンギル社、二〇〇六、五一七-八頁〔第五章「国民国家の没落と人権の終焉」『全体主義の起原2　帝国主義』大島道義・大島かおり訳、みすず書房、一九八一〕）。

21　ベッカリーア『犯罪と刑罰』ハンインソプ訳、パクヨン社、二〇〇六、四九頁〔小谷眞男訳、東京大学出版会、二〇一一、四一頁〕。

22　ベッカリーア、同書、一〇六頁〔同書、八七頁〕。

意味するのでもなく、国家が個人の復讐権を環収して代わりに行使することも意味しない。暴力の独占が真っ先になされた中国の場合、笞刑をはじめとする身体刑 corporal punishment が長い間残っていた。とりわけ大逆罪人に加えられる精巧で残忍な身体刑は君主による復讐の性格を帯びた（つまり中国はこのような側面で「文明化」されなかった）。現代社会でいえば、加害者を個人的に応酬できなくさせるのはもちろん、公共の名でそうすることもまた防いでいる。私的復讐のみならず、復讐自体が合法性の領域から排除されたのだ。

法はどうして犯罪者に対する復讐を放棄したのか？　いろいろ説明が可能だろうが、法が君主の意志の表現ではなく社会契約として理解されはじめたという事実が最も決定的だといいたい。法を犯した人はかれが既に同意した規則に従って罰を受ける。つまり罰は契約の一部であり、罰を受けるあいだにも契約は維持される。これはレッドカードで退場になったサッカー選手がスタジアムの外に出た後にも、なお規則の支配の下にあることと同じ道理だ。罰が報復だというならば、罰が帯びるこの契約的な属性が壊れる。報復とは元来報復される人の同意を必要としない行為だからだ。その上、報復は相手側の人格に対する攻撃を内包する。その結果、報復した人とかつての関係へと完全に戻ることができない（復讐が復讐を呼ぶのはそれゆえだ。報復された人が再び反撃しないならば、かれは相手側より「低い」位置に陥ったままになる）。その反面、現代社会における刑罰は規則の違反に対してのみ責任を問い、違反した人の人格を問題にしない。刑期を終えた人は、レッドカードを出された選手が次の試合に出場するように、名誉になんら損傷を加えられず、自然に元来の席に戻ることができなければならない。これはその人が社会契約に参与し続けるための必須条件だ。あらゆる契約は諸主体の人格的同等性を前提するからだ。

身体刑が廃止された理由もこのように説明できる。[23] 身体刑はいくら軽いものだとしても受刑者を侮辱する。[24] とりわけ切断刑や烙印刑は受刑者の身体に永久の痕跡を残し、かれの過去を公然に現すことで、受刑者の社会復帰と再統合を目標とする新しい刑法精神とずれるものだ。[25]

もちろん社会契約説の信奉者たちがすべてこのような観点を共有していたのではなかった。ベッカリーアと同じ時代に生きた啓蒙主義者たちのなかでも刑罰を公共の復讐とみなす人々が少なくなかった。『犯罪と刑罰』とほぼ同じ時期に出版された『社会契約論』においてルソーは、犯罪者は社会の敵であるがゆえに除去するべきだと述べる。「社会的権利を侵害する犯罪者はすべて自分の犯罪ゆえに祖国への反逆者、裏切者になる。かれは祖国の法を犯すことによってその構成員の資格を喪失し、ひいては祖国に対して戦争をすることになる。このようになれば国家の存立とかれの存立が両立できず、どちらか

23　フーコーは身体刑を構成する要素として苦痛の意図的な生産と儀礼的な展示を示す。フーコー『監視と処罰』オセングン訳、ナナム、二〇〇三、六七‐九頁（『監獄の誕生――監視と処罰』田村俶訳、新潮社、一九七七、三八‐九頁）。この基準によれば、監獄刑は身体刑に入らない。

24　フーコーによれば身体刑は刑罰の犠牲者に痕跡を残し、かれを不名誉な人間にする。「犯罪の「浄化」という機能を持っているとはいえ、身体刑は事実上その対象を清潔に純化しない。それは受刑者の周囲に、そして身体それ自体に消しえない表示を刻み込む。」フーコー、同書、六九頁（同書、三九頁）。

25　「囚人を復権させて社会に復帰するようにするのが主要目的になるや、身体に障害をもたせたり烙印を押すことは容認できなくなった。」リン・ハント『人権の発明』ヂョンジンソン訳、トルペゲ、二〇〇九、一六〇頁（『人権を創造する』松浦義弘訳、岩波書店、二〇一一、一四五頁）。

一つが滅びなければならない。だから犯罪者が処刑されるのは市民としてではなく、敵としてだ。(……) なぜならかれのような敵は法律的な人格体ではなくただの人間に過ぎず、この場合戦争の権利は被征服者を殺すことができるのだ。」[26]

ミシェル・フーコーは『監獄の誕生』において『社会契約論』のこの部分を分析し、「処罰権が君主による報復から社会を守護するという意味に方向転換したもの」であると診断する。しかしこれが刑罰の緩和または「人間化」を論理的に含むのではない。それどころか犯罪者が社会全体の敵になり、無制限の処罰が可能になる。だから懲罰の権力に対して刑の軽減原則を立てる必要が生じるのだが、フーコーによればこの原則はまず感性的な言述として表明される。「この原則は過度に多く残忍な場面を見たり想像することをもって憤怒する身体の叫びのように激昂して現れる。改革者たちにとって刑罰制度が「人間的」であるべきだという原則の表明は一人称の形態で構成される。あたかも言葉を述べる当事者の感じが直接表現されるようであり、また哲学者や理論家の身体が死刑執行人の残酷さと死刑囚のあいだで自分の法を主張し、最終的にはそれを全体的な刑罰の経済性に無理やり押し込めようとするかのようだ。」フーコーがこのような感性的訴えの標本として示すのがベッカリーアの『犯罪と刑罰』だ。フーコーは (ベッカリーアが依存するような)「そのような抒情的表現が刑罰を定める計算の合理的基礎を発見できない無力さを現わすこと」ではないのかと疑う。そうしてそこにはおそらくある合理性が存在するが、その合理性を考慮することは犯罪者の苦痛ではなく裁判官と見物人の苦痛であると冷笑的に指摘する。[27]

しかしベッカリーアが無制限の処罰権を認めつつただ感性的な訴えに依存して刑罰の軽減を試みたと

いうのは事実ではない。ベッカリーアはむしろ犯罪に対する処罰が社会契約の枠内でなされねばならないと力説する。犯罪者は社会の外で社会と敵対しつつ無限な復讐可能性に露出されるのではなく、社会の中に存在しつつ、かれ自身も同意する規則によって定められただけ処罰されるのだ。ベッカリーアはまさにこのような理由で死刑に反対する。死刑は犯罪者を社会の外へと追いやり社会の敵として扱うからだ。しかしかれが社会の敵ならば、かれはもはや社会の規則に従う必要がなくなる。かれの行為を犯罪と規定する法の力はかれに及ぶことができず、かれの前で止まるのだ。かれは法の外にいるがゆえに犯罪を犯したのではない。したがって死刑はもはや刑罰ではない。それは純粋な暴力であるのみだ。ベッカリーアの次のような言葉は死刑が内包する逆説を正確に指摘する。「死刑はいかなる意味においても権利ではない。それは一人の市民に対する国家の戦争だ。」[28]ところがこの言葉は犯罪者を社会の敵として見なす限り、他のあらゆる刑罰にも該当する。犯罪者が社会の外にいるならば、わたしたちはかれにいかなる処罰の「権利」も主張できない。権利について述べるためには、諸主体がまず相互承認関係のなかに入らなければならないからだ。

ベッカリーアはこのようにルソーと同一命題――死刑は戦争だ――に依っているようでありながら、

26 ルソー『社会契約論』イファン訳、ソウル大学校出版部、一九九五、四八頁〔『社会契約論』桑原武夫・前川貞次郎訳、岩波文庫、一九五四、五五頁〕。
27 フーコー、前掲書、一五〇頁〔前掲書、九四頁〕。
28 ベッカリーア、前掲書、一一二頁〔小谷眞男訳、前掲書、九〇‐一頁〕。

反対の結論を導き出す。ルソーは社会が犯罪者と戦争中であるがゆえに犯罪者を殺す権利があると述べる。その反面ベッカリーアは死刑は犯罪者を相手に戦争をすることと同じであるがゆえに死刑を刑罰に含めてはならないと述べる。どちらが正しいのか？　先に引用したルソーの文章の最後に解答の鍵がある。「なぜならかれのような敵は法律的な人格体ではなくただの人間に過ぎず、この場合戦争の権利は被征服者を殺すことができるのだ。」議論が多少長くなるおそれを顧みず、この文章の正否を検討してみよう。犯罪者は法律的人格体 legal person ではなく単純な人間に過ぎないという言葉は、かれが犯罪の事実によって社会から追放されたという意味だ。かれは社会の外にいるがゆえに権利の主体になりえない。したがってわたしたちはかれの身体を思いのままに処分できる。しかしここで疑問が生じる。思いのままにできるということは権利があるということと同義語なのか？　犯罪者にとっては生きる権利がない。それゆえわたしたちはかれを殺すことができる。しかしこれはわたしたちにかれを殺す**権利があるという意味ではない**。犯罪者が社会の外にいるならば、つまりかれがわたしたちに対してなんら義務を負わないならば、わたしたちがかれに向かって権利を主張することはいかにして可能なのか？　ところがルソーは「戦争の権利」について述べている。ルソーの誤りが現れるのがこの地点だ。戦争の勝者が捕虜を思いのままに処分できるのは、捕虜が元来属していた社会の外へと引き出され、物の状態へと堕ちたからだ。戦争で負けた国または部族が捕虜を取り戻しに来ない限り、捕虜はその状態に留まる。「戦争の権利」を認めるということは敗者が捕虜を放棄したことを意味する。つまり勝者に対して「戦争の権利」を認める相手は捕虜自身ではなく、かれが属していた国または部族だ。捕虜自身はもはや法的主体ではないがゆえに他人の権利を承認できない。社会の外へと追放された犯罪者は捕虜と同じ位置に置かれる。犯罪者を処刑する社会は犯罪者から自分の権利を承認されることができない。また犯罪者がどこにも属さないがゆえに他の社会からそれを承認されることもできない。結局社会は自分の権利を自ら確言するのみだ。この場合、権利という単語は何の内容もない無意味なレトリックに過ぎない。

一八世紀の刑法改革に決定的な影響を与えた思想家はルソーではなくベッカリーアだ。しかしフーコーは二人の違いを見過ごし、あるいは意図的に無視して「犯罪者は祖国を相手に宣戦布告した者」というルソーの言明を、この時期の歴史的変化を追跡する糸口にする。わたしはこのような見過ごしあるいは無視が社会と戦争を連続性の中で把握しようとする試みと関連すると考える。社会契約論の伝統のなかで戦争は社会の対立物として理解される。社会は戦争を縁へと押しやって確保した友好の空間だ。だが刑罰が戦争と本質的に同一ならば、刑罰が存在する限り社会は内部に戦争を含むことになるであろうし、事実上戦争の連続になるだろう。犯罪者を内部の敵として見なすルソーの言明は社会を戦争から分離できないことを暗示しつつ、社会契約論の内的矛盾を現わすように思われる。

ルイ一六世の処刑はこの問題と関連し、フーコーの議論において特別な位置を占める。国王を裁判なしに処刑すべきだというジャコバンの主張――結局受け入れられることはなかったが[29]――からフーコーは人種主義とテロリズムの兆候を読み取る。サン＝ジュストはルイ一六世に反逆と陰謀の罪名を適用

29　リン・ハント『フランス革命の家族ロマンス』チョハノク訳、セムルギョル、一九九九、八七頁〔『フランス革命と家族ロマンス』西川長夫・天野知恵子・平野千果子訳、平凡社、一九九九、一〇六‐八頁〕。この本はルイ一六世の処刑をめぐって革命の支持者たちのあいだで起こった論議を詳述している。

しようという立法委員会の提案に対してこのように答える。刑法のこの条項は社会契約の結果として生じたものであるがゆえに、一度も社会契約を締結したことのない専制君主には適用できない。かれは社会全体の敵であるがゆえに怪物を捕まえるように殺すべきだ。続いてサン＝ジュストは王が社会の敵だという言葉は王を社会と対称的な位置に置いて王に社会全体と等しい重みを付与する結果をもたらすがゆえに訂正すべきだと述べる。王は社会の敵としてではなく、かれに被害を受けた諸個人によって個人的な敵として除去されねばならないのだ。フーコーはサン＝ジュストの発言を詳しく要約した後にこの言葉は「誰でも王を殺せる」という意味だと付け加える。[30] 言ってみれば王はホモ・サケルになったのだ（アガンベンはホモ・サケルを「殺害可能だが犠牲にさせて捧げることのできない生命体」「殺しても殺人罪で処罰されない対象」と定義する）。私的で集団的な暴力の前に無防備なまま露出されているという点で、かれの立場はナチス支配下のユダヤ人と比べうるほどだ。フーコーは殺戮の権限が社会体を貫通していたという点がナチス体制の特徴だと述べる。この体制においては生死与奪権がとても多くの個人（SAやSSのような）に与えられており、事実上あらゆる人が（密告などの方法で）自分の隣人を殺すことができた。[31] ここにおいても戦争のレトリックは裁判なしの処刑を正当化した。戦争とは一種の「例外状態」であり、例外状態においては主権者＝人民が法を停止させ、法の外において自分の意志を実現することが許されるからだ。[32]

これは恐怖政治とナチズムをつなぐ最初の連結線だ。もう一つの連結線は広い意味での人種主義、つまり他者を怪物とみなし人類共同体の外へと追放する言説の流れだが、フーコーはその上に大革命期に現れた怪物の図像学と一九世紀の犯罪人類学を並べて配置する。王と王の家族から法的な人の地位を剥奪することと、それらを表象の次元で怪物にすることは同時になされた。この時期に溢れかえった数多くのパンフレットはルイ一六世とマリー・アントワネットを飢えたハイエナに例え、かれらの奢侈と性的な面での非正常性（王の不能と王妃のわいせつさ）を強調する。他方で、反革命勢力はかれらなりに反乱を起こした民衆を怪物として描写した。王党派カトリック文学において革命軍は女性たちを強姦して裂き殺し、人肉を食べる食人鬼として描かれる。フーコーは怪物のイメージが性と食事に関する二つの巨大な禁忌を中心に構築されていることに注意を喚起させつつ、一九世紀に新しい知／権力の対象を構成する怪物的犯罪者もまたこの二つの禁忌の違反者として現れると指摘する。[33]

フーコーのスケッチは興味深いが、土台のしっかりしたものには見えない。まずルイ一六世の処刑は

30　フーコー『異常者たち』パクギョンギャ訳、東文選、二〇〇一、一一八‐九（『ミシェル・フーコー講義集成〈5〉異常者たち』慎改康之訳、筑摩書房、二〇〇二、一〇四‐五頁）。

31　フーコー『社会は防衛しなければならない』パクギョンギャ訳、東文選、一九九八、二九八頁（『ミシェル・フーコー講義集成〈6〉社会は防衛しなければならない』石田英敬・小野正嗣訳、筑摩書房、二〇〇七、二五七‐八頁）。

32　ルソーは主権者と人民の関係を次のように説明する。（社会契約の結果成立した公的人格に対して）「構成員たちはこれが受動的である時は国家 Etat、能動的である時は主権者 Souverain と呼ぶ。（……）またこのような団体の構成員たちは集合的に人民 Peuple と呼ばれ、主権に参与する個人という意味では市民 Citoyens、国家の法律に従属するという意味では臣民 sujets と呼ばれる」ルソー、前掲書、二一‐二（ルソー、前掲書、三一頁）。フランス語版：Rousseau, *Du contrat social*, Paris: Flammarion, 1992 を参照し、韓国語では peuple が「国民」になっている点を「人民」に修正。

33　フーコー『異常者たち』一一三‐二八頁。

一八世紀司法改革の性格に関するフーコーの見解に反駁する例と見なすことができる。王は社会の外にいるがゆえに刑法の適用対象ではないというサン＝ジュストの言葉は、犯罪者は社会の敵だというルソーの断言が、決してこの時代の犯罪と刑罰の関係を考える一般的な枠で受け取られたわけではなかったということを示す。犯罪者は社会契約に違反したが、いまなお社会の中にいる。かれは刑法が保障する被告の諸権利を持ったまま、裁判を経て法が定めただけの罰を受ける。法の前に立つということは犯罪者の権利なのだ。戦争の論理は犯罪者からこの権利を剥奪する。絶対的な敵として規定されることは一切の歓待が撤回されるということ、または社会の外へと位置が移されるということ、または同じことだが、法的かつ道徳的な次元でもはや人ではないということを意味する。ルイ一六世が斬首されたのはこのような論理によってであった（かれが形式的に裁判を受けたことは重要ではない。死刑は共同体からの追放を前提とする。つまり死刑はそれ自体として人格剥奪の証拠だ）。

他方で、一九世紀後半の犯罪者＝怪物言説で言えば、わたしたちはロンブローゾが率いる「実証学派」がベッカリーアとベンサムをつなぐ「古典学派」と対立したという事実を——前者は死刑制度に賛成したが後者は反対したという事実とともに——記憶せねばならない。実証学派は刑罰を犯罪に対する処罰から犯罪者に対する処罰へと（つまり行為に対する処罰から人格に対する処罰へと）取り換えようとし、このために矯正施設、保護観察制度、非定期刑など一見すると人間的で進歩的な諸制度を考案した。「矯正不可能な」犯罪者はより重く処罰し、偶発的な犯罪者は情状酌量して刑を減らし、罪を悔いる程度によって刑期を弾力的に調整することがこの諸制度の核心だ。刑罰は犯罪の性質に厳格に比例して与えられねばならず、あらゆる人が自分の行動に応じた責任を負わねばならないと信じていた古典学派は、実証学派の主張を司法的異端とみなした。[34] 実証学派の改革案を最も積極的に受容した国は米国だが、スティーヴン・J・グールドは量刑を個人化するこのような諸制度がこの国において人種的、階級的な抑圧手段として悪用されていると批判した。「危険な人々はより長い刑を受け、刑期を終えた後の生活も、より厳重に監視される。また非定期刑制度――ロンブローゾの遺産――はあらゆる側面にわたって服役者の生活に普遍的で強力な統制力を行使する。かれの書類がかれの受刑生活を支配し延長する。かれは刑務所の中で監視され、初期釈放というニンジンを目の前に置いたまま行動を審査される。さらにこの制度は危険を隔離するというロンブローゾの元来の意図通りに使用されている。ロンブローゾにとって危険とは、猿のような烙印をもつ先天的犯罪者を意味する。こんにちそれはしばしば反抗者、貧乏人、そして黒人を意味する。」[35]

ベッカリーアはルソーと異なり、古典学派は実証学派と異なる。フーコーはかれらを区別せず、その結果司法改革の歴史は一つの統治技術が別の統治技術に代替される乱れなき過程として描かれる。[36] しかし死刑に対する反対と賛成、処罰の対象を犯罪に見るか犯罪者に見るかは重要な違いだ。わたしはベッカリーアの死刑廃止論が社会の構成原理に対する深い省察を表現しており、この省察の光が一八世紀

34 スティーヴン・J・グールド『人間に対する誤解』金ドングァン訳、社会評論、二〇〇三、二三九‐四四頁〔『人間の測りまちがい』鈴木善次・森脇靖子訳、河出書房新社、一九八九、一六四‐九頁〕。

35 スティーヴン・J・グールド、前掲書、二四五頁（Stephen Jay Gould, *The Mismeasure of Man*, New York: W. W. Norton & Company, 1981, p.172 を参照して一部訳文修正）〔『人間の測りまちがい』一七〇頁〕。

から現在までの司法改革をめぐるあらゆる議論の地平を照らしていると信じる。法の正当性を持とうとするならば歓待が先行せねばならないという考えがそれだ。歓待とは他者を道徳的共同体に招待する行為だ。歓待によって他者ははじめて道徳的なもののなかに入って来て、道徳的な言語の影響の下に置かれることになる。社会をつくるのは規範や制度ではなくまさしく歓待だ。

とはいえフーコーの批判は今なお重要だ。かれは社会の中でいかに終わりなき戦争が作動してきたのかを示しながら、戦争を国境へ追い払うだけでは社会を絶対的歓待の空間にすることができないと暗示する。戦争が一つの可能性として、まだ到来していないが常に待機して準備せねばならない出来事として残っている限り、人々はかれらの位置の安定性に対して確信できない。かれらはいつでも人民の敵として規定され成員権を剥奪されうる。歓待はそれゆえ戦争の問題を解決せねばならない。わたしはここで歓待に関する議論の出発点とみなされるカントの有名なテクストに「永遠平和のために」という題名がつけられている点を想起したい。カントは普遍的な歓待を永遠平和の条件として提示したわけだが、わたしたちはその逆に対しても述べうるだろう。永遠平和こそが絶対的歓待の条件なのだと。

身元を問わない、報酬を望まない、復讐しない歓待。社会をつくるのはこのような意味においての絶対的歓待だ。ある人はわたしたちが一度もそのような社会に生きたことがないと言うかもしれない。しかし社会運動の現在の中にそのような社会は常に既に到来している。

36　フーコーは歴史を権力闘争の観点から見るべきだと主張するが――かれは政治を戦争の連続（異なる手段による戦争）と理解したブランヴィリエを称賛する――アイロニカルなことに、かれの歴史叙述には葛藤や闘争がほとんど現れない。一つの合理性から別の合理性への、あらかじめ仕組まれたような調和のとれた移行があるのみだ。システム――フーコーは装置 dispositif という単語をより好んで使うが――はいつも勝利する。そしてその下に置かれた肉体はかすかな抵抗の痕跡のみを残す。同様に権力の偏在性とミクロな作用を見せようとするフーコーの企画はしばしば、無数の権力・抵抗の諸地点を一度に活性化する見えない中心の存在を暗示しつつ終わる。フーコー自身が積極的に暗示していないといえども、さらに言えばそのような中心はないと断言するとしても、ともかく読者たちはそのようなものがあると感じることになる。権力が「偏在する」という言葉が「毛細血管のように広がっている」という意味ならば、毛細血管が心臓と連結していると想像することは極めて自然だ。企画の意図と実際の分析のあいだのこのような乖離はフーコーの影響を受けた韓国の社会学者たちの研究からも見ることができるが、「近代的な主体形成過程」をミクロで日常的な水準で見せようと述べながら『監獄の誕生』のテーマを多少機械的に変奏するこの諸研究を読んでみれば、わたしたちは研究者たちの意図とは異なり、このあらゆる変化を指揮したものは朝鮮総督府だったという印象を受ける。

第七章　神聖なるもの

わたしは神聖さに対する議論でこの本を閉じようと思う。デュルケームは人格が神聖な理由はそれが集合的なマナの割り当てとみなされるからだと述べた。人格に対する儀礼は個人に宿る「社会的なもの」に対して敬意を表する行為だ。しかし個人の内部にある、あるいはかれの体にかぶせられたこの「社会的なもの」の正体は何か？　それは社会化を通して獲得される価値観や行動様式、または漠然と「社会性」と呼ばれる、親交や協力を追求する性向のようなものなのか？　であるならば人格に対する儀礼は成功した社会化に対して与えられる象徴的な補償なのか（「完成した人格」という言う時と同じ意味での「人格」を持ちえない人に対しては多少無礼に扱ってもいいということか）？　デュルケームのテクストはそのような解釈を排除しないが、異なる接近の可能性もまた開いている。かれは人格の概念を霊魂の観念と繋げるのだが、霊魂とは本来文化の習得とは無関係にあらゆる人が生まれ持っていると感じられているものだ。霊魂があるという言葉は、神聖だという意味であり、やたらと犯すことのできないという意味だ。だがデュルケームはこの神聖さが社会からやって来ると述べる。神聖さの源泉は個体の内部ではなく外部にある。赤ちゃんの周りを囲い、やたらと触れてはならないと宣言するのは社会だ。人は神聖であるがゆえに儀礼の対象なのではなく、儀礼の対象であるがゆえに、儀礼の遂行を通してはじめて神聖になるのだ。

しかし人格に対するこのような遂行的観点は今なお倫理学的問題を内包する。神聖さを与える力が社会にあるならば、社会はそれを剥奪する力もまた持っているだろう。社会がある個人から神聖さを剥奪し、かれをいかなる禁忌の保護も受けないむきだしの生命にしようとするとき、わたしたちはどのような根拠でそれを批判できるか？　これは「権利を持つ権利」について議論するなかでアレントが鋭く意識する問題でもある。ナチスは、価値ある生命と価値なき生命を区別することは主権者の権限であり、「内在的価値」や「奪われることのない尊厳」ごときは存在しないことを、ユダヤ人たちをガス室に送ってかれらの体を石鹸やマッチへと作り替えることをもって赤裸々に示した。神聖さの源泉が個人の外にあるということは、結局このような観点に同調することではないか？

この問題に対するわたしの答えは二つだ。まず社会は主権者——国家や総統——のように単一な主体ではない。社会を構成するのは人々であり、かれら各々は他者を社会的な死から引っ張り出す力を微弱ながらに持っている。そして自分のために進み出てくれる第三者が一人でもいる限り、むきだしの生命はまだ完全にむきだしではない（これは発話の場所性 placedness というテーマへとわたしたちを導くが、わたしたちがむきだしの諸生命の人権に対していくら熱心に語ったとしても、わたしたちの声がかれらに届かないならばかれらは人になりえないからだ。人権言説の弱さはそれが神学的観念——「神は自分の姿を見本に人間を創造した」等々——に依拠していたという事実よりは、言説を実践と分離して非場所化するという事実から生じる）。

次に、神聖さが社会からやってくるということは決して社会が思うがままにその構成員たちから尊厳を剥奪できることを意味しない。むしろ構成員たちを絶対的に歓待すること、かれらすべてに席を与え、その席の不可侵性を宣言することこそが社会が成立するための条件だ。条件付きの歓待はいかなるやり方であれ社会の中に戦争を再び引き込み、そうして社会の概念を土台から壊す。わたしはこの点を既に充分に説明したと考えるが、この章でもう一度強調したい。

この章は功利主義における人の概念を批判する二つの短い文で構成されている。功利主義は人の神聖さを否認する。功利主義的観点から生命倫理を再構成しようとする哲学者たち、代表的にはピーター・シンガーとジョン・ハリスは、人をめぐる禁忌を厳密な道徳的推論を妨害する障害物とみなし、そのような禁忌を除去するとき、むしろ生命の価値に対する尊重がよりきちんと実現されると信じる。現代医療倫理は健康なヒヒの体から臓器を摘出することを何でもないことと見なすが、無脳児の臓器をそのように使用することは厳格に禁止する。シンガーはこのような矛盾に立ち向かい、個体の見た目ではなく精神的特性を人（と呼ばれる特別な倫理的考慮対象）の判別基準にすべきだと主張する。この新しい分類法によれば無脳児は人ではないが、健康な猿は人だ。他方でハリスは「二人の生命は一人の生命より価値があり（あるいは二人の苦痛は一人の苦痛よりも重く）」「死ぬように放置することは殺すことと同じ」という功利主義の伝統的命題に依拠して「サバイバル・ロッタリー」という興味深い思考実験を展開する。この思考実験の意義は臓器移植をめぐる社会的禁忌を嘲弄し、功利主義の中心アイデアを簡潔に伝達することにある。以下に示す二つの文章でわたしはシンガーとハリスの議論を順番に検討し、神聖さの観念を道徳の土台から完全に除去することが果たして可能なのか問い直すであろう。

死ぬ者の席

　ピーター・シンガーは功利主義的観点からカントの倫理学を批判する。カントは人間と人を同一視し、人間のみを倫理的配慮の対象とみなした。人間は理性を持った自律的存在であり、その存在として目的である反面、他の動物たちは人間のための道具に過ぎないということだ。カントの見解は一方ではアリストテレスと連結されるが、他方では旧約聖書へと遡るユダヤ‐キリスト教の伝統を引き継いでいる。創世記は神様が自分の形象どおりに人間を創造し人間に海と空と地のあらゆる生物を治める権限を与えたと記録する。西欧文化はこれに根拠し、人間が動物を思うがままに利用し、殺し食べることを正当化してきた。人間の生命を神聖と思い、その人間に脳があろうがなかろうが、健康であろうが苦痛のなかで何の希望もなく死んでいこうが、生きているという事実自体に絶対的な価値を付与する態度もまた同一な宗教的観念に依拠している。シンガーは生命に対する支配と操作が日常化されたこんにち、このような古い視角はもはや支えられないと信じる。それゆえかれは偽善と自己撞着をもたらす「陳腐な諸戒律」を捨てて新しい戒律を樹立しようとする。これは人の概念を再定義するところから始まる。

　まずシンガーは倫理的配慮の対象を苦痛を感じる術を知る諸存在全体に拡大せねばならないと主張する。倫理的な行動とは他者の利益を考慮する行動だという時、この「他者」のなかに人のみならずウシ、ブタ、チンパンジー、魚、エビも入らなければならない。このような動物たちもまた快苦の感受能力があり、苦痛を避けて満足を追求するさいに「利益」を持っているからだ。次にかれは人であるかどうかをその形象によって判別せず、精神的な能力に依拠して判別せねばならないという。かれは人という「別の時間、別の場所でかれ自体、つまり同一の思惟をする存在とみなされうる」理性と反省をもつ存在というロックの定義を援用する。人は自らを時間の中で認識できる存在、過去を回想し未来を計画できる存在だ。これに該当しない存在は人間の形象をしていたとしても人ではない。同様に、この基準に符合する存在は人間と違う姿をしていても人だ。このようにかれは霊長類は人であるが無脳児は人ではないという結論に到達する。

ある生命体が人なのかどうかは、その生命体の生死に対するわたしたちの介入方法を決定する重要な基準だ。もしある生命体に快苦の感受能力があるならば、その生命体に苦痛を与えること、例えば狭い檻に閉じ込めて動けなくするだとか、(密集飼育される鶏の嘴を切ることのように)体の一部を切るだとか、(実験用動物にするように)意図的に病気にかからせることは道徳的に間違いだ。しかしその生命体が人でないならば、つまり自らを時間の中の存在と認識できないならば、その生命体を苦痛なしに殺すことは誤りではない。その生命体は明日の観念を持たないがゆえに、生が今日終わってもなんら不利益がない。これはある条件(家畜に最大限の福祉を提供し、屠殺の苦痛を最小化するという条件)の下では肉食が許容されうるということを含む(しかしシンガーは現代的な畜産システムはこのような条件を充足させえないと言う)。[1] 同時に非自発的な安楽死や「非可逆的に意識が喪失した」患者の臓器利用を道徳的に正当化する可能性を開く。

シンガーの主張は大きな反響を引き起こしたが、それに劣らないほどの反発にぶつかった。工場的畜

1 ピーター・シンガー、ジム・メイソン『死の食卓』ハムギュジン訳、散策者、二〇〇八〔The Way We Eat: Why Our Food Choices Matter, with Jim Mason, Rodale, 2006〕。

産の告発と動物実験の反対、[2] そして霊長類に法的人格を与えようという提案が、[3] 一般大衆と専門的哲学者たち全てに簡単に反駁したり迂回できない重要な問題提起として受け入れられた反面、臓器移植や安楽死に対するかれの見解はより激烈で感情的な論争を誘発した。本論で検討したいのも後者だ。わたしたちは功利主義的な人の概念が内包する問題点を分析し、かれが提示する「新しい戒律」に対する抵抗を古い宗教的観念のせいだけに押し付けることができるのか自問するだろう。

シンガーは多くの本を書いたが、どの本であれおおよそ一貫した論旨を展開している。それゆえわたしたちの検討対象を一冊の本――『生と死の倫理』――に限定してもよいだろう。中絶から安楽死まで生命医療倫理の争点を広範囲に扱うこの本で、シンガーの立場を理解するさいにとりわけ訳に立つ部分は「シャン博士のジレンマ」という小題のついた、無脳児の臓器供与に関する章だ。無脳症は脳のほとんどが喪失して脳幹だけがある状態を指し、二〇〇〇人に一人の割合で発生する。超音波診断で発見できるので、新生児中の比率ははるかに低い。無脳児は集中治療をしないと生後数時間で死亡するのが普通だ。医師たちが無脳症の治療に消極的であるがゆえに父母が強く望まない限り、この種の障害をもった子どもたちはおおよそ早い時期に静かな死を迎える。つまり無脳症自体は生命医療倫理の次元でそこまで複雑な問題を提起しない。シンガーが無脳症に焦点を合わせる理由は脳死の範囲拡大という争点へ進み出るためだ。

シンガーは脳死概念が「便利な虚構」だと指摘する。人工的な装置を通してではあるが身体機能が今なお維持されているがゆえに、外見では脳死者を一時的昏睡状態に陥った人と区別するのは困難だ。さらに脳死と判定された患者の脳も今なお何らかの活動を遂行する。その証拠として、臓器を摘出するために脳死患者を切開した時、血圧が上昇し心拍が早まる。脳死者を実際にケアする看護師たちは自分が担当する患者が本当に死んだと考えない。脳死の概念が受容された理由は、この概念を提案したハーバード委員会の報告書草案に明らかに現れているように、非可逆的昏睡状態の患者を世話する負担を減らすために、そして移植用臓器を確保するためであった。死の定義をこのように変えることは「患者にいかなる被害も与えずに、他人の利益になるがゆえに」功利主義的観点から見た時に最善の決定といえる。

シンガーは無脳児についてもこのように功利主義的な決定ができるべきだと信じる。無脳児は脳幹があるので脳死者とみなされない。したがって臓器提供者になれない。無脳児の親の一部は子どもを放棄する代わりに別の生命に寄与することをもって自分たちの苦しい状況に意味を与えようとする。しかし裁判所はこのような望みを受け入れない。その結果、多くの生命を生かすことができる貴重な臓器が使われずに捨てられる。脳死を「脳全体の死」ではなく「意識の非可逆的喪失」あるいは「大脳皮質の死」と再規定すれば、この問題を解決できるだろう。これはもちろん無脳児だけではなく、植物人間状態の患者たち全てが臓器提供者になりうることを意味する。一九九一年、メルボルンの王立小児病院で開かれたある会合でこの病院の重症患者病棟の科長、フランク・シャン博士は劇的なやり方でこの問題

2 ピーター・シンガー『動物解放』金ソンハン訳、人間サラン、一九九九〔『動物の解放 改訂版』戸田清訳、人文書院、二〇一一〕。

3 Paola Cavalieri & Peter Singer, *The Great Ape Project: Equality Beyond Humanity*, New York: St. Martin's Press, 1994〔『大型類人猿の権利宣言』山内友三郎・西田利貞監訳、昭和堂、二〇〇一〕.

を提起した。あるベッドには心臓が死んだ以外全てが正常な子どもがいて、別のベッドには大脳皮質は死んだが心臓は正常な子どもがいる。二人の子どもは血液型が同じで大脳が死んだ子どもの心臓を心臓病の子どもに移植できる。しかし法的にこれは許されない。すぐ後に子どもが二人とも死んだ。わたしたちは生かすことのできる生命を殺したのではないか（結果の側面からみれば、死すべく放置することと殺すことはなんら異ならない）？

まだ「生きている」子どもの体から心臓を取り出す発想に今なお拒否感を感じる読者たちに、シンガーはそれを健康なヒヒの体から心臓を取り出すことと比較してみよと述べる。一九八四年、カリフォルニアでヒヒの心臓を人の子どもに移植しようとする試みがあった。手術後三週間で子どもが死に、手術を執刀した医師は一般大衆、記者たち、そして生命医療倫理学者たちからとてつもない非難を受けた。多くの人々はそれが人体実験と異ならないので悪いと考えた。一部の評論家たちはこの手術があまりにも性急であり、異種移植 cross-species transplant を人に適用する前にまず他の種たちを対象に実験すべきだったと批判した。しかし少数の動物保護主義者たちを除けば、だれも心臓が除去されたヒヒに対して関心を寄せなかった。シンガーは反問する。「伝統的な「生命の神聖性」倫理は最小限の意識すらない人を殺して臓器を摘出することを禁止している。子どもの親が臓器提供を望む時にもこれは拒否される。同時にこのような倫理はヒヒやチンパンジーを殺して臓器を利用するために飼育することを平然と認めている。わたしたちの倫理が、人と別の動物たちの間にかくも明瞭に線を引く理由は何か？」[4]

結局シンガーは医療資源を最大限確保して効率的に分配すべきだという現実的要求——脳死の概念はこのような要求ゆえに導入され、意識がない患者たちであふれかえる病院と慢性的な臓器不足は脳死の判定基準があまりにも厳格であると示唆している——の前で、死の定義を修正することに留まらず、人の定義を修正しようと提議するわけだ。自意識をもち、未来に対して考え得る人だけが本当の人であれば、大脳皮質が死んだ人は人でないがゆえに、殺したり臓器を摘出しても道徳的に問題にならない。同じ理由でシンガーは二分脊椎症や消化器欠損のような深刻な障害をもって生まれた子どもに対して安楽死が許されるべきだと信じる。何度もの手術は子どもに大きな苦痛を与える。その反面、子どもにはまだ未来の観念がないがゆえに、死自体は苦痛ではない。

シンガーの主張は合理的であり、道徳的にも譴責するところがないように見える。かれの解決策は皆の利益になり、誰にも不利益を与えない。安楽死のように人の命と関連した問題を費用の観点から議論するのが非人間的だと感じられるが、無数の子どもたちが数ドルに過ぎない抗生剤やワクチンが無くて死んでいくという事実を想起すれば、その反対の視角も可能だ。数百人を生かせるお金をたった一人の生——それも当事者にとってはもはや意味のない生——を延長することに全て使ってしまうならば、それこそ非人間的なことではないか？　限られた資源を効率的に利用してできるだけ多くの生命を生かすという考えは医師の職業倫理の核心的要素だ。しかし多くの人々は今なおこの解決策を受け入れることに躊躇し、シンガーの議論はどこか間違っていると感じる。その理由は何か？

じっさい自発的安楽死と非自発的安楽死、死後の臓器提供とまだ死んでいない人の臓器摘出の間には

4　シンガー『生と死』チャンドンイク訳、哲学と現実、二〇〇三、二〇七頁〔『生と死の倫理——伝統的倫理の崩壊』樫則章訳、昭和堂、一九九八、二〇七頁〕。

本質的な差異がある。これは決して延長線上にある二つの地点、「なめらかな傾斜路」の上部と下部ではない。一方から他方へと移るためには、わたしたちはただある判断の諸基準を緩和して変更するのではなく道徳の基礎自体を再考せねばならない。

シンガーは無脳児や大脳皮質が死んだ人は人ではないがゆえに臓器を摘出してもいいと主張する。しかし脳死者の体から臓器を摘出できるということが、直ちに脳死者は人ではないという意味にはならない。わたしたちはある人が死んだ後にも社会の中にその人の席がなお残っていると信じる。換言すれば、その人とわたしたちの関係が今なおなんらかの形で維持されると信じる。死者のために墓をつくり花を捧げるのはこれゆえだ。死者の「意味」を確認しようとし、かれの「名誉」を守ろうとすることもまたこのような信に由来する。脳死者の臓器摘出はこのような脈絡で解釈され正当化されてきた。わたしたちは脳死者がいかなる「利害関係」も持たないがゆえにかれの体を好き放題に毀損してもいいと考えない。それよりは脳死者がこの世を「去りつつ」かれの体が有用に使われることを望み、かれの意志を尊重することがかれの「ためになる」道であると考える。つまり脳死者の臓器摘出は遺言の執行という枠内でなされる。臓器提供は死を前にした人が社会との紐帯を表現する行為であり、死後まで自分に対する記憶を残し、そうすることをもって社会のなかに自分のための象徴的場所を残そうとする試みだ。わたしたちはかれの最後の贈り物を受け取ることをもってこの紐帯を確認する。

ある者たちは死んだ人に席をつくってやることが道徳的になんら意味をもたないと反駁するかもしれない。それは慣習の問題であるのみで、道徳の問題ではないという。しかしあらゆる種類の慣習的思考を軽蔑する人たちも『変身』の結末を読む時、衝撃を受ける。小説の冒頭で虫になって眠りから覚めたグレゴール・ザムザは――この『変身』は脳卒中で全身が麻痺した人の状態を連想させもするが――長い個室生活の果てに父の投げたリンゴが背中に刺さり、褥瘡ができて息をひきとる。家政婦がきてグレゴールの死を知らせるや、家族たちは久々の休暇だというかのようにさっぱりした気分で遠足に出かける。もし死んだ人は人ではないがゆえにどう扱ってもよいならば、どうしてわたしたちは家政婦が箒でグレゴールを突くときに心を痛めるのか？　そしてかのじょがザムザ夫人に「部屋の物を片付けることについては心配しないでください。もう捨ててしまいましたから」というときにどうして怒りを覚えるのか？　そのときわたしたちの得る感情が慣習の産物に過ぎず、道徳とは無関係だと果たして言えるのか？

否である。わたしたちは死者にいかに臨むかこそが道徳の問題だと考える。死者はわたしたちが何を与えたとしても返せないからだ。この世の中でわたしたちが結んだ関係の本質はわたしたちがもはや他人に何も与えられなくなる時に受ける扱いを通して確認される。もちろん死んだ人の体自体はその人ではない。死んだ人の「人」は体と分離してどこか異なる場所にいるであろう。しかしわたしたちはその人からやってきた何かが、その人の存在あるいは不在に対して考えさせる何らかの力が、かれが置いていったこの外皮の中にこもっていると感じる。かれが残した他の遺品と同様に、この外皮は売ったり捨てたり誰かに渡してやってはならない、「守る義務のある物」[5]だ。わたしたちはこの物を儀礼の対象と

5　Jean Bazin, La chose donnée, *Critique*, n 569-97, Paris: Les Éditions de Minuit, 1997, pp.7-24.

することをもって亡者との関係を持続する。

死者と生者の間に儀礼的な関係が持続するということは、死者が今なお社会の構成員であることを意味する。社会は生者だけで構成されているのではない。死者たちもまた社会の中に席を持っている。「時計の時間」、つまり日常の散文的時間が持続する間、わたしたちはこの事実を忘れている。しかし祝祭と記念日は同質的時間の流れを爆破し、記憶の時計の針をいつも同じ場所へと引き戻し、死者たちが生者たちの時間の中に入れるようにする。祝祭と哀悼の儀礼がどこか似ているのはおかしなことではない。祝祭には死者たちも招待される。生者たちがパレードをするとき、死者たちもまたその隊列を共に歩むのだ。[6]

人の概念はこのように社会に対する想像と繋がっている。大脳皮質が死んだ人は人ではないというシンガーの主張が論議を起こした理由はそれだ。わたしたちは大脳皮質が死んだ人は実際に死ぬことと同じという点に同意できる。だが、それゆえその人がもはや倫理的配慮の対象ではないという点には、かれのように簡単に同意できない。そのような主張は社会的紐帯の本質に対するわたしたちの直感と深い所で衝突するであろう。

西欧文化において社会関係の道徳的基礎をなす、人の神聖さに対する観念はシンガーが考えるほどユダヤ=キリスト教的教義に負っていない。自殺に対する態度がその証拠だ。キリスト教では人間の生命は神に属するがゆえに個人が思いのままに処分できないと教える。しかし篤実なカトリック信者を除けば、こんにち自殺が罪悪だと考える人は多くない。むしろ自殺は絶望した人がなしえる最後の選択であり、不条理な現実に立ちむかって自身の尊厳と自由を主張する最後の手段だという見方がより一般的だ。[7]自殺を犯罪と規定する法条項は一九六〇年代以降の西欧でほぼ完全に消え、末期患者が無意味な延命治療を拒否する権利や医師の助けで安らかに死ぬ権利――自発的安楽死――を認める国も増えている。現代文化と道徳に対するキリスト教の影響は衰退しており、生命に対する観点も例外ではない。しかしこのような変化にもかかわらず、人の神聖さに対する観念自体は変わっていない。「死ぬ権利」が広く認められているのと異なり、他人の生命を奪うことに関しては今なお厳格な禁忌が作動する。シンガーが批判したように深刻な脳損傷が生じて意識を永久に喪失した人だとしても、一度人として承認さ

---

6 「歴史の連続を打ち砕いてこじあけようとする意識は、行動の瞬間にある革命的な階級に特有のものである。フランス大革命は新しい暦を導入した。ひとつの暦が始まるその最初の一日は、歴史の低速度撮影という意味合いを担っている。そして、祝祭の日――それは想起《アインゲデンケン》の日にほかならない――として繰り返し回帰するのも、根本的には、これと同じ日なのだ。したがって、暦というものは時間を数えるのに、時計とは違うやり方をもってする。」ヴァルター・ベンヤミン「歴史哲学テーゼ」『ヴァルター・ベンヤミンの文芸理論』バンソンチャン訳、民音社、一九八三、三五三頁〔「歴史の概念について」『ベンヤミン・コレクション1』浅井健二郎・久保哲司訳、ちくま学芸文庫、一九九五、六六〇頁〕この部分は光州抗争以降のあらゆる大規模集会がどうして祝祭であると同時に哀悼の形式を帯びたのかを説明してくれる。光州抗争は新しい年代記の始まりを知らせる「暦の最初の日」であり、それに先行する時間を圧縮する「歴史の低速撮影機」であり、祝祭（一九八七年と一九九〇年の群衆が哀悼共同体を形成した大規模デモ、二〇〇七年と二〇〇八年のろうそく集会）の姿をして戻ってきた「いつも同じ日」であった。祝祭がつくりだす「絶対共同体」のなかで歴史の連続性は爆破され、死者の時間と生者の時間が入り混じる。

7 アルベール・カミュの『シーシュポスの神話』はこのような見方を代表する。しかし自殺と自由を連関させる伝統は、はるか以前へと遡る。奴隷は死と自由を取り換えた者という観念は、自殺が自由人であることを証明する手段だという考えを含む。

れた以上、他の人と等しく生命を保護される。人の神聖さに対する観念がキリスト教的教義に起因するのであれば、自発的安楽死の許容――これはなめらかな傾斜路の上部にある安全装置が取り除かれたことを意味する――は自然に非自発的安楽死へと滑り落ちるだろう。しかしこのような滑り落ちは生じない。非自発的安楽死、つまり自殺する意志を明かさない患者に対する安楽死はあらゆる国で厳格に禁止されている。[8]

中絶に対する態度もまた、キリスト教はシンガーの提案が現実化されることを防ぐ真の障害物ではないということを示す。中絶は現在ほとんどの先進国で合法化されている。その反面、嬰児殺害が許される国は一つもない。妊娠後半期の胎児が早産児となんら違いがないという点を考えれば、このような差別は不条理に感じうる。だとしてもこの不条理さをキリスト教のせいにすることはできない。キリスト教はまさにこのような不条理を指摘し中絶に反対しているからだ。

現代社会の道徳の基礎にあるのはキリスト教ではなく絶対的歓待の原理だ。つまり産まれるあらゆる人間の生命に席が与えられねばならず、いかなる名目によってもこの席を奪ってはならないという考えだ。人の神聖さとはまさにこの原理のことだ。人というものは社会の中に席があるということであり、神聖だということはこの席に介入できないという意味だ。中絶の合法化はこの原理を――違反どころか――再び確認する。胎児に場所を与えうる人が母だけであるがゆえに、胎児を歓待する権利もまた母にのみある。社会が母の意志と無関係に胎児を歓待することを決定し、母に妊娠を維持するよう強制するならば、これはある人の体を他の人のための道具として使用することになる。つまり母の人としての資格を否定する結果をもたらす。したがって絶対的歓待の原理を一貫性のあるものとして適用するためには、胎児がまだ社会の外におり、胎児を社会の中に送り出すことは母の決定にかかっていると言わねばならない。[9]

これは非自発的な安楽死がいかなる場合にも許容されえないことを意味しない。「植物人間」状態にある患者にいかなる「利害関係」も認めないことをもって、かれを道徳的配慮対象から除外しようとし

8 例外的にオランダでは無脳症のような深刻な障害を持った新生児に対して非自発的安楽死を許容する。

9 ジュディス・トムソンは思考実験を通して中絶という争点を歓待と連結させる。腎臓が悪いあるバイオリニストの体と自分の体が連結しており、自分の腎臓の活動のおかげでかれが生命を維持するとしてみよう(バイオリニストの熱烈なファンたちが自分が寝ている間にこのような処置をしたと想像してみよう。そして九ヵ月後には連結装置が取り除かれる予定だとしよう)。自分はこの人を全く知らない。しかしこの人は自分がいなければ死ぬ。自分がかれを取りのぞくことは間違いなのか? トムソンは歓待は正義の領域ではなく同情の領域に属するがゆえに、バイオリニストが死のうが生きようが連結装置を除去するのは自分の自由だと主張する(Judith Thomson, A Defense of Abortion, *Philosophy & Public Affairs*, vol.1, no.1, 1971, pp.47-66〔「妊娠中絶の擁護」塚原久美訳『妊娠中絶の生命倫理』江口聡編監訳、勁草書房、二〇一一〕)。しかしこの結論は疑わしい。トムソンの思考実験を変形した次のような思考実験をしてみよう。海の只中で船中に密航者を発見した。九ヵ月経てば陸に着く。食料は密航者を含めたすべての人が充分食べていける量がある。この人を海に落とすか、陸まで連れていくかは全的に元来船にのっていた人々(合法的乗船者たち)の心にかかっているのか? 密航者はこの場合「生きる権利 right to life」を持たないのか? 実際にこのようなことが起こるならば、密航者を海に投げた人々は殺人罪で処罰されるだろう。人になるということは**歓待の権利**——歓待する権利と歓待される権利——を持つということだ。トムソンは歓待を恣意的な問題として見る。つまりそれを提供する人の気まぐれにかかっていると見る。しかし歓待が決して権利の問題ではないならば、いかなる領土にも属さない難民たちは生きる権利がないという結論が導出される。トムソンは胎児が人だとしても母には中絶の権利があると示すためにこのような思考実験を考案した。しかしこの実験を通してわたしたちは逆説的に、中絶が可能ならば胎児は人であってはならないという結論に到達する。

たシンガーと反対に、わたしたちはそのような患者にも死ぬ権利があることを主張することをもってこの問題に接近できる。意識を回復できないことが明らかでも、何年もベッドに寝て愛する家族に大きな苦痛を与えた後に世を去ることを望む人はいないだろう。わたしたちは人生のストーリーがそのように壊れることを望まない。わたしたちは然るべき時に死ぬ権利があり、望むやり方で人生というドラマを完成させる権利がある。

臓器移植待機者名簿に名をのせたまま何年も順番を待つなかで死ぬ患者たちの問題や、意識のない患者たちであふれかえる病院のような問題は、わたしたちの文化が死に対してより開放的に討論し遺言状を書く慣行を拡散させれば簡単に解決しうる。そうすれば死を悪いこととのみ感じるのではなく生の一部であり完成として考える態度が必要だが、これは死後にも自分の生が「ストーリー」として残るであろうし、自分の人格がこのストーリーのなかで生き続けるであろうという信頼があってこそ可能だ。

サバイバル・ロッタリー

サバイバル・ロッタリーは生命倫理学者であるジョン・ハリスが考案した仮想の装置だ。[10] かれは次のような状況を仮定しつつ議論を始める。緊急に臓器移植が必要な二人の患者がいる。一人は心臓が必要で、もう一人は肺が必要だ。医師はかれらに余分の臓器がないから手術できないと述べる。そうすると患者たちは医師の無責任さを非難して問う。「誰でもつかまえて臓器を摘出したらいいじゃないか？犠牲者は一人でわたしたちは二人だ。二人の命が一人の命よりも重いではないか？」医師は驚いて問い返す。「死んでいく人を放置することとまともな人を殺すことは異なる。あなたたちを生かすために関係ない人を殺すことはできない。」かれらは即時に反駁する。「なんの罪も犯していないのに死なねばならないのはわたしたちも同じだ。そして結果という観点から見る時、死ぬがままに放置することと殺すことは少しも異ならない。あなたがわたしたちを生かすことができるのに死ぬがままに放置すれば、わたしたちはあなたのせいで死ぬわけだ。」医師が再び答える。「わたしが医師としてできることをやらずにあなたたちが死ぬならば、それはわたしの誤りだ。しかしわたしは殺人が医師のすべきことに含まれるとは考えない。他の人と等しくわたしも人を殺すことは禁止されている。」

こうして思考実験は公共の福祉のために医師に殺人を許容する場合についての検討に進んでいく。二人の患者はもし社会が医師に二人を生かせる時ごとに一人を殺す権限を与えればどうかと言い、次のようなシステムを考えてみよと述べる。全ての人が自分の臓器に対する情報を管理センターに登録して番号を一つずつ付けられる。臓器移植が必要な患者たちを検索してそのうち一人を無作為に選ぶ。「当選した」人は生命を放棄して自分の臓器を移植用に提供せねばならない。

一人の体から提出した臓器で何人かを生かすことができるから、このシステムの下で人々は損害を受ける確率よりも利益を得る確率が高い。もしこのような保険商品があれば、無条件に加入するのが合理的だ。私保険の還元率が普通六〇‐七〇パーセントの線に留まるのに比べ、この保険は加入者たちが支払ったものの数倍を返してくれるからだ（加入者たちが一人の命を支払う時ごとに保険会社はその数倍の命

10 John Harris, The Survival Lottery, *Bioethics: An Anthology*, Peter Singer & Helga Kuhse (eds.), Oxford: Blackwell Publishing, 1999, pp.399-403. この論文は元来 *Philosophy*, vol.50, 1975 に発表された。

を返してやる)。社会全体で見れば、この制度の導入は平均寿命の証拠と各種健康指標の向上、さらには保険財政の改善をもたらすと期待される(長期的にみれば臓器移植は他の医療的処置より費用が安い。たとえば慢性腎不全患者にとって腎臓移植は透析よりはるかに経済的な代案だ)。

もちろん問題点もある。このシステムは潜在的な犠牲者たち——結局すべての人——に不安と恐怖を植え付ける。いつ「かれら」が玄関を叩いて「当選」を通知するかわからない! しかしこれは慣れにかかっている。あなたは毎朝車を運転する度に交通事故で死ぬことを心配するのか? おそらくそうではないだろう。年間の交通事故死亡者数を考えれば心配をすべきであるにもかかわらずだ。どうせ死の危険は至るところに広がっており、わたしたちは毎日毎日くじをひいている。

臓器を摘出する医師たちが負うストレス——いわゆる良心の呵責——もまた考慮すべきだ。しかしハリスは「良心の呵責」がわたしたちをつねに正しい方向へと導くわけではないと述べる。善行をしたければわたしたちはこの信頼できない案内者よりは理性の声に従うべきだ。理性的に検討した時、臓器を摘出するほうが摘出しない時よりも多くの人を生かす道だ。人を殺すことに対するわたしたちの本能的拒否感——殺すことと死ぬがまま放置することが一つも異ならないにもかかわらず——は持続的な教育と広報を通して徐々に克服されうるだろう。

最後に犠牲者の抵抗という問題がある。ハリスはこのシステムが支配する社会は自己犠牲が義務化された社会であろうと述べる。あらゆる人は必要な時であれば自分の生命を他人のために放棄できなければならない。それを拒否する人は殺人者とみなされうる。わたしたちはこのような社会を望んでいるかもしれないし望んでいないかもしれない。しかしこのような社会がわたしたちの社会より非倫理的だと断定することはできない。

ハリスはこの思考実験を通して何を言わんとするのか？　かれが一貫して功利主義的（あるいは結果主義的）立場を固守していることを知らない読者ならば、これを功利主義に対する嘲弄と感じるかもしれない。実際にかれの論文は功利主義者たちの間でも反発を呼び起こした。功利主義的信念をもつフィンランドのある生命倫理学者は、ハリスが功利主義を怪物に作り替え、これはこの理論に反対する者たちが考えた姿そのままだと非難した。功利主義を「生命の価値に対する単純な計算を基にして弱者の犠牲と無垢な人の殺害を許す非人間的な理論」だと告発してきた人々は、かれらの起訴を維持する決定的な証拠を得たわけだ。[11]　しかしハリスはこれに対し直接的で神経質な語調で、自分は結果主義の原則に忠実であるのみで、この原則に同意しなければ功利主義者であるふりをしてはならないと応えた。[12]

奇想天外で、それだけに思弁的にも感じられるこの議論の根底には実用的な関心がある。ハリスは臓器移植を慢性疾患で苦しむ患者たちのための画期的な対案とみなしており、提供にのみ依存して臓器を確保する現行のやり方がこの技術のより広範囲な適用を防げていると信じる。移植用腎臓の確保と関連し、かれはサバイバル・ロッタリーのように幻想的ではないが、現行法に照らしてもなお破格なシステムの提案もした。国家が希望者から腎臓を買い取って最も必要な人に供給するやり方だ。[13]　腎臓の闇取

11　Tuija Takala, Utilitarianism shot down by its own men?, *Cambridge Quarterly of Health Ethics*, Vol.12, 2003, pp.447-54.

12　John Harris, Response to 'Utilitarianism shot down by its own men' by Tuija Takala, 前掲雑誌 , Vol.13, 2004, pp.170-8.

引がすでに広がっているという点、個人間の取引よりも国家を通した取引が安全だという点、腎臓提供者が適切な補償を受けられないという点——これは臓器売買を支持する論拠としてしばしば言及される。患者は新しい臓器を得て医師はお金を稼ぐ。しかしいざ臓器を提供した人はいかなる補償も受け取れない[14]——そして何よりも提供される腎臓が需要に比べてはるかに少ないという点は、かれの提案に合理性を与える。かれが見るに、この合理的企画の実現を防げている最も大きな障害物は臓器売買に関するわたしたちの偏見と偽善だ。わたしたちは身体の一部を売るという考えに嫌悪を感じ、詳しく検討してもみずにそれが非倫理的だと断定する。そうして臓器移植に最後の希望をかけて期限なしに自分の順番を待っている数多くの患者たちの苦痛から目を背ける。しかし自分の身体組織を分け与え他人の生命を救う行動は動機とは関係なくそれ自体として善であり、社会はむしろ適切な補償を通して善なる行動を奨励すべきだ。サバイバル・ロッタリーはこのような文脈で理解できる。通念をひっくり返す極端な主張を通して、ハリスは臓器移植という領域から公的言説を支配する「神聖なトーテムと神々しい牝牛」[15]——ピーター・シンガーとヘルガ・クーゼの表現——をあざ笑いたかったのかもしれない。わたしたちがこの争点と関連してより理性的になろうとするなら一種の衝撃療法が必要だと考えるようにだ。

ではこの思考実験のどこが間違いなのか？　トゥイヤ・タカラ——先ほど言及したフィンランドの生命倫理学者——は、ハリスが限りある資源の合理的分配という名分を立てて行為者たちの意思およびその意思が形成される文化的文脈を無視していると批判する。サバイバル・ロッタリーがいくら公共の福祉の側面から肯定的な効果をもたらすといえども、行為者たちはかれらの文化的信念に沿ってそれを拒否する自由がある。倫理学の課題は当事者たちに代わって決定を下すことというよりは、かれらが決定を下すさいに役に立つ、討論のための枠を提供することだ。しかしハリスもまたサバイバル・ロッタリーの強制的実行を主張しているわけではないので、このような批判は不当にみえる。かれは、真なる功利主義者は「合理性に対する多様な観点を許容」せねばならないというタカラの主張に反対し、何が合理的なのかを論証することと、それを人々が民主的合意によって採択することは別問題だと指摘する。これはわたしたちが合理性に対して偏狭な視角を堅持しつつも今なお民主主義者であろうとすることを意味する。この地点でわたしたちはむしろタカラの文化相対主義が倫理学の立場を狭めているのではないかと自問してみることができる。かのじょは文化的合意が存在するならば、サバイバル・ロッタリーを導入しうると示唆することで、この装置が必ずしも非倫理的なものではないというハリスの主張を結果的に裏書する。真なるものと合意されたものを同一視するこのような立場は、人々が間違った選択をする場合、批判の可能性を封鎖してしまう。それゆえわたしたちは（激烈に対立するように見えるがじっさいはそう変わらない）二つの立場の共通した基盤、つまり功利主義自体を問題にせねばならない。

タカラの批判と異なり、ハリスの論文は功利主義の基本アイデアを忠実に要約する。善は快楽と苦痛の総量だという観点から最も良く定義されうるだとか、全体の利益のためには少数を犠牲にしてもよいという考えがそれだ。この考え自体はわたしたちにとって見慣れたものだ。例えば戦争という制度――

13 John Harris, This won't hurt... your bank balance, *The Guardian*, December 4, 2003.

14 James F. Blumstein, Legalizing Payment for Transplantable Cadaveric Organs, Peter Singer & Helga Kuhse (eds.), 前掲書, pp. 390-8.

15 James F. Blumstein, 前掲論文、p.390.

それを制度と呼べるならば――は、まさにこれに基づいている。あらゆる戦争は民間人と軍人を区別し、数的により多い前者を保護するために後者を犠牲にする。道徳的な次元で戦争が提起する本当の問題は――敵を殺すことよりは――味方側を死ぬがままに放置するというところにあるだろう。似たような例として「福島原発決死隊」がある。事故処理に動員された労働者たちは数年内に致命的なガンになる可能性がとても高いが、言論はこの点について言及を回避する。「誰かが」原発に入らねばならず、そうしなければ更に多くの人の命が危険になるという論理だ（もう一度、「死ぬがままに放置することは殺すことと等しい」）。しかしその「誰か」を決定するやり方においてサバイバル・ロッタリーより福島原発の場合がより公正だと言えるだろうか？　原発労働者たちが主に下層階級から補充されるのに比べ、サバイバル・ロッタリーは少なくとも社会階級と無関係に無作為的に不運を配分するという美徳がある。

それゆえ核心はこれだ。わたしたちは戦争の倫理や原発決死隊の論理を批判できるのか？　以下にわたしはサバイバル・ロッタリーの矛盾を検討することをもってこの問いに答えたい。功利主義を批判する哲学者たちは功利主義的解決策がわたしたちの道徳的直観と衝突する状況を思考実験の形態で提示した後に、それをもってこの理論を充分に反駁したと信じる傾向がある。救命ボートで飢え死にする船員たちのジレンマ――一人を殺してその肉を分けて他の人々の生存を図るべきか、あるいはみなが一緒に死を待つべきか――に対するサンデルの議論がそのような例だ。[16] 人が人を食べるという考えはわたしたちの道徳的感受性にかなり大きな不快感をもたらすがゆえに、このような状況を仮定することだけでも功利主義の反対者たちは有利な位置を占める。しかしこの事例をそれほど極端でない別の事例に取り換えるならば、たとえば故障した熱気球に乗っている人々のジレンマ――軽くするために一人を落として旅行を続けるのか、あるいは皆が海に落ちて死ぬのか——や、ザイルで互いを連結したまま絶壁になんとかしがみついている登攀者たちのジレンマ——ザイルを切って数人だけでも生命を救うべきか、あるいは皆が一緒に落ちて死ぬのか——へとこれを取り換えれば、わたしたちの直感は弱くなり、道徳的判断は再び困難になるだろう。ハリスは反功利主義陣営の戦略をあざ笑うかのように、これまで功利主義を批判するために提出されたいかなる思考実験よりもグロテスクな状況を仮定する。そうしてわたしたちが感じる当惑が、単に思考習慣の問題であることを示そうとする。論理と直感を（間違った形で）対立させるこのような構図から抜け出しうる唯一の方法は論理で直感を支えることであろう。

サバイバル・ロッタリーの決定的な欠陥は、それが実際に作動しようとすれば「神聖なるトーテム」が必要だという点だ。ハリスはかれが構想段階で追放した形而上学的諸観念を実行段階で再び呼び出さねばならない。この点を理解しようとすれば「裏切り者」を処理する問題、つまり最初はゲームに参加することに同意したが、いざ自分が犠牲者と指名されるや臓器提供を拒否する人を制裁する方法について熟考してみれば充分だ。ハリスはそのような裏切り行為は殺人と見なすべきだと声を高める（犠牲者に代わって他の人々——臓器移植を待つ患者たち——が死なねばならないから）。しかし犠牲者の立場からみれば、これは制裁として大きな意味がない。逃げて捕まえられ殺人罪で起訴されたとしても、かれが受

16　サンデル『正義とはなにか』李チャンシン訳、キムヨン社、二〇一〇、五一 - 四頁〔『これから「正義」の話をしよう』鬼澤忍訳、早川書房、二〇一〇、第二章〕。

けることになる罰は良くて死刑だからだ。裏切りをしなければ無条件に命を失い、裏切れば命を保つ可能性が少しでも生じる状況で、合理的な行為者ならば当然裏切りを選ぶだろう。これは快楽の極大化と苦痛の最小化という観点でなされる個々人の合理的な選択をサバイバル・ロッタリーの土台に据えることができないという意味だ。

サバイバル・ロッタリーがいかなるやり方であれ自発性に基づこうとするならば——これはハリスがこのゲームの実行条件として掲げていることだ——行為者たちの合理的選択を防ぐ文化的な信念が作用せねばならない。たとえば犠牲者たちに「死後の名誉」という観念を植え付ければ、かれらが「自発的に」死を選べるだろう。わたしたちは他人のために自分の臓器を差し出すことは高貴な行動であり共同体は永遠にかれらの犠牲を記憶するだろうという言葉でかれらを説得できる。あたかもこの世にもはや存在しなくなった時にも世の中と関係を結ぶことがなお可能だというようにだ。戦争や原発決死隊は実際にこのような象徴操作に頼っている。わたしたちは犠牲者たちが体を失ってしまった後にも、なお法的で道徳的な主体であるかのように話をする。「かれらの体は確かに倒れたが、魂は永遠にわたしたちの傍にある」と厳粛に宣言し、わたしたちの真摯さを証明するために死後受勲し、記念碑と銅像を建てて花束をささげる。じっさい、死とともに自分と社会を繋ぐ一切の紐帯が切れると信じる人に対しては社会のための犠牲を要求できないだろう。あらゆる犠牲言説は個人の死後にもどんなやり方であれ共同体の中に生き続けるという信を前提する。かれの肉体が消滅した後にも成員権は消滅していないということ、換言するとかれの席が共同体のなかに残り続けていること（墓、記念碑、銅像、位牌などはまさにこの位置を表示する）——これはかれが死後にも人の資格を維持するということにもなる。人になるということ、人の資格を得るということは、即ち共同体の中で席を持つということと等しいからだ。

しかしこの種の文化的信念こそ功利主義者たちが無くそうとする「神聖なるトーテム」ではないか？個人の死後にも人の資格を維持するという考えは人の消滅を肉体の消滅と同一視する功利主義の視角と両立できない。見てきたように功利主義は人を身体に基盤をおく人格的諸特性と同一視し、この諸特性が消滅するにしたがい個人は人の資格を喪失するとみる。自意識や自らを時間の中の存在と認識する能力はこの人格的特性の最も基本的な要素と感じられている。嬰児殺害に対するマイケル・トゥーリーの正当化[17]や無脳児の臓器摘出に対するピーター・シンガーの支持はまさにこのような立場に根拠を置く。かれらの大胆な主張は多くの論議を呼び起こした。しかし（保守主義と自由主義の両側から集まった）功利主義の反対者たちが問題の核心を正確に把握していたのかは明らかではない。問題はまさに、功利主義者たちが「神聖なるトーテム」の助けなしに倫理学の土台を再びつくろうとしたという点だ。

かれらの企画をわたしが理解する形で要約すれば以下のようになる。「人間に対する先験的で形而上学的な規定の代わりに経験的で科学的な知識に依拠しつつ、わたしたちが**すべきこと**ではなく**望むこと**から出発し倫理学的諸命題を導き出すべきだ。倫理学とはわたしたちがあるものを望むならば**論理的に**同時に望まねばならないものに対して説明する学問に他ならないからだ。」この立派な企画の盲点は「わたしたち」という単語にある。わたしたちとは誰なのか？　わたしたちはいかにしてわたしたちに

17　Michael Tooley "Abortion and Infanticide," *Philosophy & Public Affairs*, Vol.2, No.1. 1972, pp.37-65〔マイケル・トゥーリー「妊娠中絶と新生児殺し」神崎宣次訳、江口聡編監訳、『妊娠中絶の生命倫理』勁草書房、二〇一一〕.

なるのか？

功利主義者たちは「わたしたち」が常に既にわたしたちであるかのように語る。かれらは社会を与えられたものとみなし、連帯の問題を提起しない。その結果、社会は人口、つまり数字という観点から把握された人間諸個体の集合へと還元される。社会に対するこのような視角は人の観念とコインの両面をなす。功利主義者たちは人の資格が一つの成員権だということ、わたしたちが社会によって人として**任命される**ということを理解できない。かれらは人というものが生物学的な事実に属すると信じる。個人は他人の承認と関係なく自分の中に内在した特性によって人になりうるということだ。しかし逆説的に、それゆえに、ある人が実際に人なのかどうかを判定すること、換言するとかれの人の資格を審査することが重要になる。

しかし誰がそれを判定するのか？　いかなるやり方で？　シンガーの言うとおりに自分を時間の中の存在として認識できないということが人ではないという証拠ならば、新生児は全ての人の資格を失うだろう。したがってかれらを殺すことが――苦痛を与えないという条件の下で――原則的に可能になる。もちろん人かどうかを離れて新生児を**むやみに**殺してはならないという理由はたくさんある。子どもが生まれるまで産婦を含んだ家族が、さらには共同体全体が少なくない投資をしたがゆえに、また子どもは一つの生命であり、あらゆる生命は貴重だから……。しかしむやみに殺してはならないということは場合によっては殺しうるという意味だ。**生きる権利**を承認するということではない。生きる権利を持ちえないまま、ただ**価値のある**存在であるがゆえに保護されるならば家畜と異ならない。

シンガーは確かに子どもに生まれると同時に生きる権利を与えることに反対する。かれは出生と成員権の付与のあいだに時間間隔があった古代ギリシャの例を持ち出し、両親が「とても悪く始まった生命を維持させない方がよいと決定」できるように二八日間の猶予期間を提案する。[18] しかしなぜ二八日なのか？　ある生命が「とても悪く」始まったということを二八日間が過ぎてから知ったのならどうなるのか？　自閉症のように生後数年が経たないと確実な診断ができない疾患もある。深い自閉症状をみせる三歳の児童が自分を時間の中の存在と意識するとは信じがたい。これは二八日間という猶予期間の不十分を示唆するのか？　あるいは「とても悪く始まった生命」は猶予期間と関係なく「維持させないことに決定」できるべきだという意味なのか？

功利主義的観点からみれば、生きる権利を持つかどうかは個体の特性にかかっているがゆえに、猶予期間はじっさい重要ではない。人口を管理する次元で、妊娠後期以降に中絶を禁止することと似たやり方で、恣意的な境界を設定してその外では嬰児殺害を許容しなければ足りる。しかしそのように引かれた境界線に出生や洗礼がもつような神聖さを与えることはできないだろう。この境界線は全く法的なものとしてなんら文化的意味も帯びないがゆえに、共同体の合意によっては簡単に移動しうる。これは嬰児殺害の慣行をもつ前近代の諸社会と違う点だ。この諸社会において嬰児殺害の合理的動機は慣習の力の後に隠されている。人々は動機に対してあからさまに語らず、慣習の言語でのみそれを指示した。それゆえ動機についての合理的討論を通して慣習を修正することは不可能だった。新生児に人の資格を与える通過諸儀礼は真なる敷居を形成し、一旦それを通った人の生きる権利が疑問に付され続けることを

18　シンガー『生と死』二七一頁〔『生と死の倫理』二六六頁〕。

防いだ。シンガーが提案する二八日間という境界線はこのような役割を果たせない。自ら人の資格を持つことの証明に失敗した新生児はこの境界線を通過したとしても、なお生きる権利を疑われるだろう。「自らを時間の中の存在と認識する能力」は相当水準の知能を前提するがゆえに、この知能に到達しえない諸個人は——事故や疾病で知能が低くなった場合を含め——年齢と関係なく同一な運命に処されるだろう。換言すれば、わたしたちは生きる権利についての討論が「なめらかな傾斜路」に沿って転がり落ちていくことを防げない。その傾斜路の入り口を塞いでいた「神聖なるトーテム」を片付けてしまったせいだ。

サバイバル・ロッタリーに戻ろう。道徳的発話はそれを聞く「わたしたち」の存在を前提とする。道徳とは「わたしたち」各自が互いに負っている義務に対していうものだからだ。道徳的発話を聞く人が、自分が「わたしたち」に属するのかどうか分からないならば、その発話は効力を失うだろう。ところがハリスは道徳の名で構成員たちの成員権がいつでも剥奪されうる共同体について述べている。ここに矛盾がある。サバイバル・ロッタリーにおいて共同体は不運な当選者の臓器を強制的に摘出すると**同時に**かれが共同体に対して道徳的連帯感を持ち続けることを期待できるのか？　これは犬を食べながらその犬がなおも自分を愛することを望む主人の態度と同じくらい不条理なものにみえる。人間は犬ではないがゆえに、そのような場合、自分を食おうとするものに対する忠誠心を捨てて「かれら」から逃げるものである。「かれら」はもちろん道徳的非難を浴びせることをもってかれを拘束しようとするだろうが（「犬以下の人間」等々）、その言葉は既に一切効力がない。先ほど述べたように道徳的発話が効力を持つのは、それを聞く人が発話者と同一な道徳的共同体に属していると信じる時だけに限られるからだ。実際に共同体がかれの体を物のように消費するということは、かれの人の資格が剥奪されることを意味する。サバイバル・ロッタリーの犠牲者はシンガーが無脳児に与えようとすることと正確に等しい地位を持つことになるのだ。

サバイバル・ロッタリーの不条理さは次のような状況[19]を想像してみれば簡単に分かる。大洋を漂い救命ボートの上で四人の人が救助を待っている。水平線には船の影すら見えず、食料がかなり前に底をつき、皆が飢え死にする一歩手前だ。とうとうかれらはじゃんけんで負けた人を食べることにする。一人がパーを出し、その他はチョキをだす。

A(パーを出した人):人を食うだなんて、お前らは人じゃない。

B:俺らは約束通りにしているだけだ。お前が勝ってたらお前も他の人を食ってたんじゃないか?

19 この状況はサンデルの『正義とは何か』第二章の導入部に出てくる事例を変形したものだ。一八八四年に救命ボート一隻に頼って南大西洋を漂流していた英国人船員たちが二四日ぶりに救助された事件があった。かれらはもともと四人だったが、救助された時は三人に減っていた。飢えの果てに一人——孤児であり最も幼かった船員——を食べたからだ。かれらは本国に帰るやいなや逮捕され裁判をうけたが、自分たちの罪を認めつつも仕方ない状況だったと主張した。サンデルは裁判の結果を示さないまま、わたしたちに裁判官の立場になって判決を出してみよと勧める。わたしはサンデルがこの事例の提起する倫理学的問いを充分に深めていないと考える。かれは船員たちが陸地に到着した時、いかなる処罰を受けるべきかに焦点を合わせ、かれら同士が自分たちの行為をどのように正当化できたかについては問わない。その結果、船員たちが処された状況は道徳的ジレンマという観点でのみ理解され、その中に内包された道徳的危機——道徳的発話の効力条件自体が限界に処されているという意味で——は看過された。

C：俺らみんなが死ぬよりもお前一人を殺すほうがマシだ。だからこれは道徳的だ。
D：人でなしは俺らではなくてお前だ。お前は今や俺らの食料だから。

このようにして一人が食われ、三人が残る。しかしその後も船は見えない。数日後にかれらはまたじゃんけんをして一人を食う。今や二人が残った。二人は最後にじゃんけんをする。
C：俺が負けたよ。でもお前は俺を食えないだろうよ。
D：なんで？
C：俺がお前より力が強いから。
D：それは不公正だ。負けた奴が食われる約束じゃないか。
C：俺が公正に動けばお前は俺を食うじゃないか。
D：二人とも死ぬよりも一人死ぬほうがマシじゃないか？　俺らのためにお前が犠牲になれよ。
C：俺が死んだらお前だけ残るのに、俺らってか、何いってんだよ？

この仮想対話は「皆が死ぬよりも一人だけ死ぬ方がマシ」という功利主義的計算法の矛盾を暴露する（とわたしは信じる）。「マシ」というのは誰にとってなのか？　犠牲者は犠牲が決定した瞬間からもはや「わたしたち」に属さない。それゆえこの言葉は結局「死なないと決定された人々の立場からみれば死なないほうがマシ」という意味だ。死を決定された人にとってこの言葉は完全に空虚なものだろう。実際先に示したような状況において功利主義的計算法の用途は犠牲者たちを説得することよりも生き残った人々の良心を慰労することにあるだろう。そのような計算法は道徳的発話がもはや意味を持ちえなくなったという事実を隠蔽するさいに役立つ。食人のような——道徳的共同体の存立条件を破壊するという意味で——**限界的**行為が行われた後にも、生き残った人々が自分たちの秩序を維持しようとすれば、今なお道徳が必要であるがゆえに、このような欺瞞は仕方ないことでもある。しかし生存者は二人に減って生き残る人をもはや「わたしたち」と呼べなくなった時、事態の本質は明らかになる。道徳は既にそこにない。食って食われる闘いがあるだけだ。

もう一度いうが、功利主義がこのような矛盾に嵌る理由は人を人口——この漢字は「口」という意味素を含むが、この口は「食べる口」[20]だ——へと還元するからだ。つまり人を社会関係から引き出し、「それ自体として価値のある」生命へと還元するからだ。人の生命が足したり引いたりできる諸単位に取り替わるのはこのようにしてである。二人の生命は一人の生命より二倍の価値があると述べつつ、功利主義は人の命を特殊な性格の財産のように扱う。サバイバル・ロッタリーが保険の一種ならば、加入者たちの生命は保険会社が管理する資産だ。もしサバイバル・ロッタリーが国家の隠喩ならば、それはフーコー的な意味での生命を管理する国家であろう——「生かし、死ぬがままにする」国家。この国家は構成員たちの生命を保護することを最大の課題にするが、同時にまさにそれを口実に、かれらからいつでも成員権を剥奪できる権限をもつ。換言すれば、この国家の構成員たちは人の地位を奪われ、むき

20 人口が「食べる口」であるという点はマルサスの『人口論』が人口と食糧の関係を扱うという事実に端的に現れる。「食べる口」と「喋る口」の対立については、金杭『喋る口と食べる口』セムルギョル、二〇〇九を参照。

出しの生命の状態に陥る危険に常にさらされている。もちろんこのような剥奪は構成員たちの安全のための非常処置という名目でなされる。あたかもそれが少数にのみ該当する例外的な処置であり、残りの人々は各自の人の資格について心配しなくてもよいというようにだ。しかし人は本来物と対立する概念だ。かれらの生命が財産のように管理されているならば、かれらはある意味で既に人ではない。

ここで奴隷をむき出しの生命と比較するならば、双方の場合全てにおいて社会的な死がかれらの状態を規定する根本的な要素であるとわかる。ある人から人の地位を剥奪することは法の制定と執行だけでは不可能だ。それ以前に、かれがいかなることを被っても、かれのために進み出る人が一人も出てこないように、かれを囲む社会的連帯自体を解体せねばならない。もしある社会で構成員たちがいつでも主権者の命令だけでむき出しの生命の状態へ陥るならば、その社会は既に社会ではなく、構成員たちは人ではない。かれらが法的にいかなる地位を持とうが——市民権者であれ登録外国人であれ——かれらの間の連帯が全て破壊され、かれらがただ人口として存在することが明らかだからだ。

付録　場所に対する二つのメモ

場所／席の意味

ここで「場所」という単語は英語の place に対応する。コリンズ英語辞典によると place は建物、地域、齢、国など、ある地点 point についても使える。any, no, some, every の後にこの単語が使われれば anywhere, nowhere, somewhere, everywhere を意味する。この単語は何かが属していたり、いるべきだと考えられる位置を指しもし、誰かが専有できる位置 position を指しもする。

このような意味の「場所」を持ちえない人々、つまり自分たちが属した場所やいるべきだと考えられる場所がどこなのか知りえない人々、またはかれらがいてもいい席、専有できる位置をこの世界の中で発見できない人々がだんだん増えている。場所喪失 placelessness はかつて特定範疇の人々にのみ該当する例外的状況と認識されたが、現在はほとんどの人々に現実的な威嚇として近づいている。

もちろん元来の場所から根こそぎ放り出される経験は、近代が無数の者たちの記憶の中に残した根本的な衝撃でもある。しかし近代は逆に誰でも自分が望むところに拠り所をつくる時代が開かれたと宣伝することをもって、この外傷的な経験を効果的に隠蔽してきた。

マルクスは近代の嘘の約束を見抜いた代表的思想家だ。かれはアイロニカルな言い方で土地の束縛から自由になることが実際に何を意味するかを指摘した。マルクスは近代がもたらしたこの自由を真なる意味における自由とは考えなかった。かれがプロレタリアートを「鉄鎖の他に失う何ものももたない階級」と定義したという事実からこの点は明らかになる。かれは封建性の轍から抜け出して都市へ集まったこの階層を新しい形態の奴隷とみなしたのだ。

マルクスは場所を持つことと自由の連関を明らかに認識していたに間違いない。古代ギリシャの市民たちは誰でも居所をもっており、自分の居所では完全に主人の権利を享受した。(奴隷と家族、家と土地によって構成された) 私的領土があるという事実はかれらが享受した公的自由の基盤であった (place には家あるいは居所という意味もある)。近代の二重革命は、他人の領土に隷属した身分として生計を営んでいた無数の人々を、かれらがいた場所から根こそぎ抜き取って未知の空間へと放りだした。しかしこのような放出が直ちに自由の獲得を意味するのではないとマルクスは述べる。なぜなら法的に隷属した身分から抜け出ることとこの世の中で生きていく拠り所を持つことは別のことだからだ。

しかしプロレタリアートの構成員たちが全てこのような真実を悟ったのではない。近代の神話はかれらに対しかれらも望めばこの広い世界の中に自分の家を持つことができるとささやいた。近代人の自己構成説話は卵の殻を破って飛び立ち、巣をつくる鳥のイメージに要約される。家 home を得ることはアメリカン・ドリームの終着点だ。そして理論的にいえば、家はかれが望むいかなる場所でも建てられる。人間がひしめく汚い大陸を去り広大な新天地へと、あるいは息の詰まる故郷の村を去り栄える大都市へと、あるいは文明の光を背にして人のいない荒野へと勇敢に足を踏み出した人々、そこで愛を求め家を建てた名もなき英雄たちの話は、いかに多くの者たちを魅惑してきたか! 自分がいる場所に安らかさを感じられない——英語でこのような状態は「自分の家にいない not at home」と表現される——あらゆる人々は、このような話からどれほど多くの希望の根拠を発見してきたか！　旧大陸のプロレタリアートにはアメリカがあり、米国のプロレタリアートには西部があった。どこかに去ることができると考えられるあいだは近代の神話が支えられ続けた。地球が無限に大きいと感じられるあいだは。

『生態の足跡〔エコロジカル・フットプリント〕』[1]の著者たちは古典派経済学のモデルは土地が平らだという仮定の上につくられていると指摘する。換言すると古典派経済学は土地が四方に無限に広がり、資源が無尽蔵だと仮定するということだ。資源の枯渇と生態危機はこのような前提に対する根本的な修正を要求している。経済学者たちはこれ以上遅くなる前に「平らな土地仮説」から「丸い土地仮説」に移行せねばならない。

古典的自由主義もまたこのような意味で平らな土地を仮定する。社会契約論者たちは社会に属したり属さなかったりすることが選択の問題であるかのように語るが、これは社会に属することを望まない人はどこか行く所があると前提する。しかし現実は異なる。カントが述べたように「地球は丸く、その表面積が制限されているがゆえに、わたしたちは共に生きていく術を学ばなければならない。」[2]

グローバル化の進展の中でわたしたちはどの時代よりも地球が丸いという事実を意識することになっ

1　マティース・ワケナゲル、ウィリアム・リース『生態の足跡』イユジン・リュサンユン訳、イメジン、二〇〇六〔『エコロジカル・フットプリント――地球環境持続のための実践プランニング・ツール』池田真里・和田喜彦訳、合同出版、二〇〇四年〕。

2　カント『永遠平和のために』李ホング訳、曙光社、一九九二。

た。globalisation の文字通りの意味は「丸くする」だ。じっさいグローバル化とともに地球は丸くなった。無限な空間に対する想像はもはや支えられなくなった。

地球は丸くなったのみならずだんだん小さくなっている。あたかもベンヤミンの文章に出てくるせむしの小人の恨みにひっかかったように。「小人が姿を現わすたびに、私は指をくわえて見ていなければならなかった。物たちはそんな私から逃れていき、ついには、庭も、私の部屋も、ベンチも、年を追うごとに小さくなってしまっていた。物たちは縮んでいくのだった。そして、縮んだ物たちにはこぶが生えて、それがこの縮んだ物たちを、小人のものにしてしまうかのようだった。小人は至るところで私の先廻りをした。先廻りして、邪魔をするのだった。」[3] ベル・エポックに産まれ青年期の敷居で第一次世界大戦を体験し、その後に続いた超インフレーションと恐慌に連なる時期に残りの生を過ごしたベンヤミンは、かれの同時代人たちがしばしばそうであったように豊かな幼年時代の後に、家と家具と庭園がどんどん縮んでいくのを見なければならなかった。ある面ではわたしたちはかれの経験を反復しているようだ。「祭りは終わった」とあらゆる経済学者たちは述べた。わたしたちを待つものは終わりを知りえない巨大な危機だ。ベンヤミンが感じた喪失感をわたしたちは皆感じている。溶けていく氷山、減っていく山林、巨大なごみ置き場になっていく海をみつつ。小人はどこでもわたしたちの先廻りをしている。

丸くなり小さくなる地球の上で席を持つこと、または席を守ることはひたすら困難だ。それゆえわたしたちはいたる所で場所をめぐる闘争が起こるのをみる。死を省みず国境を越える難民たち、ゴルフ場建設に反対してショベルカーの前に体を横たえる農民たち、構造調整に抵抗して籠城する労働者たち……。闘争の諸形式はどこか似ている。選挙、寝そべり、座り込み、あるいは場所を元々定められたことと違うやり方で使用すること（レジの上で仮眠するホームエバー〔大規模チェーンのスーパー〕の労働者たち）……。体自体がここでは言語になる。体は問題の場所の上に文字のようにかぶさるのだ。「わたしはここにいる権利がある」と述べるために。「わたしたちが何度も口で述べた時あなたたちは聞かなかった。いまやわたしたちは体で文字を書く。この文字を読んでくれ。」それゆえ場所に対する闘争は存在に対して承認を要求する闘争でもある。同様に場所に対する権利を否定する象徴的諸行動（追いだし、囲いこみ、門の鍵をかける、威嚇や卑下発言など）は相手側の存在自体に加えられる暴力になりもする。「ここにあなたのための席はない。あなたはここを汚す存在だ。」

だが場所のための闘争が絶えないのはたんに地球が狭すぎるからだけではない。人間は自分が一度意味を与えた場所を簡単に忘れられない存在だからだ。場所はわたしたちのアイデンティティを構成する要素だ。

この点はしばしば看過されてきた（「否定されてきた」というほうがより正確かもしれない）。なぜならわたしたちの時代――近代と呼ばれる時代、またはその延長線にある時代――はコスモポリタンの理想を称賛するからだ。コスモポリタンの辞書的意味は「どこの国でも変わることなく生きていく Qui vit indifferemment dans tous les pays」「世界を家となす」「世界のあらゆる部分に属したり、あらゆる部分を

3　ベンヤミン『ヴァルター・ベンヤミン――ベルリンの幼年時代』朴ソルホ訳、ソル出版者、一九九二〔『ベンヤミン・コレクション3』浅井健二郎・久保哲司訳、ちくま学芸文庫、一九九七、五九五 - 六頁〕。

代表する belonging to or representative of all parts of the world」等だ。

しかし世界を家となす人もまたどこかに家があるのではないか？　すべての場所に属すると言うことはどの場所にも属さないことと同じではないのか？　今年はこの国で働き、来年にはあの国で働く人、今日はこの町で朝食を食べ、明日はあの町で夜をすごす人は、おそらくグローバル化時代に資本が望むタイプの人間であろうが、わたしたちの周りですぐ見つかる類型ではない。現実の人間はそれほど軽く生の根拠地を変えることはできない。かれは行く場所ごとに記憶の重い荷をひきずって回らねばならないのに、ある場所から別の場所に移る時ごとに、この荷はだんだん膨らんでいくからだ。簡単に去ることのできる人間になるために、わたしたちは簡単に忘れることのできる人間にならねばならない。

リチャード・セネットは新自由主義が労働者たちに過剰な移動性を強要することをもって生じる精神的な苦痛について述べている。労働者にとって転勤発令はそのかん親しくなった隣人と別れて見知らぬ地での生活を新しく始めることを意味する。しかし使用者たちは労働者が味わう喪失感を考慮せず、余りにも簡単にこのような決定を下す。[4] 人々は過去を無理やり忘れて愛着を断ち切ることをもって新しい状況に適用しようとする。しかしこのような試みは成功に至るとしてもアイデンティティに変化をもたらす。意図的な忘却と人間関係の急激な再編成は自我が非連続的だという感覚を呼び起こす。ある場所を去ることはその場所に属した他のあらゆる人々から去ることであり、わたしたちの自我を構成するものはわたしたちの記憶だけでなく、わたしたちを記憶する他の人々の記憶でもあるからだ。

わたしたちが「場所」の意味を穿鑿するのはこれら全ての理由ゆえだ。

女性と場所／席[5]

Woman, place, and the social――この三つの単語はいかに連結されるか？　いや、それ以前にどのように翻訳すべきなのか？　単数で使用された woman と place、そして society ということをためらうかのように形容詞形で残された the social。最初の単語が残りの二つの単語と結ぶ不安定な関係を理解するために、わたしはまず place の二つの意味を喚起しようと思う。この英単語は場所とも席とも翻訳できる。つまり物理的な意味の場所と、象徴的な席というふうにだ。女性は場所の中でどのように自分の席を発見するのか？　そして社会（的なもの）はここでいかなる役割をするのか？　このように問う理由は、社会の中でわたしたちがもつ席が、場所に対する権利の中で、またはわたしたちの体が場所と結ぶ関係の中で表現されるからだ。物理的な意味における社会は一つの場所であり、社会の構成員になるということは即ちこの場所に対して権利を持つということ、客であり主人として歓待される権利と歓待する権利をもつということだ。

たとえばソウル駅の野宿者たち――かれらは行く場所が無くてそこにいるが、「行く場所が無い」という表現はかれらがこの社会の中でもっている席の脆弱さを露わにする。かれらの席は行政書類上においても抹消されていたりさえする（抹消された住民登録証）。法的には存在しないことになっているが、

4　リチャード・セネット『新自由主義と人間性の破壊』チョヨン訳、文芸出版社、二〇〇二（『それでも新資本主義についていくか――アメリカ型経営と個人の衝突』斎藤秀正訳、ダイヤモンド社、一九九九年）。

5　二〇一一年ソウル国際女性映画祭「ラウンドテーブル――女性、場所、ソーシャル」で発表した文章を部分修正した。

不当にも空間を占めているので、かれらは可能な限り自らを目につかないように努める。木の枝に変身する虫のように、ダンボールや新聞紙をかぶってじっと寝そべり無生物のように見せるのだ。通り過ぎる人々もまたかれらを見ないふりをすることをもってこのような努力に呼応する。非可視化はここにおいて戦略であり規範だ。

同様に場所の占拠は社会の中でわたしたちがもっている席を確認する普遍的なやり方だ。祝祭とデモと集団的哀悼の光景が互いに似通っていること（群集の物理的現前、行進、音楽、旗……）は驚くべきことではない。わたしたちは路地や広場のような公的な可視性の空間であり社会の換喩でもある場所を占拠することをもって、わたしたちの存在を現わし、主張し、わたしたちが一つの社会に属していることを、いや、わたしたちがまさしく社会であることを明示するのだ。互いを歓待する（つまり互いに席を与える）身振りと言葉を通して、遂行的に社会をあらしめるのだ。

それゆえ最初の問いに戻り、女性と――女性というジェンダーが割り当てられた諸身体と――場所／席の関係について考えてみよう。公共の場所で、公園やカフェや駅のように誰でも自由に行き来でき、市民権を持つ居住者だけでなく暫し滞在する異邦人に対しても開かれている空間で、女性は長い間（ともすれば一度も）男性と等しい安らかさを享受できなかった。女性はインドのダリットのように、またはは民権運動が始まる前の米国の黒人たちのように、ある区域や建物に出入禁止されたわけではなかったが、服装や行動に関連した多様な禁忌を通して、より巧妙に統制された。女性が路上で喫煙してはならないという規則がそのような例だ。わたしが大学に通っている頃すらも路上で喫煙する女性は無数に浴びせられる露骨な非難の視線を覚悟せねばならず、さらには知らない男性に頬を叩かれても抗弁できなかった。その頃の男性たちは、男性であるということだけで面識のない女性の逸脱を訓戒する資格があると信じていたのだ。これはイスラム国家で男性ならば誰であれヒジャブを被った女性に近づいて「ヒジャブをちゃんと被れ！」と叱れるのと同じだ（映画「ペルセポリス」にそのような場面が出てくる）。ヒジャブを被ることは単に身体の一部を隠すというのではなく、いつでもこのように侮辱されうることを意味する。一九八〇年代のわたしたちはヒジャブを被らなかったが、いつでも侮辱されうるという点でヒジャブを被る女性たちと似ていた。

だが女性はいわゆる私生活の領域である家においても場所喪失——自分のための席がないという感覚、自分がその場所を汚す存在だという感覚、いつ「汚い」と非難されるかわからないという不安感をこのように命名してもよいならば——を体験してきた。

パリ留学時に知り合ったモロッコ出身のある友人がわたしに故郷の家の奇妙な構造について不満を語ったことがあった。家自体は小さくないが居間がほとんどの空間を占めているというのだ。だが居間は客人をむかえるための空間なので普段は綺麗に整頓するだけで使わず、日常生活は狭くて窮屈な部屋で行われる。客人は当然男性であり、かれを迎える主人も男性だ。家父長主義が空間の配分を通して表現されているのだ。

この話を聞いた時、わたしが両親とともに暮らした家も変わらないと思った。居間は家族の空間として整えられていたことは確かだ。たとえば大きなテレビが真ん中を占めていた（現代家庭においてテレビは壁暖炉の機能を代替するという）。しかしきょうだいたちは両親とテレビを見るよりも各々の部屋にこもっていることを好んだ。母が果物を食べろと呼べば少し顔を見せるのみだった。母の場合でいえば、わたしは母が毎日朝ドラを見る時を除けば――その短い休息すら家族のためのサービス（果物を剥いたりとか）でいつも中断されたが――居間で休む姿を見たことがない。母にとって居間は休むための空間ではなく労働のための空間だった。というより、居間のみならず家全体がそうだといえるだろうが。母は一日中家の中で行き来し、片付けて、埃を払い、掃き、磨いていた。強迫的だといってもよいほどに。あたかもそのように果てない掃除をしなくては主婦の資格が無くなるかのように、そのように休むことなく働くという条件の下でのみ、家にいる権利が生じるというように（わたしは母のこのような潔癖症が特別なものだとは考えない。それどころか最近も、自分に潔癖症があることを半ば自慢するように語る女性を見かけることもある。わたしは自分でも気忙しい性格だと思うし、夫の皿洗いがあまりにもいい加減だからやり直す、というふうに。このような話の中からわたしは「汚い」という小言を言われはしないかと恐れるかのじょたちの心を読み取る。だから悲しくなる。汚いということは女性としての資格がないという意味だ。したがって母としても妻としても資格がないということだ。一言でいって家族を持つ資格がないということだ。なぜならわたしたちは家族を持つために――両親がつくってくれた家族ではなくわたしたち自身の家族を持つために――まず女性にならねばならないからだ）。なによりわたしは母がかくも頑張って片付けた家に友達を招く姿を見たことがない。何かしらで遊びに来た母の友達は父の帰宅時間が来る前に急いで帰っていった。そして母はばたばたと家を片付けて夕飯を準備した。母の友達のために父が料理する光景は当然想像すらできなかった。

だからわたしは移住労働を扱った本で香港のフィリピン人家政婦について読んだ時、無意識にその家政婦と母を比較せざるをえなかった。その本によれば、見知らぬ家庭で働くことになったこの外国人家政婦たちには家族のための空間（居間、寝室、食堂）と区別された別の空間が与えられる（部屋の場合もあるが、使わない物を置く倉庫のような空間の場合もある）。家事をする時を除けば、かのじょたちは家族のための空間に留まってはならない。ソファーに座ったり寝そべることは厳格に禁止される。ある家では食卓で一緒に食事した後に椅子を拭けと要求されもする。「この家にお前のための席はない」というメッセージをこれ以上確実に伝える方法はないだろう。

もちろん母の立場をいくら誇張したとしても、母とこの家政婦たちのあいだには一つの決定的な違いが存在する。つまり家政婦は家族写真に写らないという事実だ。写真の中で母はいつも真ん中にいる。子どもたちに囲まれて笑い、あるいは息子の卒業式で学士帽をかぶり、あるいは異国的風景を背景に父と仲むつまじく。母はいつも家族たちを待って家にいなければならない人であるが、同時にその家のいかなる空間も完全に自分のものとして享受できない人であるがゆえに、母と「家」という場所のこの矛盾的な関係を隠蔽するために、家族の中で母の席がこのように度々象徴的な水準で確認されねばならないのだ。しかしまさにそれゆえに母の位置は家政婦よりも更に悪い。家族のために見えない存在になってこそ家族として承認されるという矛盾的な命題が母の行動を二重拘束へと追いやり、母の人生全体を一つの問いへと変形させるからだ。「家族の中でわたしの本当の場所はどこなのか？」

このようなことは母世代の全ての人に該当する話だろうか？　フェミニズムの波の中で生まれ育った世代であるわたしたちは、そのような問題が途上国の女性たち、そして移住女性たちに該当するものであり、わたしたち自身には無関係だと堂々と言うことができるか？　わたしたちは男性たちと等しく勉強し、学位と資格の合格証を得て、職業を得た。しかしわたしたちは今なお「仕事か家庭か」という類の、男性たちには全く問題にならない問題の前で悩んでいるではないか？　いまやわたしたちの服装や行動をみてあれこれ言う人はいない。わたしたちはミニスカートをはき、タバコを吸い、髪を染め、ピアスをする。わたしたちはわたしたちが着たいように着て、したいようにする。しかしわたしたちは今なお性暴力を恐れながら夜道を歩くではないか？

わたしは女性の地位向上をあまり誇張してはならないと考える。成功した女性と成功できない女性の違いは成功した黒人と成功できない黒人の違いと似ている。かれらは結局女性であり、黒人なのだ。性暴力を受ける女性の数が白人優越主義者に襲撃される黒人の数より多いという点で、女性は黒人よりも低い立場にあるともいえる。KKK団のリンチが人間の攻撃本能によって説明できないように、性暴力は男性の性欲では説明できない。性暴力は男性支配社会が助長して黙認する一種の儀礼であり、リンチと同じく被害者に「教訓」を与えることを目標にしている。

女性に対する社会的歓待は今なお条件付きだ。女性はどこでも侮辱の威嚇にさらされており、素敵な服とカバンも、資格の合格証も、地位も肩書も、完全なバリアにはなってくれない。女性はそのような意味で今なお二等市民だ。黒人弁護士や黒人教授、さらには黒人大統領の存在が黒人全体の地位を判断するさいにべつだん影響を与えることができないように、何人かの成功した女性がいたとしても、この社会における女性の地位が根本的に変わったとはいいがたい。女性は席のための闘争をし続けなければならない。歓待の権利――歓待される権利と歓待する権利――はそれゆえ当分の間わたしたちのアジェンダを構成するだろう。

訳者あとがき

本書は金賢京の最初の書籍『사람, 장소, 환대』(문학과 지성사、二〇一五)の全訳である。底本は第一六刷(二〇一九年六月)を用い、著者・訳者・編集者の指摘を基に複数個所を修正した。また原著にある「謝辞」は韓国語版読者に向けたものなので不要でないかという著者の意見に沿って日本語版では「謝辞」を省略し、著者には本書のために「日本語版序文」を新しく書いていただいた。そして本書刊行に際し、副題を加えた。

まず翻訳について二点だけ述べたい。第一、引用された書物の大部分は日本語訳を参照し該当頁数を記入したが、全体の流れを生かすためにほとんどの箇所で著者が採用した韓国語訳を踏襲している。第二、代名詞に「かれ」「かのじょ」という日本語として引っかかりのあるひらがな表記を採用した理由は、韓国語原文の代名詞がジェンダーを帯びない「それ・その人」を現わす「그」であるからだ。これは韓国語で強いてジェンダー化をさせる必要のない時に一般的に用いられる代名詞である。

韓国で本書は広く受け入れられた。日本の約半分の人口である韓国で一万五〇〇〇部を突破したという事実から分かるように、著者の専攻分野である人類学・社会学やその隣接諸分野に留まらず、幅広い人々に読まれた。韓国の二〇一〇年代は様々な出来事が起こったが、本書が出た二〇一五年の前後にあったこととして、二〇一四年のセウォル号事件、二〇一六年に起きた江南駅女性殺害事件とMetoo運動をはじめとするフェミニズム運動、それに共鳴する研究の積極的な展開を指摘できる。また本書は二〇一六年に出版された『82年生まれ、キム・ジヨン』と同時期の書物であるが、意味するものは異なるであろう。『82年生まれ、キム・ジヨン』の磁場に本書を重ねて読むことで見えてくるものはあるだろうが、むしろ韓国のダイナミックな事情が単純化されてしまうのではないかと心配する。二〇一〇年代韓国をより立体的に考えるためには、韓国で刊行された運動現場と繋がった理論的書籍がもっと紹介されるべきだろう。理論的作業がほぼ紹介されていない反面、二〇一〇年代韓国文学の翻訳が盛んに出されているのは幸いなことだ。

訳者として内容について述べると、人であること、場所をもつこと、歓待することが、何一つかけてはならず、それをもってはじめて人としての関係性を創り出すことができるという著者の明確な主張と、これらの概念の使い方には教えられることが大きい。本書の概念の使い方は、韓国社会に住む外国人である訳者としても、実際に生活する中で、やたらと資格を要求し見下げてくる視線を排撃する武器になる。本書の内容を実際の生活面で考えてみると、建前でいくらでも言える人間の対等性が、生活の中の諸実践でいかに蔑ろにされているかを考えざるをえない。敬語をはじめとする言語の使用方法、呼称、冗談の言い方など、細かい点でも不平等の再生産は行われている。その再生産から脱していくためにはジェンダー、民族、階級など、個々人がもつ様々な歴史的要因を全て含む深さをもつ批判が必要だろう。マジョリティはマジョリティの位置に疑問を持たない限りその再生産を繰り返すし、それは繰り返されることによって社会通念になってしまう。その点を批判する中での新たな出会いを開いていくさいに本書が使われれば、と思う。

訳者として一点だけ第七章の自発的安楽死に関する著者の議論に疑問を提起したい。日本において本書の「死ぬ権利」に関する議論は、まさに障害者自立運動が批判してきたところではないか。日本において本書が読まれる時、より批判的に「人」の意味を押し広げていくことができるのではないか。

最後にこの本を作り上げるのに力を貸して下さった方々、金賢京さん、豊岡愛美さん、大倉真一郎さん、そして大学院の友人たち、ありがとうございました。

影本剛

二〇二〇年三月　延世大学ウェソル館にて

著者　金賢京（キム・ヒョンギョン）

1969年ソウル生まれ。ソウル大学人類学科卒業後、同大学院在学中に渡仏。社会科学高等研究院 (EHESS) で日本植民地期の朝鮮人インテリゲンチャに関する研究で博士号取得。現在延世大学講師。著書に『人、場所、歓待』(文学と知性社)、『空間主権への招待』(共著、ハンウル)、訳書にブルデュー『言語と象徴権力』(ナナム出版)、ジャン＝ピエール・ボー『盗まれた手の事件』(イウム)、ポール・ヴェーヌ『歴史をどう書くか』(共訳、セムルギョル) がある。

訳者　影本剛（かげもと・つよし）

1986年西宮生まれ。延世大学国文科博士課程在学中、ソウル科学技術大学非常勤講師。朝鮮文学専攻。日本語での訳書に李珍景『不穏なるものたちの存在論』(インパクト出版会)、韓国語での共著に『韓国近代文学の辺境と接続地帯』(ボゴ社)、『林和文学研究６』(ソミョン出版) などがあり、共訳書に金時鐘『猪飼野詩集ほか』(図書出版ｂ)、同『失くした季節』(創批)、栗原幸夫『プロレタリア文学とその時代』(ソミョン出版) がある。

人、場所、歓待

平等な社会のための３つの概念

2020 年 4 月 23 日　第一刷印刷
2020 年 4 月 30 日　第一刷発行

著　者　金賢京
訳　者　影本剛

発行者　清水一人
発行所　青土社

〒 101-0051　東京都千代田区神田神保町 1-29　市瀬ビル
［電話］03-3291-9831（編集）03-3294-7829（営業）
［振替］00190-7-192955

印刷・製本　ディグ
装丁　大倉真一郎

ISBN978-4-7917-7275-9　Printed in Japan